사회복지 현장실습

박용오

SOCIAL WELFARE PRACTICUM

양서원

머 리 말 ▸

사회복지사로서 비전과 사명을 마음에 담고, 전문성 있는 실천능력을 겸비할 소중한 기회인 사회복지현장실습의 중요성은 아무리 강조해도 지나치지 않을 것이다. 왜냐하면 사회복지현장실습은 준비된 사회복지사를 길러내는 사회복지 전공교육에서 핵심적 위치를 차지하는 교육과정이며, 사회복지학문의 정체성을 확립하고 나아가 사회복지사가 전문직으로 인정받을 수 있는 교육과정이기 때문이다. 그러므로 사회복지를 전공하여 자격증을 따려는 학생들은 누구나 필수적으로, 반드시 그리고 '제대로' 사회복지현장실습을 이수하여야 한다.

사회복지현장실습은 예비사회복지사들이 대학에서 배운 사회복지학의 학문적 지식과 실천기술을 현장에서 직접 실천하고 임상경험을 통하여 사회복지사로 성장하는 필수과정이다. 이에 본 교재는 성인학습자를 포함한 대학생들이 마음의 부담감으로 어렵게만 생각하고 있는 사회복지현장실습을 무난하게 잘 마칠 수 있도록 지원하려는 목적에서 집필하였다. 사회복지현장실습 교과목 강의와 실습생 지도를 하면서 실습생들이 부족하다고 생각하는 부분에 대해 채워주고자 노력하는 과정에서 그 필요성에 따라 집필하게 되었으며, 본 교재는 실습생들에게 도움을 주기 위하여 현장실습 진행단계별 주요 실습보고서 작성방법 및 실습현장 유형별 주요 실습보고서 작성 사례를 소개하는 데 많은 지면을 할애하였다. 이러한 노력으로 인해 실습생들의 걱정과 어려움을 해소하기에는 나름대로 의의가 있을 것으로 생각한다.

본 교재는 총 11장으로 구성하였다. 본 교재는 실습생이 사회복지현장실습을 성공적으로 수행함과 더불어 졸업 후 사회복지현장에서 사회복지사로 활동할 때도 유용하게 사용할 수 있도록 집필하였다.

제1장에서는 사회복지현장실습의 개념, 목적, 목표, 기대효과, 법적 기준과 주요내용을 살펴보았으며, 제2장에서는 사회복지현장실습의 교과목 운영과 실습 선행과정 및 실습 전 체크리스트를 살펴보고, 제3장에서는 실습 진행주체인 실습생, 실습지도교수, 실습지도자의 자격과 역할을 살펴보았다. 제4장에서는 사회복지현장실습의 진행과정을 살펴봄으로써 실습을 준비하는 실습생에게 사회복지현장실습에 대해 전반적으로 이해할 수 있도록 구성하였다.

제5장에서는 현장에서 이루어지는 실습슈퍼비전의 개요에 대해 살펴보았으며, 제6~7장에서는 현장실습 진행단계별 실습내용과 슈퍼비전, 대학에서의 실습세미나를 각각 살펴봄으로써 실제로 실습기관과 교육기관에서 실습교육이 어떻게 진행되는지를 구체적으로 이해할 수 있도록 구성하였다.

제8~9장에서는 현장실습 진행단계별 주요 실습보고서 작성방법 및 작성 예시를 자세하게 소개하였고, 제10~11장에서 다루고 있는 현장실습에 필요한 지식과 실천기술은 사회복지현장에서 많이 사용하고 있는 것들로써 실습생이 현장실습 시에 본 교재를 유용하게 활용하면서 학습할 수 있도록 구성하였다.

본 교재는 저자의 사회복지현장에서의 오랜 경험과 실습지도 및 사회복지현장실습 교과목 실습지도교수의 강의 경험을 바탕으로 집필한 것이지만, 이전에 출판된 여러 사회복지현장실습 교재들과 한국사회복지교육협의회의 교과목지침서 및 한국사회복지사협회의 표준실습매뉴얼 등을 많이 참고하여 인용하였음을 밝힌다.

적극적으로 출판을 맡아주신 양서원의 박세원 대표님과 출판을 위해 많은 수고를 해주신 영업부 및 편집부 직원 여러분에게도 깊은 감사를 드린다.

2022년 2월
서정관에서
박 용 오

목 차 ▸

머리말 / 2

I 사회복지현장실습의 이해

제1장 사회복지현장실습의 개요 / 11

1. 사회복지현장실습의 개념 ··· 11
2. 사회복지현장실습의 목적 · 목표 · 기대효과 ··· 12
3. 사회복지현장실습의 법적 기준과 주요내용 ··· 17

제2장 현장실습 교과목 운영과 실습 선행과정 / 21

1. 선수과목의 이수 ··· 21
2. 실습 선행과정 ··· 22
3. 기관실습 전 체크리스트 ··· 26

제3장 현장실습 진행주체의 자격과 역할 / 29

1. 실습생의 자격과 역할 ··· 29
2. 교육기관과 실습지도교수의 자격과 역할 ··· 31
3. 실습기관과 실습지도자의 자격과 역할 ··· 32

제4장 사회복지현장실습의 진행과정 / 35

1. 사회복지현장실습 진행절차 ··· 35
2. 기관실습 전 준비단계에서의 실습생 기본예절 점검 ··· 38
3. 실습기관의 선정과 배치 절차 ··· 40
4. 현장에서의 실습지도 내용 ··· 42
5. 실습교육 각 단계의 과제와 활용양식 ··· 43

II 사회복지현장실습의 슈퍼비전과 실습세미나

제5장 현장실습 슈퍼비전의 개요 / 49

1. 실습슈퍼비전의 개념과 주요 기능 ··· 49
2. 실습슈퍼비전의 원칙 ··· 54
3. 실습슈퍼비전의 모델 ··· 55
4. 실습슈퍼비전의 유형 ··· 58
5. 실습슈퍼비전의 주요 기법 ··· 61
6. 실습슈퍼비전에서의 윤리 ··· 63

제6장 현장실습 진행단계별 실습내용과 슈퍼비전 / 65

1. 현장실습 초기단계의 슈퍼비전 ··· 65
2. 현장실습 중간단계의 슈퍼비전 ··· 68
3. 현장실습 종결 · 평가단계의 슈퍼비전 ··· 71
4. 현장실습기관에서의 평가 ··· 78

제7장 대학에서의 실습세미나 / 85

1. 실습세미나의 목적 ··· 85
2. 실습세미나에서의 슈퍼비전 ··· 87
3. 실습생이 직면할 수 있는 문제점과 대처방안 ··· 88
4. 대학에서의 실습평가 ··· 91

III 주요 실습보고서 작성방법 및 작성 예시

제8장 준비 · 초기 · 중간단계의 실습보고서 작성방법 및 작성 예시 / 95

1. 실습신청서와 실습생 프로파일 작성방법 및 작성 예시 ··· 95
2. 실습일지 작성방법 및 작성 예시 ··· 109
3. 기관분석보고서 작성방법 및 작성 예시 ··· 116
4. 실습중간평가서 작성방법 및 작성 예시 ··· 124

제9장 종결 · 평가단계의 실습보고서 작성방법 및 작성 예시 / 131

1. 실습종결평가서 작성방법 ········ 131
2. 실습종결평가서 및 종결평가 발표자료 작성 예시 ········ 137
3. 실습종결평가 발표자료 예시 ········ 144

Ⅳ 현장실습에 필요한 지식과 실천기술

제10장 사회복지실천의 기술과 원칙 / 153

1. 사회복지실천기술 ········ 153
2. 비에스텍의 사회복지실천기술 7대 원칙 ········ 157
3. 사회복지실천과정에서의 윤리적 딜레마와 결정원칙 ········ 159
4. 사회복지실천의 기록 ········ 170
5. 사회복지 사례관리 ········ 174

제11장 사회복지 프로그램 개발과 프로포절 작성법 / 183

1. 사회복지 프로그램의 개발 ········ 183
2. 프로포절 작성법 ········ 187
3. 프로포절 작성 실제 사례 ········ 196

[부록] 사회복지현장실습 관련 서식 및 자료 / 227

1. 사회복지현장실습 관련 서식 - 교육기관용 ········ 229
2. 사회복지현장실습 관련 서식 - 실습기관용 ········ 236
3. 사회복지현장실습 관련 서식 - 실습생용 ········ 249
4. 사회복지사업법 시행규칙 [별표 1], [별표 1의3] ········ 282
5. 기관실습 실시기관 선정 및 선정취소 등 사회복지현장실습 운영에 관한 고시 ··· 286
6. 사회복지사 윤리강령 ········ 296
7. 사회복지공동모금회 배분신청서 표준 서식 ········ 300
8. 사회복지공동모금회 배분신청서 작성 교육자료 ········ 305
9. 간접실습의 개념 규정 ········ 318
10. 사회복지사자격증 발급신청 안내 ········ 320

참고문헌 / 321

찾아보기 / 323

| 사회복지현장실습의 개요 |

| 현장실습 교과목 운영과 실습 선행과정 |

| 현장실습 진행주체의 자격과 역할 |

| 사회복지현장실습의 진행과정 |

사회복지현장실습의 이해

I

제1장 사회복지현장실습의 개요

1 사회복지현장실습의 개념

사회복지현장실습 교과목은 사회복지실천의 가치 및 윤리, 지식 그리고 사회복지실천과정 및 기술을 사회복지실천현장에 실제로 적용하는 현장실습을 통해 전문직의 사명감과 실천능력을 겸비한 사회복지사를 교육, 훈련하는 것을 목적으로 한다.

사회복지현장실습의 교육과정은 먼저, 사회복지실천현장에 학생을 배치하여 일정기간 동안 실제로 클라이언트체계(개인, 가족, 집단, 지역사회, 조직)의 욕구충족 및 문제해결을 위해 미시적 · 중시적 · 거시적 수준에서 사회복지사로서 어떤 역할을 수행해야 하는지를 경험하고, 이에 대해 실습기관의 실습지도자로부터의 슈퍼비전을 받도록 한다. 그리고 학교에서 현장실습에서의 자신의 경험을 공유하며 실습지도교수의 슈퍼비전과 동료의 피드백을 받으며 자신의 실천을 점검하고 발전시키는 실습세미나를 병행한다.

이 과정에서 학생은 사회복지현장에서 이루어지고 있는 서비스를 기획, 전달, 평가하는 과정에 참여하고, 자신의 업무수행에 대한 실습지도자, 실습지도교수의 슈퍼비전을 통해 사회복지사로서의 전문적 정체성을 수립하고 실무역량을 강화할 수 있다.

실습학생에게는 현장실습일지, 사례기록, 과정기록, 기관분석보고서, 중간평가서, 최종평가서 등 실습활동과 관련된 다양한 과제물을 제출해야 하는 책임이 있다. 실습기관은 실습지도자를 지정하여 실습학생에 대한 행정적, 교육적 · 임상적, 정서적 · 지지적 슈퍼비전(Kadushin, 1992)과 더불어 실습일지 및 각종 기록에 대한 개별적 슈퍼비전을 제공하여야 한다.

대학에서는 실습지도교수가 사회복지현장실습의 전 과정을 지도하기 위해 실습기관 및 실습지도자와 긴밀한 관계를 유지한다(한국사회복지교육협의회, 2020).

2 사회복지현장실습의 목적 · 목표 · 기대효과

1) 사회복지현장실습의 목적

사회복지현장실습은 실천학문으로서 사회복지학의 역사와 함께 하는 필수적인 교육과정이며, 대학에서 제공하는 교과과정이면서도 사회복지실천현장에서 이루어지는 것을 기본으로 하고 있다. 이러한 특성으로 인해 학계와 현장이 함께 책임을 져야 하는 특수한 교과목이다(한국사회복지사협회, 2005).

사회복지현장실습의 목적은 학교에서 학습한 사회복지 실천의 가치 및 윤리, 지식 그리고 사회복지 실천과정 및 기술을 사회복지실천현장에 실제로 적용하는 현장실습을 통해 전문직의 사명감과 실천능력을 겸비한 사회복지사로 양성하고자 교육, 훈련하는 사회복지 교육의 핵심과정이다(한국사회복지교육협의회, 2012).

사회복지현장실습은 사회복지사 자격 취득을 위한 필수교과목으로 사회복지현장실습에 관한 기준을 준수하여야 하며, 다음의 구체적인 목적 하에 실습지도를 수행해야 한다(한국사회복지사협회, 2010).

- 실천현장의 문제해결 및 서비스제공 과정에서 사회복지 가치 및 윤리강령의 내용, 지식 및 기술을 적용할 수 있는 능력 향상을 목적으로 하여야 한다.
- 클라이언트체계의 문제 확인, 정보수집, 사정, 개입계획 및 개입수행, 그리고 평가과정을 통해 문제해결에 대한 적합한 지식과 기술을 습득할 수 있어야 한다.
- 지역사회 내 위험집단 및 표적집단의 특성, 강점, 그리고 자원에 대한 지식을 활용할 수 있는 능력을 배양할 수 있어야 한다.
- 사회복지시설, 기관 및 조직의 사명, 정책 및 행정에 대한 이해를 목적으로 하여야 한다.
- 실천현장관련 국가 및 지역사회(지방자치단체)의 사회복지정책 및 전달체계를 분석하고 실천에 적용할 수 있어야 한다.
- 사회복지사로서의 자아인식을 증진시키고 전문직 정체감을 형성할 수 있어야 한다.
- 클라이언트인 개인, 가족, 집단, 지역사회를 대상으로 실천가로서의 전문적 기술과 능력을 개발하도록 하여야 한다.

사회복지현장실습의 목적을 보다 구체화하여 사회복지현장실습의 목적을 실습생과 실습기관, 교육기관으로 나누어 제시하기도 한다(김영호 · 오정옥 · 이은경, 2008).

(1) 실습생의 목적

① 실습생은 실습기관에서의 실습을 통해 교육기관에서 학습한 이론과 기술을 적용하고 습득하는 기회를 가진다.
② 실습생은 사회복지실천에 대한 자신의 능력 및 한계에 대한 통찰력과 자기 인식을 통해 사회복지전문직에 대한 자신의 선택에 대한 동기와 사회복지직에 대한 이상에 대해 확인하는 기회를 가진다.
③ 실습생은 각각의 복지관련 기관에 대한 구체적 기능과 그 기관의 기능이 어떻게 수행되고 있는지를 학습하고 사회복지관련 기관들에 대해 이해한다.
④ 클라이언트체계(개인, 가족, 집단, 지역사회)의 욕구에 대해 이해한다. 클라이언트가 가지고 있는 욕구의 개별성과 개방성에 대해 이해할 뿐 아니라 각 복지관련 기관 또는 시설들의 원조과정을 경험하고, 실천과정에서 구체적인 기술 및 전문가로서의 사회복지 실천과정을 습득한다.
⑤ 타 교육기관의 실습생과 함께 실습에 참여함으로써 사회복지관련 정보를 교환하고 실습경험을 함께 나누며 새로운 동료애와 이후 사회복지사로서의 보다 폭넓은 정체감을 형성할 수 있다.

(2) 실습기관의 목적

① 실습생을 통해 사회복지의 새로운 경향과 기술 및 지식을 접하는 기회로 활용한다.
② 실습생을 통해 클라이언트에게 더욱 다양하고 새로운 형태의 서비스를 제공할 수 있으며, 이러한 기회를 통해 기관 및 지역적 특성에 맞는 새로운 영역을 개발할 수 있도록 한다.
③ 전문 사회복지사 양성을 위한 교육 프로그램의 개발 기회로 활용한다.
④ 실습생이 학교에서 습득한 기술, 지식 등을 실천현장에서 접할 수 있는 기회를 제공한다.
⑤ 학교와 지속적 연계로 이론과 실무에 대한 정보교환의 기회를 갖는다.

(3) 교육기관의 목적

① 사회복지기관 및 시설과 산학협력을 통하여 학교교육과 실천현장과의 교량역할을 한다.
② 실습지도교수는 실습지도 과정을 통하여 실천현장에서의 구체적이고 실제적인 사례들을 이해하기 위하여 교육과 학습의 보조 역할을 할 수 있도록 한다.
③ 사회복지교육과정의 효율성, 효과성을 평가하는 기회로 활용한다.
④ 실습생을 통하여 간접적으로 다양한 사회복지실천현장에 대한 이해를 증진시킬 수 있는 기회로 활용한다.

2) 사회복지현장실습의 목표

사회복지현장실습의 목표는 사회복지현장실습을 통해 실습생의 사회복지사로서의 가치 확립, 사회복지 지식과 기술 습득 및 개발, 전문인으로서의 태도 발달을 도모해야 한다. 이에 대해 구체적으로 살펴보면 다음과 같다(이정미 · 이해경, 2016).

(1) 전문직의 가치와 윤리 확립

실습생은 사회복지현장실습을 통해 사회복지전문직의 가치와 윤리를 확립하고, 사회복지전문직의 가치와 실습생 자신의 가치와의 관계를 이해할 수 있어야 한다. 또한 자신의 가치관을 사회복지전문직과 비교 고찰하여 사회복지사로서의 사명감과 정체성을 형성해야 한다. 사회복지실습생은 사회복지전문직의 가치와 윤리를 준수하여 실습 업무를 수행해야 하며, 윤리적 딜레마 상황에서 사회복지실천의 지침이 되는 가치, 원칙, 기준을 지켜 의사결정을 할 수 있도록 끊임없이 노력해야 하는 것을 이해한다. 실습생 스스로를 분석하고 꾸준한 노력으로 자기 인식을 증진해야 하고, 자신의 능력과 한계에 대한 통찰력을 향상해야 하며, 사회복지사로서의 자신의 진로를 탐색하는 기회를 갖는다.

(2) 지식의 습득 및 개발

사회복지현장실습을 통해 교육과정에서 학습한 전문적 이론들을 구체적인 상황에 적용할 수 있는 능력을 키운다. 실습현장에서 다양한 체계에 효과적으로 개입하는 새로운 실천기술과 지식을 익히며, 다양한 자료를 수집 · 분석하고 종합하여 현장에 적용하는 능력을 키운다. 실습과정을 통한 현장에서의 경험은 인간행동과 사회환경에 대한 이해와 사회복지현장에 대한 이해를 높인다. 사회복지실천의 기본원칙에 대한 지식을 습득하고, 프로그램 개발 및 평가에 대한 실제적인 적용과 사회복지정책과 서비스 전달체계에 대해 이해한다. 더불어 인접 학문에 대한 이해와 상호관련성에 대한 지식을 습득할 수 있는 기회를 갖는다.

(3) 기술 습득 및 개발

사회복지현장실습은 사회복지실천의 기초기술들을 익히는 기회가 된다. 실천과정에서 요구되는 의사소통기술을 배우고 익히며, 사회자원에 대한 이해를 높이고, 지역사회 내 이용 가능한 자원들을 개발하고 활용하는 방법을 배운다. 거시적인 관점에서 공공정책과 제도 등을 분석, 평가하는 기술을 발전시키며, 자신의 동료 및 서비스를 제공하는 사람들과 전문적 관계를 발전시키고 유지하는 기술을 배운다. 기관 내 서비스의 장단점을 분석하여 서비스 개선방안을 제시하는 능력을 발전시킨다.

사회복지실천의 기초기술들에 대해 살펴보면 다음과 같다.

- 면접기술: 의사소통 및 관여기술
- 사정기술: 개인과 환경의 상호작용 맥락에서 문제나 욕구 발견
- 개입기술: 문제나 어려움 해결기술
- 팀워크 기술: 문제해결을 위해 다른 전문직과 합동으로 노력하는 기술
- 지지망 구축 기술: 개입효과의 지속성을 유지함으로써 클라이언트의 자립유도
- 협상기술: 클라이언트의 복지와 관련된 주변체계와의 협상기술
- 평가 및 종결기술: 클라이언트와 사회복지사의 협력적 노력의 결과를 평가하고 클라이언트의 자립생활을 위해 종결하는 기술

(4) 태도 발달

예비 사회복지사로서 실습기관에서의 활동에 성실하게 임하며, 클라이언트에 대한 최상의 이익을 목적으로 실천한다. 클라이언트와 함께 하는 실습과정에서 실습생 자신의 감정과 태도를 인식하고 전문직으로서 책임성 있는 태도를 기른다. 거시적인 관점에서 사회문제를 이해하고 접근하는 태도를 기르며, 기관 내 슈퍼바이저와 실무자, 그리고 다른 실습

생들의 의견을 경청하고 이에 적절히 반응하여 실습업무를 책임감 있게 수행하는 태도를 기른다. 끊임없이 학습하는 노력과 실천에 대한 자기성찰을 통해 전문가로 성장하도록 노력하며, 자신의 능력과 한계에 대한 도전을 통해 성장의 기회를 갖는다. 다양한 사람들과의 교류를 통해 정보를 교환하고, 대인관계기술을 향상하며, 사회관계망을 확장한다.

3) 사회복지현장실습의 기대효과

실습생은 사회복지현장실습을 통하여 다음과 같은 기대효과를 추구할 수 있다(서진환, 2011).

(1) 사회복지이론 적용의 기회

사회복지현장실습은 실습생에게 학교에서 배운 이론을 실제의 상황에 적용할 수 있는 기회를 제공함으로써 교과서의 학습을 살아있는 학문으로 만든다. 정신장애인, 노숙인, 아동학대나 가정폭력의 가해자나 피해자 등 다양한 클라이언트 집단을 실제로 만나 사회복지실천을 수행하는 과정에서 학교에서 배운 내용을 확고히 하며 자신의 관심 대상이나 영역을 발견할 기회를 가질 수 있다.

(2) 전문적 역할에 대한 간접적인 학습 기회

사회복지전문직은 개인, 집단, 지역사회를 대상으로 클라이언트의 욕구와 문제를 사정하여 적절한 개입계획을 세워 효과적으로 개입을 해야 하며, 옹호자, 중개자, 임상가, 지역사회 계획과 조직자, 행정가 등의 다양한 역할을 유능하게 수행할 수 있어야 한다. 실습생이 한 학기 동안의 실습경험을 통하여 이러한 역할에 대한 기술을 습득할 수는 없으나, 한 기관에서 실습을 하면서 이러한 역할들을 수행하는 다른 사회복지사들과 다른 전문직의 역할수행을 관찰할 수 있는 간접적인 학습의 기회를 갖는다.

(3) 전문직으로서의 사회화 과정에 참여하는 기회

실습생은 실습현장에서의 실천경험 과정에서 전문직의 하위문화 속으로 사회화된다. 이러한 사회화 과정은 전문가 집단의 구성원으로 수용되어 구성원들이 공유하고 있는 기대에 동조하게 되며, 역할모델과 일치하는 전문가적인 자아개념을 발달시키게 됨으로써 이루어진다. 현장실습기간 동안 클라이언트와 동료들, 그리고 전문가 집단과 만나게 되며 이러한 과정에서 사회복지의 문화, 규범, 가치를 배우게 되고 알게 모르게 이를 내면화하게 된다. 이러한 과정에서 실습생은 수동적인 학습자에서 능동적인 전문가로 변화하게 되는 것이다.

(4) 미래 직업계획을 위한 기회

사회복지현장실습은 사회복지직이 자신에게 맞는 직업인지를 결정할 수 있는 기회를 제공함으로써 실습생의 미래 계획을 세우는 데 중요한 역할을 한다. 직업의 선택은 중요한 결정이며, 모두가 사회복지직에 맞을 수는 없다. 학교와 기관, 그리고 실습지도교수와 실습지도자는 실습생들이 실습과정에서 사려 깊은 지도·감독과 평가를 받도록 함으로써, 자신의 장점과 단점을 발견하고 사회복지직이 자신에게 최선의 선택인지를 결정하도록 원조할 수 있다.

(5) 예비 사회복지사로서 정체성 확립을 위한 기회

사회복지현장실습기간은 사회복지사로서의 정체성이 확고해지는 시기이다. 실천현장에서 부딪히게 되는 의사결정의 순간에 윤리적 딜레마를 경험하기도 하고, 타 전문가들과의 관계 속에서 서비스 전달에 참여하는 등의 전문가적인 경험을 통해 예비 사회복지사로서 정체성 확립을 위한 기회를 제공받게 된다. 실습기간은 사회복지실천의 지식과 기술의 기반으로 학생 자신의 발달과정에 영향을 줄 수 있다. 즉, 지식과 기술이 내면화하고, 개인적으로나 사회복지직으로 자신감을 얻을 수 있게 되는 것이다.

3 사회복지현장실습의 법적 기준과 주요내용

사회복지현장실습은 사회복지사 자격을 갖추기 위한 필수교과목 중 하나로써, 「사회복지사업법 시행규칙」 제3조 [별표 1](2019.8.12.)에서는 '기관실습'과 '실습세미나'에 대한 기준을 제시하고 있으며, 「기관실습 실시기관 선정 및 선정취소 등 사회복지현장실습 운영에 관한 고시」(2019.11.14.)에서는 기관실습 실시기관의 선정·선정취소, 사회복지현장실습의 내용 및 방법 등에 관하여 필요한 사항을 정하고 있다.

사회복지현장실습 교과목을 수강 신청한 학생은 반드시 사회복지현장에서 이루어지는 '기관실습'과 교육기관에서 이루어지는 '실습세미나'에 모두 출석하여야 한다. 성적평가는 기관실습지도자가 부여한 평가점수와 실습지도교수가 부여한 평가점수를 합산한 최종 평가점수를 실습지도교수가 부여한다.

1) 기관실습의 기준

① 기관실습 시간은 160시간 이상으로 해야 한다.

② 기관실습 실시기관은 다음의 요건을 모두 갖추어야 한다.

첫째, 사회복지사업을 수행하는 기관, 법인, 시설 또는 단체여야 한다.

둘째, 보건복지부장관으로부터 실습기관으로 선정되어야 한다.

셋째, 다음의 요건을 모두 갖춘 기관실습지도자가 2명 이상 상근해야 한다.

- 1급 사회복지사 자격증을 취득한 이후 3년 이상의 사회복지사업 실무경험이 있거나 2급 사회복지사 자격증을 취득한 이후 5년 이상의 사회복지사업 실무경험이 있을 것
- 기관실습이 실시되는 연도의 전년도에 8시간 이상의 보수교육을 받았을 것

③ 기관실습지도자 1명이 동시에 지도할 수 있는 학생 수는 5명 이내이어야 한다.

④ 기관실습은 실습지도자의 근로시간 내에 실시하며, 하루에 이수가능한 시간은 최소 4시간 이상 최대 8시간 이하로 한다.[1)]

2) 실습세미나의 기준

① 1회당 2시간 이상의 실습세미나를 총 15회 이상 실시해야 한다. 이 경우 정보통신망을 이용한 온라인 교육을 실시하는 교육기관의 실습세미나는 대면방식의 세미나가 총 3회 이상 포함되어야 한다. 대면방식의 세미나는 주 1회를 초과하여 실시할 수 없다.[2)]

---

1) 기관실습 실시기관 선정 및 선정취소 등 사회복지현장실습 운영에 관한 고시 제9조(사회복지현장실습 운영) 3항.

② 학사, 석사 또는 박사 학위 중 2개 이상의 학위를 사회복지학 전공으로 취득한 사람으로서 3년 이상의 사회복지학 교육경험 또는 3년 이상의 사회복지사업 실무경험이 있는 교수가 지도하여야 한다.

③ 한 세미나에 참여하는 학생 수는 30명 이내이어야 한다.

3) 사회복지현장실습 운영의 기준

① 교육기관은 사회복지현장실습 교과목 운영을 위한 행정총괄 및 실시기관과의 연락을 지원하고, 실습세미나 교수는 기관실습 지도자와 협력하여 사회복지현장실습기관 선정 현황과 실시기관별 사회복지현장실습 운영계획서에 따라 실습이 운영되도록 교과목을 총괄 운영하고 최종 평가한다.

② 사회복지현장실습에는 다음의 내용을 포함한다.

1. 기관, 지역사회, 클라이언트에 대한 이해
2. 기관과 관련된 정책 및 제도(지침), 자원 네트워킹에 대한 이해
3. 기관의 사회복지실천(또는 정책 및 행정 분야)에 대한 직·간접적인 경험
4. 기관의 행정 및 기록에 관한 교육
5. 사회복지사로서의 윤리적 실천 및 가치, 안전지침에 대한 교육
6. 실습내용에 대한 피드백 및 정기적인 슈퍼비전 제공, 실습 중간평가 진행 및 평가내용의 반영, 종결평가 진행 및 실습평가서 작성

③ 기관실습, 실습세미나, 실습 운영에서 규정한 사항 외에 기관실습 실시기관의 선정·선정취소, 사회복지현장실습의 내용 및 방법 등에 관한 구체적인 사항은 보건복지부장관이 정하여 고시한다.[3]

---

2) 기관실습 실시기관 선정 및 선정취소 등 사회복지현장실습의 운영에 관한 고시 제9조(사회복지현장실습 운영) 4항.
3) 부록의 「기관실습 실시기관 선정 및 선정취소 등 사회복지현장실습 운영에 관한 고시」(2019.11.14.) 참조.

제2장

현장실습 교과목 운영과 실습 선행과정

1 선수과목의 이수

교육기관은 사회복지현장실습을 진행하기 전에 필수적으로 이수해야 할 교과목들과 선택적으로 이수해야 할 교과목에 대해서 안내하고 학생들이 사전에 준비할 수 있도록 해야 한다. 이와 더불어 특정영역에서 실습하길 희망하는 학생들이 있는지 사전에 파악하여 영역별로 필요한 교과목을 이수할 것을 권고하여 실습 진행에 무리가 없도록 준비하는 과정을 거치도록 한다.

표 2-1 사회복지현장실습 선이수 교과목

구분	교과목
실습 전 필수 교과목	사회복지학개론, 사회복지실천론, 사회복지실천기술론, 인간행동과 사회환경 4개 교과목
실습 전 선택 교과목[1]	법정필수 및 선택과목 중 3개 교과목 ※ 사회복지현장실습은 제외
특정영역 실습을 위한 선이수 권고	• 의료분야 실습 – 의료사회복지론, 정신건강사회복지론, 정신건강론 • 정신건강분야 실습 – 정신건강사회복지론, 정신건강론 • 아동/청소년분야 실습 – 아동복지론, 학교사회복지론, 청소년복지론 • 노인분야 실습 – 노인복지론 • 장애인분야 실습 – 장애인복지론 • 다문화분야 실습 – 사회복지와 문화다양성 • 여성분야 실습 – 여성복지론

1) 다음 과목 중에서 3과목 이상 이수: 사회복지법제와 실천, 사회복지정책론, 사회복지조사론, 사회복지행정론, 지역사회복지론, 노인복지론, 장애인복지론, 아동복지론, 청소년복지론, 가족복지론, 여성복지론, 학교사회복지론, 의료사회사업론, 정신보건사회복지론, 사례관리론, 프로그램개발과 평가, 사회복지윤리와 철학 등

2 실습 선행과정

실습 선행과정에서 해야 할 과업은 다음과 같다(한국사회복지교육협의회, 2020).

1) 사회복지현장실습 교육계획 수립

사회복지현장실습은 기관실습 실시기관이 매회 가변적이며, 학생의 실습 수요와 지역사회 내 실습 가능한 기관 등이 적절하게 연결되어야 하기 때문에 실습교육과 관련한 계획이 사전에 수립되어 운영될 필요가 있다. 학과 내에 실습위원회를 정식으로 구성하여 사회복지현장실습 교육 및 운영에 관하여 논의할 것을 권장하며, 사회복지현장실습 연간 교육계획에 포함할 수 있는 항목은 다음과 같다.

① 사회복지현장실습 수요 조사: 실습교육 이수 예정 인원, 희망분야 등을 사전 조사함으로써 실습교육 배치 기초조사로 활용
② 실습기관 목록 점검
③ 선이수교과목 점검 절차
④ 실습오리엔테이션 시행계획 수립
⑤ 실습지도교수의 선정: 연간 운영계획 수립
⑥ 실습지도교수의 실습지도 분반운영 계획
⑦ 실습세미나 운영계획 수립
⑧ 실습관련 행정 · 예산계획 수립: 실습의뢰 공문 발송, 실습계약, 상해보험 가입 예산 등

2) 사회복지현장실습 교과목 운영에 대한 사전 오리엔테이션

대학은 사회복지현장실습을 희망하는 실습생의 선이수 교과목 이수 상황, 실습 관련 준비상황 등과 같은 기본적 자격요건을 면밀히 점검하여야 하며, 실습기관 선정 및 배치에 관한 절차에 대해 교육하여 실습생이 해당 내용을 파악한 상태에서 실습이 이뤄질 수 있도록 하여야 한다. 이에, 실습지도교수는 실습예정 학생들을 대상으로 사회복지현장실습 교과목 운영에 대한 사전오리엔테이션을 실시하며, 실습세미나의 일환으로 다음과 같은 내용을 진행할 수 있다.

① 사회복지현장실습 교과목 운영 개요에 대한 설명

• 실습오리엔테이션, 실습기관 선정, 실습기관 방문을 포함하며, 기관에서의 현장실습과 학교에서의 실습세미나가 병행 운영됨을 안내(동계실습 및 1학기 실습은 1학기에 수강신청/하계실습 및 2학기 실습은 2학기에 수강신청)

② 선수과목 이수 여부 확인

• 학생들이 사회복지 기초과목 및 관심분야 관련 교과목을 이수했는지 점검

③ 현장실습의 중요성 및 필요성에 대한 교육 및 동기 확인

• 학생 자신의 진로계획과 실습교육의 관련성을 고민하고 탐구(취업 · 창업 등과 연계)

④ 현장실습에 임하는 실습생에게 요구되는 자세 및 권리보호, 문제상황 시 대처 안내

• 실습기간 중 준수하여야 할 의무와 책임, 권한과 역할의 한계, 실습생으로서의 윤리, 부당한 요구 혹은 권익침해 상황 발생 시 대처방법 등

⑤ 실습기관 선정 과정에 대한 안내 및 추후일정 공지

• 현장실습을 위한 절차, 실습 슈퍼바이저, 실습기관, 공문의뢰 절차, 기관선정 방법 등

⑥ 실습보고서 및 과제 관련 서식 소개와 작성방법 안내

• 실습신청서, 실습생 프로파일, 실습일지, 중간평가보고서, 종결평가보고서, 실습종합보고서 등 ※ 실습일지는 매일 제출해야 하며, 제출을 미루게 되면 실습지도자와 실습지도교수의 성적평가에 반영되니 실습일지 작성이 밀리지 않도록 주의함.

⑦ 실습희망기관 파악 및 실습기관 선정 · 배치

• 반드시 실습기관은 한국사회복지사협회 자격관리센터에 공지되어 있는 '보건복지부장관 선정 기관실습 실시기관 현황' 명단을 참고하여 실습기관과 등록된 실습지도자인지 확인하고 선정 · 배치함.

⑧ 기타 중요사항 안내

• 실습순회지도는 실습지도교수의 불시방문을 원칙으로 함. 실습순회지도는 실습기간 중 최소 1회 이상 의무적으로 방문함을 원칙으로 함. 실습방문 시 실습에 방해가 되지

않는 범위에서 실습지도교수와 인증사진 촬영해야 함. ※ 실습지도교수가 실습기관 방문 시 허위, 부정, 대리 실습 적발 시 학점 이수 불가

- 개인 및 기관 사정으로 인해 실습 일정이 변경되거나 외부에서 실습을 진행할 경우에는 반드시 보고해야 함. 변경 사항 발생 시 해당 내용을 실습지도교수에게 문자로 발송하여 사전 승인을 받아야 함.
- 실습기간 중 무단으로 결근, 지각, 개인적인 외출, 조퇴를 하지 않도록 해야 함. 실습기간 중 개인 사정으로 조퇴, 결근할 경우 해당 시간만큼 보충 실습을 해야 함.
- 실습생이 근무하고 있는 동일 직장 내에서 실습, 해외의 사회복지시설에서의 실습, 자원봉사활동, 외부 세미나 참석 등은 사회복지현장실습에 포함되지 않음.
- 실습시간에 점심시간은 포함되지 않음.

  예 실습시간이 09:00~17:00일 경우 점심시간(1시간)을 빼면 실습시간은 7시간이 됨. 따라서 09:00~18:00까지 실습해야 1일 8시간 실습이 가능함.
- 실습학점 이수 결격사유(F학점 처리) 기준
  - 허위, 부정, 대리 실습 등 적발 시 경고 조치 없이 즉시 F처리됨.
  - 무단결석 2회 이상으로 실습기관에서 실습지도가 어렵다고 통보할 경우
  - 오프라인 출석수업 불참할 경우. 출석수업 80% 미만일 경우
  - 출석, 실습평가서, 실습과제 성적 합산 점수가 60점 미만일 경우
  - 기관실습 시간 160시간, 실습세미나 총 30시간 이상이 안 될 경우

  ※ 사회복지현장실습이 F학점일 경우 학점 이수, 자격증 발급 모두 안 됨.

3) 실습희망기관에 대한 정보 제공 및 실습기관 선정

① 실습희망기관에 대한 정보 제공

실습희망기관에 대한 충분한 사전 이해는 실습생이 실습기관을 선택하는 데 있어 가장 중요한 요소이다. 한국사회복지사협회 자격관리센터에 공지되어 있는 '보건복지부장관 선정 기관실습 실시기관 현황' 정보를 중심으로 실습희망기관을 선정하되, 실습지도교수 및 실습담당 조교, 선배들 그리고 기관 홈페이지를 통해 해당 기관에 대한 충분한 정보를 수집하도록 지도한다. 또한 대학에서 사전에 접촉하여 개발한 실습기관에 관한 세부 정보(실습기관 소개 파일)를 학생들에게 제공하여 학생들이 실습희망기관을 정하는 데 도움이 되도록 한다.

② 실습기관 선정

실습생의 실습기관 선정 및 배치의 방식은 다음과 같이 대학 주도의 실습기관 선정, 실습희망자 주도의 실습기관 선정, 2가지 형태로 운영될 수 있다.

대학 주도의 실습기관 선정	실습희망자 주도의 실습기관 선정
• 대학과 협약된 실습기관에 실습생을 배치할 때 실습 희망자가 해당 실습기관에서 실습을 수행하는데 적절한지에 대해 종합적으로 평가하여야 함. • 실습기관 배치 시 대학에서는 실습 희망자의 진로 및 적성을 우선적으로 고려하여 배치함으로써 학습자의 학습 요구를 최대한 존중하여야 함. • 실습 희망자가 원하는 분야의 실습기관이 부족하여 학습자의 학습기회가 제한되지 않도록 대학에서는 최선의 노력을 기울여야 함.	• 실습희망자가 자율적으로 실습기관을 선정하여 지원하더라도 대학에서는 실습기관이 기관실습에 적합한 요건을 갖추었는지 이중으로 점검하여 학습자가 불이익을 당하지 않도록 노력하여야 함. • 대학에서는 실습 희망자가 자신의 진로와 적성을 고려하여 실습기관에 지원할 수 있도록 충분한 정보를 제공하여야 함. • 실습기관을 지원하는 데 어려움을 겪는 학습자에 대해서는 대학 및 교육기관에서 지원방안을 마련하여야 함.

실습기관 선정과정에서 실습지도교수는 실습담당조교와 함께 학생들이 희망하는 실습기관 목록을 취합하여 실습기관별 실습학생 확정 및 실습 진행 여부가 확정되면 학생들에게 통보하고, 해당 실습예정기관에 실습의뢰 공문을 발송해야 한다. 해당 학생은 실습예정기관에 사전방문 또는 유선접촉을 통해 기관의 실습교육관련 지침과 계획(실습비 금액 및 납부방법, 실습인원, 기자재 사용규정, 사전준비사항, 실습일정 및 내용 등)을 확인한 뒤 실습을 준비한다.

4) 실습기관별 실습학생 확정 및 통보

대학의 실습지도교수는 실습담당조교와 함께 실습기관에 실습이 확정된 학생명단을 공문으로 발송하고, 실습과정에 필요한 협조를 구한 뒤 현장실습과 관련된 준비를 완료한다.

5) 학생별 실습목표 수립

실습기관이 확정된 후, 학생은 현장실습 관련 문서를 준비한다. 현장실습 관련 문서에는 실습생 프로파일, 자기소개서, 이력서, 실습계획서, 실습평가서 등이 포함된다. 실습계획서 작성 시 학생은 스스로 실습목표를 수립하도록 한다. 실습목표는 실습의 필수내용과 학생이 희망하는 실습내용을 고려하고 실습기관의 특성과 상황을 반영하여 수립하고 실습지도교수의 지도감독을 받아 수정·보완한다. 실습지도교수는 학생이 실습을 통해 배우고 싶은 것을 명확히 표현, 기술하도록 지도한다.

6) 현장실습 관련 사전교육

실습에 대한 모든 준비가 완료되었으면, 실습지도교수는 현장실습의 목표와 의의, 실습생으로의 바람직한 자세와 태도, 권리보호 및 문제상황 시 대처, 실습기관에서 작성해야 하는 실습일지, 사례기록, 기타 문서작성에 대한 사전교육을 한다. 또한 실습생 프로파일 등 실습생이 개인적으로 준비해야 할 서류 준비상황 및 내용을 점검하여 학생들이 미리 준비된 상태에서 실습에 임하도록 한다. 사전교육 과정은 사회복지현장실습 교과목 실습세미나의 일환으로 사회복지현장실습 교과목 운영에 대한 사전 오리엔테이션 등을 통하여 연속성 있게 진행될 수 있다.

3 기관실습 전 체크리스트

실습기관과 실습지도자의 자격기준을 고려하여, 보건복지부장관은 「기관실습 실시기관 선정 및 선정취소 등 사회복지현장실습 운영에 관한 고시」 제5조 제1항에 따라 '사회복지현장실습기관 선정 현황'을 한국사회복지사협회 자격관리센터(https://lic.welfare.net/lic/main.do) 공지사항을 통하여 매년 상·하반기마다 신규 선정기관 및 취소기관을 반영하여 기관실습 실시기관 선정 및 해당 실습기관의 실습지도자 등록 현황을 공고하고 있다.

그러므로 실습생, 실습지도교수는 '기관실습 실시기관 선정 및 해당 실습기관의 실습지도자 등록' 여부와 '기관실습 전 체크리스트'[2)]의 다음 내용을 반드시 확인하고 체크해야 한다.

2) 한국사회복지사협회 자격관리센터 공지사항 기관실습 전 체크리스트(2022)

1) 실습지도자 체크리스트

• 법적 요건을 모두 갖춘 실습지도자가 반드시 2명 이상은 상근해야 하며, 등록된 실습지도자만 실습지도가 가능하다(1개의 실습기관에만 등록이 가능하며 중복등록은 불가하다).
• 기관실습이 실시되는 연도의 전년도에 8시간 이상의 보수교육을 이수해야 한다(보수교육 이수증이 나온 시점부터 실습지도 가능하다).
• 실습지도자 1명이 동시에 실습지도 할 수 있는 학생 수는 5명 이내이다.
• 등록된 실습지도자의 인사변동 실습비 변경, 실습지도자 추가, 소재지 변경, 기관명 변경 등 변경사항 발생 시 변경신청을 하고 승인 받은 후 실습지도가 가능하다.
※ 인사변동은 퇴사, 인사발령, 휴직, 질병 등의 사유로 상근하지 않은 경우를 말한다.

2) 교육기관과 실습생 체크리스트

• 2020년 이후 보건복지부장관의 선정을 받은 실습기관인지 확인한다(선정 현황표는 한국사회복지사협회 자격관리센터 공지사항에서 확인이 가능하다).
• 등록된 실습지도자인지 확인한다(등록되지 않은 실습지도자가 실습을 진행할 경우 해당 실습이 인정되지 않으며, 자격증 발급도 불가하다).
• 기관실습은 실습지도자의 근로시간 내에서 실시하며, 하루에 이수 가능한 시간은 최소 4시간 이상 최대 8시간 이하다.
• 사회복지현장실습 교과목의 학점이 기관실습(사후실습)을 진행한 경우 자격증 발급이 불가하다.
• 동일 직장(동일 기관) 내에서 진행하는 실습은 인정되지 않는다.

3) 실습시간 체크리스트

• 사회복지현장실습 시간은 기관 직접실습 160시간[3] 이상과 교육기관 실습세미나 총

3) 기관실습 160시간은 코로나19 유행이 지속됨에 따라 한시적으로 보건복지부장관은 기관 직접실습 80시간, 교육기관 간접실습 80시간으로 고시한 바 있다. 이 경우에는 '사회복지현장실습확인서'도 반드시 간접실습에 따른 변경된 현장실습확인서 서식을 사용해야 한다. 이를 준수하지 않으면 자격증 발급 심사보류 대상이 되며, 추후 변경된 현장실습확인서 서식으로 다시 발급받아 한국사회복지사협회 자격관리센터에 추가로 서류를 제출해야 재심사를 받을 수 있다.

30시간 이상으로, 실습기관, 실습생의 사정에 따라 실습유형은 선택이 가능하다.

- 직접실습은 학기 중 실습이나 방학 중 실습 모두 1일 4시간 이상 8시간 이내로 실습지도자의 근무시간에 맞추어 실습기관에 직접 출석하여 최소 160시간 이상 현장실습을 해야 한다.
- 실습기관 및 실습생의 상황에 따라 공휴일, 주말 등을 이용하여 실습하는 것도 가능하다.
- 생활시설에서 실습할 경우 인정될 수 있는 시간은 1일 최대 8시간이다.

제3장

현장실습 진행주체의 자격과 역할

사회복지현장실습은 전문직의 사명감과 실천능력을 겸비한 사회복지사로 교육·훈련하는 교과목으로 내실 있는 실습이 이루어질 수 있도록 실습에 관한 기준이 사회복지사업법령에 규정되어 있다. 제3장에서는 법령과 한국사회복지교육협의회의 사회복지현장실습 교과목 지침서(2020), 한국사회복지사협회의 사회복지현장실습지침서(2010) 및 사회복지현장실습매뉴얼(2017) 등을 토대로 사회복지현장실습 진행주체의 자격과 역할에 대한 내용을 제시하였다.

1 실습생의 자격과 역할

사회복지현장실습을 할 수 있는 실습생의 자격조건은 「사회복지사업법 시행규칙」에 규정되어 있다. 반드시 실습 전 필수 교과목 4과목(사회복지개론, 인간행동과 사회환경, 사회복지실천론, 사회복지실천기술론)과 실습 전 선택 교과목 3과목 이상[1])을 이수하고, 실습기관의 기준에 따라 해당 특정영역 실습을 위한 교과목을 선이수하도록 권고하고 있다.

실습생은 슈퍼비전을 받는 사람으로서 현장실습교육을 진행함에 있어 교육 및 지도받아야 할 내용을 제공하고 그에 대해 실습슈퍼비전을 받는 사람이다. 실습생은 슈퍼비전을 통해 더욱 발전된 서비스를 클라이언트에게 전달할 책임이 있으며, 이를 위해 슈퍼비전을 성실히 받아야 할 의무도 있다. 슈퍼비전을 위해 진실한 보고 자료를 제공해야 하며, 소속기관의 슈퍼비전 구조에 맞춰 성실히 슈퍼비전을 받을 의무가 있다(한국사회복지사협회, 2017).

1) 다음 과목 중에서 3과목 이상 이수: 사회복지법제와 실천, 사회복지정책론, 사회복지조사론, 사회복지행정론, 지역사회복지론, 노인복지론, 장애인복지론, 아동복지론, 청소년복지론, 가족복지론, 여성복지론, 학교사회복지론, 의료사회사업론, 정신보건사회복지론, 사례관리론, 프로그램개발과 평가, 사회복지윤리와 철학 등

실습생의 역할은 사회복지사 윤리강령(부록 6 참조)을 준수함과 아울러 한국사회복지사협회(2010)[2)]에서 제시하는 실습생의 자세를 준수하는 것이다.

실습생의 자세

① 실습의 목적과 중요성을 충분히 이해하고 실습계약 사항을 이행하기 위하여 최선의 자세로 실습에 임한다.
② 실습은 대학에서 학습된 이론을 구체적으로 적용하는 과정임을 인식하여 이에 최선을 다한다.
③ 기관의 구성원이라는 생각으로 타 구성원과 협력하며 친화적인 태도를 취한다.
④ 기관의 정책을 이해하고 수용하며 실습과정에서 준수하도록 한다.
⑤ 근무시간은 기관의 규정에 준하며 직원과 동일한 자세로 근무시간에 임하도록 한다.
⑥ 실습시작 최소 10분 전에 출근하여 출근을 확인하며, 업무에 관계된 사항을 사전에 준비하도록 한다.
⑦ 결근, 조퇴, 지각 등 근태와 관련된 사항은 반드시 실습지도자에게 사전에 보고하여 허락을 받도록 한다.
⑧ 실습지도자의 지시뿐 아니라 타직원의 지도를 잘 이행하여 실습효과를 최대화하도록 한다.
⑨ 직무에 강한 책임감과 열의를 갖고 적극적으로 임하며 타인에게 책임을 전 가하거나 태만하게 행동하지 않는다.
⑩ 실습으로 인해 알게 된 클라이언트의 사적인 정보를 교육적 목적(대학실습지도 등) 이외에는 절대 발설하지 않으며, 교육적 목적이라 하더라도 가명을 사용 하여 개인의 비밀이 침해되지 않도록 한다. 실습종료 후, 실습관련 내용을 학회지 등에 게재하고자 할 때는 반드시 실습지도자와 상의하여 허락을 받아야 한다.
⑪ 실습지도자의 지도 혹은 타 실습생의 실습을 견학, 관찰할 경우 배우는 자세로 진지한 태도를 취한다.
⑫ 기관의 직원, 클라이언트 등에 대해 예의를 지킨다.
⑬ 복장, 소지품은 실습기관의 특성과 상황에 맞게 취하되 가능한 화려한 것을 피하고 검소하며 단정한 것으로 착용하도록 한다.
⑭ 안전사고에 만반을 기하도록 하며 안전사고와 관련된 기관의 규정을 사전에 숙지하여 그에 준해 처리하도록 한다.
⑮ 실습일지를 비롯한 각종 실습기록은 사실에 근거하여 정확하고 구체적으로 정리하여 실습 시 실습지도자와 실습지도교수에게 슈퍼비전을 받는다.
⑯ 과제에 관하여 연구하고 그 결과물에 대해 실습지도자의 슈퍼비전을 받는다.
⑰ 실습과정 중 어떤 경우라도 사례금 등의 금품을 절대 주거나 받지 않는다.
⑱ 과제물은 정해진 기일에 제출하고 출근 전에 작성을 마친다.
⑲ 기관의 명칭을 사적으로 활용하지 않으며 실습생의 신분을 지킨다.
⑳ 기관을 대표한다는 자세로 기관의 직원들과 동일한 업무 태도와 자세를 취한다.

2) 사회복지현장실습 실태조사 및 지침서(한국사회복지사협회, 2010)

2 교육기관과 실습지도교수의 자격과 역할

1) 교육기관과 실습지도교수의 자격

교육기관은 현재 전국적으로 개설된 사회복지학과가 다양하기 때문에 가능한 교과과정의 운영이 한국사회복지교육협의회의 사회복지학 교과목 지침서에 준거하여 운영되어야 하며, 무엇보다도 실습교과목의 경우 사회복지사의 자격을 갖추고 현장 실무경험이 풍부한 실습지도 전임교수에 의해 실습지도가 행해지도록 해야 한다. 즉, 여기서의 교육기관은 사회복지사 자격이 있는 전임교원에 의해 실습지도 및 세미나가 운영되는 교육기관을 말한다고 할 수 있다.

실습지도교수는 「사회복지사업법 시행규칙」에서 "학사, 석사, 또는 박사 학위 중 2개 이상의 학위를 사회복지학 전공으로 취득한 사람으로서 3년 이상의 사회복지학 교육경험 또는 3년 이상의 사회복지사업 실무경험이 있는 교수가 지도할 것"으로 규정하고 있다. 그 외 교육과정 중 최소 한 학기 이상 실습경험이 있거나, 사회복지기관에서 1년 이상 근무하면서 슈퍼비전을 제공했던 경험이 있는 자, 실무경험이 풍부한 전임교수가 실습지도를 담당하는 것을 권장하고 있다.

2) 실습지도교수의 역할

교육기관의 실습지도교수는 현장실습이 원활히 이루어질 수 있도록 다음과 같은 역할을 하여야 한다.

① 실습 전 실습생의 자세와 역할, 실습동기화 교육을 실시하여야 한다.
- 실습을 시작하기 전에 학생들에게 실습생의 기본자세와 역할, 실습동기화에 대한 교육을 실시하는 교육기관(대학)이어야 함.

② 실습생의 원활한 지도를 위해 실습기관과 의사소통을 하여야 한다.
- 실습지도교수는 실습내용에 대해서 실습기관의 상황을 존중해 주어야 함. 실습계획서 내용과는 다른 사항들을 기관에 요구하지 않도록 해야 하며, 기관을 존중하며 실습지도에 형식적이 아닌 실질적 책임을 갖고 의사소통하는 자세와 노력이 전제되어야 함.

- 실습지도교수는 실습기관 방문, 전화, 온라인의 방법으로 실습기관과 긴밀한 관계를 유지해야 하는데, 이것은 아래의 목적을 달성하기 위한 것임.
  - 실습지도자와 개별 학생의 실습목표 협의
  - 학생의 실습목표 성취정도와 실습상황 검토
  - 실습관련 문제발생의 예방 또는 문제상황 중재

③ 교육기관(대학)은 실습교육을 위한 강의, 토의, 슈퍼비전, 기관방문 등을 통해 실습지도를 진행해야 하며, 실습교육 시 실습조교를 배치하여 실습기관 및 실습학생에 대한 연락, 실습상황 검토, 실습보고서와 평가서 정리 등의 업무를 처리해야 한다.

④ 실습세미나의 경우 교육기관(대학)의 상황에 맞춰 수업의 한 형태로 진행해야 하며 실습보고서를 통한 실습지도와 실습생의 실습보고 세미나 방법이 있다.

- 교육기관(대학)에서의 실습지도는 기본적으로 교육기관(학교)에서의 수업의 한 형태인 실습세미나로 진행
- 실습세미나를 통한 실습교육
  - 실습보고서 제출: 실습생은 실습일지, 사례기록, 집단지도보고서(실습생이 사용하는 양식 및 도구, 한국사회복지사협회 홈페이지 및 본 교재 부록 서식 참조) 등 각종 보고서를 작성하여 실습기관의 실습지도자 확인을 받은 후 대학의 실습지도교수에게 제출
  - 실습보고서 검토 후 실습지도: 대학에서 학생과 면담(개별 또는 집단 면담)하여 문제점과 개선점을 토의하고 필요한 경우 실습기관 실습지도자와 협의하여 문제점을 해결

3 실습기관과 실습지도자의 자격과 역할

1) 실습기관의 자격

사회복지현장실습기관은 「사회복지사업법」 제2조 제1호에 따른 다음의 사회복지사업과 관련된 법인·시설, 기관 및 단체로 반드시 법적 기준에 따른 실습지도자가 있어야 한다고 규정하고 있다.

① 사회복지사업법에 따른 사회복지법인·시설 사회복지사업과 관련된 기관 및 단체

② 사단법인 · 재단법인: 관청의 허가를 받은 단체로 사회복지사업을 목적으로 하는 비영리단체

③ 공공기관: 지방자치단체, 중앙정부, 자원봉사센터 등

④ 사회복지서비스를 제공하는 병원, 상담소, 학교, 교정기관, 조사연구기관, 시민사회단체 등

또한 규정 및 지침에 구체적으로 제시되어 있지는 않지만 사회복지현장실습 지도를 충실하게 할 수 있는 실습기관의 부가적인 요건을 제시하면 다음과 같다(최연옥 · 최정아, 2014).

① 실습을 기관의 공식 업무로 규정하고 있는 기관

② 실습에 대한 명료한 목적을 전 직원이 공유하고 있는 기관

③ 실습지도자에 대한 업무조정이 가능하고 이를 실행하는 기관

④ 실습지도자가 실습지도를 할 수 있도록 성장의 기회를 제공하는 기관

⑤ 실습지도를 위한 공간 확보 및 사무기기 활용이 가능한 기관

⑥ 다른 기관들의 기준과 비교하였을 때 건전성을 갖고 프로그램과 재정적 지원에서 안정성을 갖추고 있는 기관

⑦ 사회복지전문직의 윤리와 가치에 부합되는 기관

2) 실습지도자의 자격

실습지도자의 자격은 「사회복지사업법 시행규칙」에서 "1급 사회복지사 자격증을 취득한 이후 3년 이상의 사회복지사업 실무경험이 있거나, 2급 사회복지사 자격증을 취득한 이후 5년 이상의 사회복지사업 실무경험이 있을 것" 동시에 "기관실습이 실시되는 연도의 전년도에 8시간 이상의 보수교육을 받았을 것"으로 규정하고 있다.

3) 실습지도자의 역할

실습지도자의 역할은 '사회복지사 윤리강령'(2001.12.15.) 중 사회복지사의 동료에 대한 윤리기준으로 제시하고 있는데, 일반적으로 실습생도 실습기간동안에는 직장동료로 인정하고 있기 때문에 사회복지사의 실습지도에 대한 윤리기준으로 해석한 내용은 다음과 같다.

사회복지사의 실습지도에 대한 윤리기준

- 실습지도자는 존중과 신뢰로써 실습생을 대하며, 전문가로서의 지위와 인격을 훼손하는 언행을 하지 않는다.
- 실습지도자는 사회복지전문직의 이익과 권익을 증진시키기 위해 실습생과 협력해야 한다.
- 실습지도자는 실습생의 윤리적이고 전문적인 행위를 촉진시켜야 하며, 이에 반하는 경우에는 제반 법률규정이나 윤리기준에 따라 대처해야 한다.
- 실습지도자가 전문적인 판단과 실천이 미흡하여 문제를 야기 시켰을 때에는 적절한 조치를 취하여 실습생의 이익을 보호해야 한다.
- 실습지도자는 실습생의 직무 가치와 내용을 인정 · 이해하며, 상호간에 민주적인 직무관계를 이루도록 노력해야 한다.
- 실습지도자는 개인적인 이익 추구를 위해 자신의 지위를 이용해서는 안 된다.
- 실습지도자는 전문적 기준에 의해 공정하게 책임을 수행하며, 실습생에 대한 평가는 실습생과 공유해야 한다.
- 실습지도자는 실습생의 전문적인 업무수행을 도와야 한다.
- 실습지도자는 실습생에 대해 인격적 · 성적으로 수치심을 주는 행위를 해서는 안 된다.
- 실습지도자는 보다 내실 있고 전문적인 실습지도를 위해 한국사회복지사협회 등 관련 단체에서 진행하는 실습지도자를 위한 교육을 통해 실습지도자로서의 전문지식과 기술, 능력을 향상시킬 수 있도록 노력해야 한다.

제4장

사회복지현장실습의 진행과정

사회복지현장실습은 사회복지학 전공 교과목으로서 실습기관과 계약한 교육기관에 지도·감독의 권한이 있다. 따라서 사회복지현장실습생은 기관에 고용된 근로자가 아니라 실습기관이 모집하여 선정하지만 교육기관이 수락하는 등 절차에 따라 계약된 학생이다. 이 장에서는 사회복지현장실습의 진행과정에 대하여 자세히 소개한다.

1 사회복지현장실습 진행절차

사회복지현장실습 진행절차는 [그림 4-1]과 같다. 이러한 진행절차에 따른 사용서식은 사회복지현장실습매뉴얼[1]에 자세히 제시되어 있으며, 사용서식의 구체적인 내용은 본 서 부록에 있는 사회복지현장실습 관련 서식을 참고하면 된다. 서식 파일이 필요할 경우 실습지도교수에게 요청하면 제공해 준다.

1) 사회복지현장실습매뉴얼(보건복지부, 한국사회복지사협회, 2017)

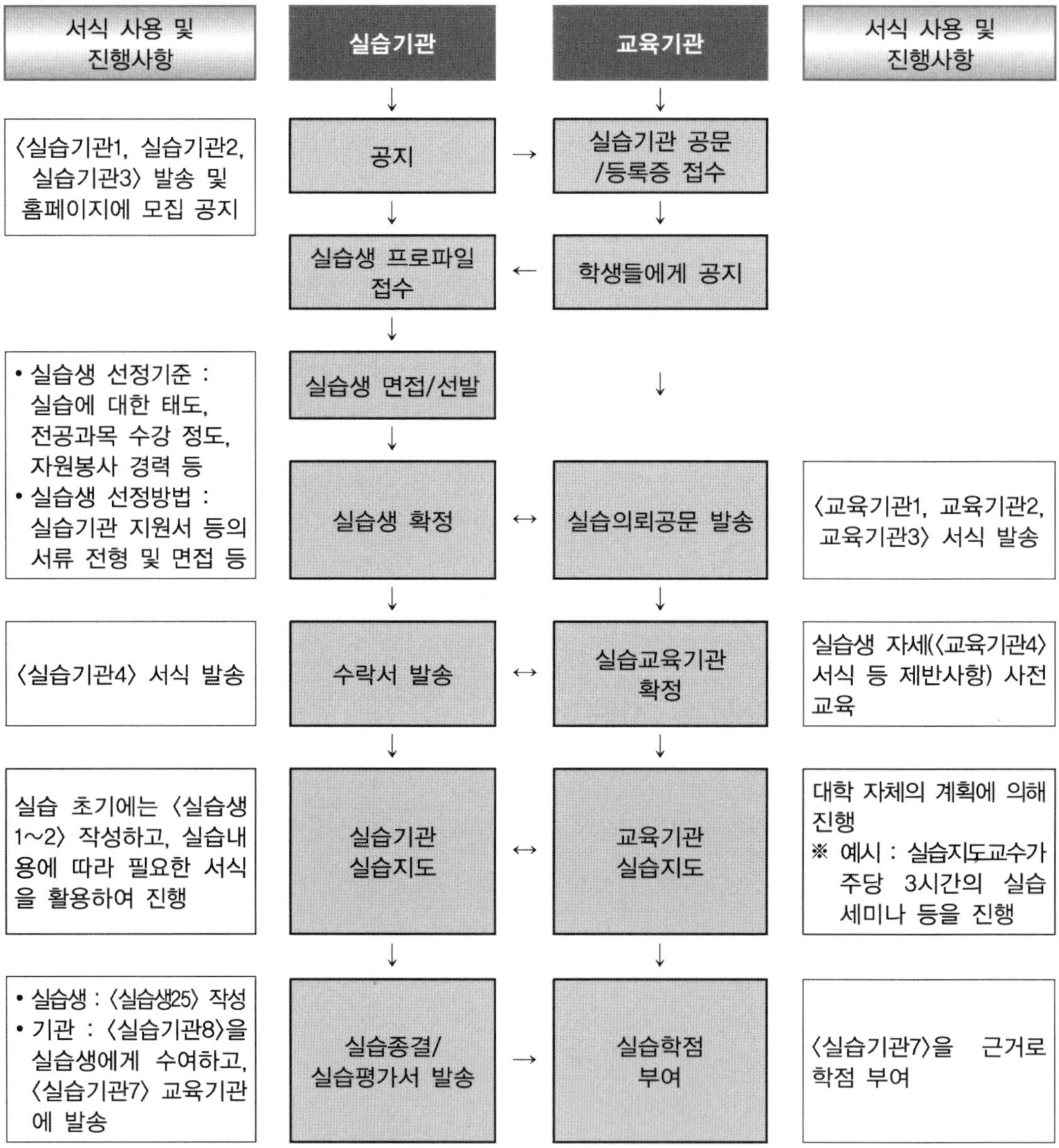

그림 4-1 사회복지현장실습 진행절차

현장실습 진행절차는 실습기관, 교육기관의 사정에 따라 변경될 수 있으나, 한국사회복지사협회(2017)에서 제시한 진행절차는 다음과 같다.

1) 실습생 모집

실습기관은 실습내용과 일정 등을 포함한 실습계획을 수립하여 교육기관에 실습생 모집을 공지(공문발송, 사회복지관련 홈페이지, 한국사회복지사협회 홈페이지 등)한다.

2) 실습기관 및 실습생 확정

① 실습기관은 서류전형, 면접 등 선정기준에 따라 실습생을 선발한다. 실습생 선정기준에는 실습 전 전공이수과목 정도, 자원봉사 경력, 실습생 태도 및 자질 등이 포함된다.
② 실습기관에서 실습생이 확정되면 교육기관은 실습의뢰 공문을 실습기관에 발송한다.
③ 실습기관은 실습생이 소속된 교육기관에 실습의뢰 수락서를 공문으로 발송한다.

- 실습생의 상황에 따라 실습생이 직접 실습기관을 선정할 수 있으나, 실습기관 선정에 필요한 기관 간 행정절차(예: 실습생 실습의뢰 공문발송, 실습의뢰수락서 공문발송 등)는 반드시 거쳐야 함.

3) 실습 준비 및 오리엔테이션

실습기관의 실습지도자와 교육기관의 실습지도교수 주관 하에 실습 사전 준비 및 오리엔테이션을 실시한다.

4) 실습지도

실습기관 실습지도자는 실습계획에 따라 실습을 진행하고, 교육기관 실습지도교수는 최소 1회 이상 실습기관 방문을 통해 실습을 지도한다.

5) 실습종결

실습기관의 실습지도자는 실습평가서를 작성하여 해당 교육기관에 공문으로 발송한다. 교육기관의 실습지도교수는 실습평가서 등을 참고하여 실습학점을 부여한다.

2 기관실습 전 준비단계에서의 실습생 기본예절 점검

실습생은 먼저 기관실습 중에 지켜야 할 실습생의 기본예절을 사전에 점검하고 익혀야 한다. 그 내용은 다음과 같다(신민선 외, 2020).

1) 출근

① 출근시간 20분 전까지 도착하여 간단한 청소, 정리정돈 및 하루의 일과 계획을 점검한다.
② 사무실에 들어서면 상사나 동료를 향해 “안녕하십니까?”라고 먼저 인사한다.
③ 부득이한 사정으로 결근 또는 지각을 했을 경우에는 상사에게 그 사유를 보고한다.

2) 근무태도

① 서로 존중하는 마음과 기관의 규정을 준수하고, 단정하고 예의바른 집무태도를 갖는다.
② 근무 중에는 책상과 윗몸 사이는 적당히 띄우고 등받이에 기대지 않는 자세로 허리를 곧게 펴는 것이 좋다.
③ 근무시간 중에는 업무와 관련이 없는 책을 읽는다든지 개인적인 일 등은 삼간다.
④ 업무와 관련된 모든 문서의 정리, 분류 및 보관이 밀리지 않도록 한다. 개인적인 전화나 잡담을 삼간다. 친구, 친척은 퇴근 후 만나도록 하며 근무 중 방문한 경우는 짧게 끝낸다.

3) 퇴근

① 문서와 서류는 보관함에 넣고 컴퓨터, 서류함 등 안전장치를 확인한다.
② 책상 위는 깨끗이 정돈하고 의자는 책상 밑으로 밀어 넣는다.
③ 인수 · 인계 사항을 확인하고 내일 할 일을 간단하게 기록해 둔다.
④ 퇴근시간 전에 미리 퇴근준비를 하지 않는다.
⑤ 상사나 남아 있는 동료들에게 “먼저 퇴근 하겠습니다.”, “먼저 나가겠습니다.”, “저 실례합니다.” 등 간단한 인사를 잊지 않도록 한다.

⑥ 먼저 퇴근하는 사람에게 “수고하셨습니다.”, “안녕히 가십시오.” 등으로 상호 인사를 나눈다.

4) 동료 간의 예의

① 남녀 직원 간에는 서로가 동료이며 협력자라는 사실을 인식하고, 호칭(상급자의 경우 ~님), 예절 등에 더욱 주의한다.
② 액수의 많고 적음을 불문하고 금전거래는 하지 않는다.
③ 공석이나 사석에서 동료나 상사를 비난해서는 안 된다.
④ 반드시 경어를 사용하도록 한다.

5) 실습기관에서의 바른 인사

① 아침에는 활기찬 표정과 태도록 명랑한 인사를 나누고, 지각 시에는 사유를 겸손하고 분명하게 말한다. 변명부터 먼저 하는 것은 예의가 아니다.
② 외출할 때는 가능하면 미리 상사에게 말씀을 드리고, 반드시 언제, 어디로, 무슨 일로 가는 것인지 서면 또는 구두 보고 후 외출한다.
③ 작업 중에 인사할 여유가 있다면 상황에 맞게 가볍게 목례를 한다. 그러나 도저히 인사를 할 수 없는 경우에는 하지 않아도 좋다.
④ 화장실에서는 인사하지 않는다. 다만 눈이 마주칠 경우에는 목례한다.

6) 복장과 용모

① 실습기관이나 시설에서 제공하는 복장과 명찰을 착용하거나 그 특성에 맞는 단정한 복장을 착용한다.
② 지나치게 노출이 심한 옷이나 짧은 스커트, 사치스러운 귀걸이나 반지 등은 피한다.
③ 두발, 손톱 등 용모를 단정하게 한다.
④ 짙은 화장이나 매니큐어, 향기가 진한 향수 등의 사용은 피한다.

7) 전화예절

① 정숙하게 전화를 받고 공손하고 예의바르게 말한다. 전화 받는 사람의 목소리가 그 기관의 첫 인상이다.

② 전화는 벨이 울리자마자 받는 것이 예의이다. 세 번 이상 울린 후에 받을 때에는 "늦어서 죄송합니다."하고 받는 것이 상대방에 대한 예의이다.

③ 먼저 간단한 인사를 하고 직장명, 소속 및 성명을 말한다.

④ 용건을 정확하고 간략하게 말한다. 중요한 용건은 반복하여 확인한다.

⑤ 상대방을 확인하고 메모를 한다. 메모를 부탁할 때에는 상대방의 성명을 확인한다.

⑥ 담당자가 자리를 비웠거나 바쁠 때에는 가까운 곳에 있는 사람이 받는다. 통화내용을 메모하여 담당자에게 정확하게 전달해 준다.

⑦ 걸려온 전화는 상대방보다 먼저 끊지 않는다. 업무상 전화를 먼저 하였다면 먼저 끊는다.

⑧ 자주 거는 전화번호는 일람표를 만들어 둔다.

⑨ 전화가 잘 안 들리는 경우에는 서슴지 말고 그 사정을 상대방에게 알린다.

8) 회의예절

① 회의에 관한 기초지식을 습득하고 참여한다.

② 회의의 종류(제목)에 관하여 미리 알아둔다.

③ 회의의 목적을 이해한다.

④ 회의에 적극적으로 참가한다.

3 실습기관의 선정과 배치 절차

사회복지현장실습을 앞두고 있는 학생들은 실습기관을 선정하기에 앞서 여러 가지 사항들을 꼼꼼하게 확인하고 담당 실습지도교수와 상의하여 최종적으로 결정하는 것이 현장실습 진행뿐만 아니라 졸업 후 사회복지사 자격증 발급 과정에서도 어려움 없이 절차를 진행할 수 있는 기초가 된다. 실습기관 선정과 배치 절차는 [그림 4-2]와 같다(이경아, 서홍란, 2011).

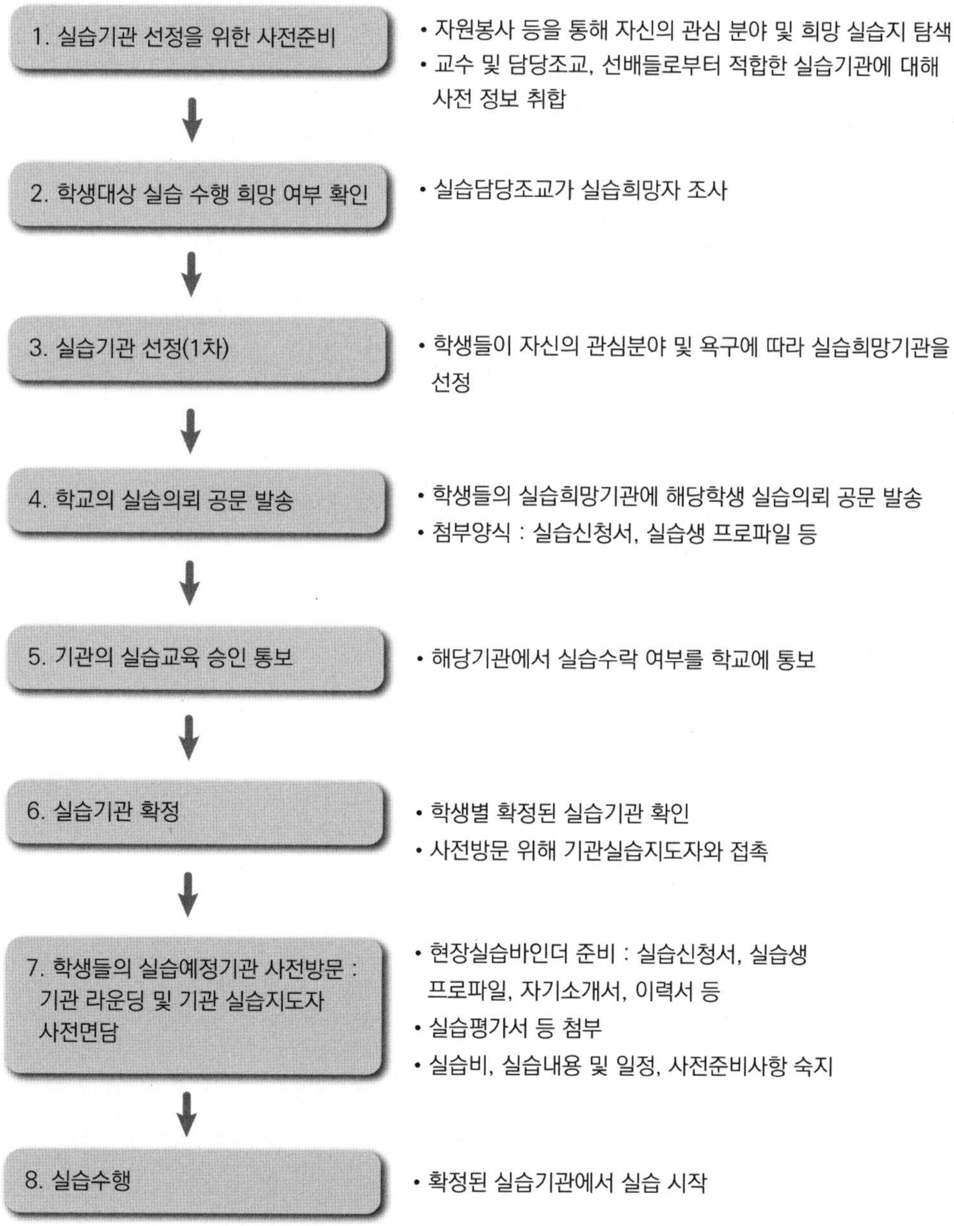

그림 4-2 실습기관 배치 및 신청과정 흐름도

실습희망기관에 대한 충분한 사전 이해는 실습생이 실습기관을 선택하는데 있어 가장 중요한 요소이다. 한국사회복지사협회 자격관리센터에 공지되어 있는 '보건복지부장관 선정 기관실습 실시기관 현황' 정보를 중심으로 실습희망기관을 선정하되, 실습지도교수 및 실습담당 조교, 선배들 그리고 기관 홈페이지를 통해 해당 기관에 대한 충분한 정보를 수집하도록 지도한다. 또한 대학에서 사전에 접촉하여 개발한 실습기관에 관한 세부 정보(실습기관 소개 파일)를 학생들에게 제공하여 학생들이 실습희망기관을 정하는 데 도움이 되도록 해야 한다.

해당 학생은 실습희망기관에 사전방문 또는 유선접촉을 통해 기관의 실습교육관련 지침과 계획(실습비 금액 및 납부방법, 실습인원, 기자재 사용규정, 사전준비사항, 실습일정 및 내용 등) 등 실습관련 사항들을 구체적으로 확인해 두어야 한다.

이 과정에서 실습지도교수는 실습담당조교와 함께 학생들의 실습희망기관 목록을 취합하여 현장실습기관별 실습학생 명단 확정 및 실습배치 절차를 거치게 된다. 기관배치 여부가 결정되면 실습지도교수는 학생들에게 통보하고, 해당 실습희망기관에 실습신청 의뢰 공문을 발송해야 한다.

4 현장에서의 실습지도 내용

현장에서의 실습지도 내용은 다음과 같다(한국사회복지교육협의회, 2020).

1) 실습과제

실습과제는 기관의 유형과 특성에 따라, 실습과정의 진행단계에 따라, 학생의 교육수준(학부/대학원)과 경험(자원봉사경험, 실습경험, 직장경험 등) 등에 따라 다양하게 제시할 수 있도록 안내할 수 있다. 단, 학생들이 학교에서 배운 사회복지의 전문적 가치 및 윤리, 지식, 그리고 사회복지 실천 내용들(개인 개입, 집단개입, 가족개입, 지역사회개입, 거시체계개입 등)과 관련된 과제가 포함되도록 한다. 이처럼 다양한 분야의 실습현장에서는 해당 기관의 특성을 반영하되 상기 실습내용 수행에 필요한 정도의 노력을 요하는 사회복지 실습과제를 개발하여 제시할 수 있도록 한다.

2) 실습슈퍼비전

실습지도자는 다음의 내용을 포함한 정기적인 슈퍼비전이 진행될 수 있도록 안내한다.

(1) 오리엔테이션 및 교육

실습기관 및 실습내용에 대한 전반적인 오리엔테이션 및 교육을 실시한다.

① 실습기관 소개

② 실습의 의미, 의의 및 목표 수립

③ 실습생의 자세 및 태도

④ 사례기록 작성 방법

⑤ 실습일지를 포함한 각종 보고서 작성 방법

(2) 실습내용에 대한 슈퍼비전 실시

실습내용에 대한 직접적인 슈퍼비전을 실시한다.

① 실습일지를 정기적으로 점검하고 피드백을 준다.

② 실습과정에서 작성하게 되는 사례기록, 집단활동기록, 지역사회분석, 조직분석 등에 대한 슈퍼비전을 준다.

③ 그 외의 사항에 대해 정기적인 슈퍼비전 시간을 갖는다.

5 실습교육 각 단계의 과제와 활용양식

사회복지현장에서 실습교육 단계는 실습 프로그램 기획안에 따라 실습지도자에 의해 실습을 수행하는 것을 의미한다. 사회복지현장실습 교육단계는 초기단계, 중간단계, 종결 및 평가단계로 구분할 수 있다. 실습교육의 각 단계별 주요내용, 과제물, 활용양식은 〈표 4-1〉과 같다(한국사회복지사협회, 2013).

표 4-1 사회복지현장실습 각 단계의 과제 및 활용양식[2]

단계	주요내용	과제물	활용양식
준비단계	• 실습 전 확인사항 점검 • 실습준비 최종점검 • 실습계약 체결 • 실습서약서작성 • 오리엔테이션 실시 • 자기소개 • 실습지도자와 관계형성	실습생프로파일 실습생실습계획서	준비점검표, 실습신청서, 실습생 프로파일, 실습계획서, 실습계약서, 실습서약서
초기단계	• 필수공통교육(윤리, 철학, 행정, 예산, 문서작성, 프로그램 계획서 작성 등) • 기관 및 직원소개(라운딩) • 지역사회탐방 • 부서별 사업이해	기관분석보고서 지역사회분석보고서 지역사회지도그리기	실습일지, 실습생출근부, 실습지도기록서, 사회복지사선서, 사회복지사 윤리강령, 기관분석보고서, 지역사회 분석보고서
중간단계	- 사례관리 실습 - 서비스제공기능 실습 - 지역사회조직화기능 실습 • 그 외 실습 - 타기관 방문 - 사회조사: 지역조사, 욕구조사	과정참여보고서 프로그램 계획서 프로그램 평가서 중간평가서 기관방문보고서 사회조사보고서	과정참여보고서, 프로그램계획서, 프로그램평가서, 중간평가서, 사례관리, 계획서, 진행일지, 종결기록서, 집단지도양식, 사회조사양식, 기관방문보고서, 사회조사보고서
종결 및 평가단계	• 종결 - 사례종결 - 실습종결 • 평가 - 실습만족도와 실습평가 - 실습보고회	실습만족도 작성 실습보고회 진행 실습평가서	실습만족도, 실습평가서, 현장실습확인서

2) 표준실습교육매뉴얼_종합사회복지관(한국사회복지사협회, 2013). p. 68.

| 현장실습 슈퍼비전의 개요 |

| 현장실습 진행단계별 실습내용과 슈퍼비전 |

| 대학에서의 실습세미나 |

사회복지현장실습의 슈퍼비전과 실습세미나

II

제5장

현장실습 슈퍼비전의 개요

1 실습슈퍼비전의 개념과 주요 기능

1) 슈퍼비전의 개념

사회복지현장실습 슈퍼비전은 사회복지학을 전공하는 학생이 사회복지실천현장에 대한 학습을 위해 실습교육을 받으러 온 학생을 교육시키는 것을 의미한다. 이때 교육을 담당하는 사회복지사를 실습지도자라 하며, 실천현장에서의 교수 기능을 수행한다. 따라서 교육이 최대의 관심사가 되며, 이때 제공되는 슈퍼비전의 유형은 교육적 슈퍼비전이 해당된다(양옥경 외, 2017). 따라서 사회복지현장실습 슈퍼비전은 실습지도자가 실습생이 하는 일에 대해 책임을 지고 지켜보며 가르치는 일로 일에 대한 감시나 감독이 아니라 교육하고 훈련하고 지도하고 지원하는 교육 및 지도의 형태여야 하며, 전문가로서 성장을 할 수 있도록 교육하는 형태여야 한다(양옥경 외, 2017).

실습슈퍼비전은 실습지도자가 실습생이 하는 일에 대해 책임을 지고 지켜보며 가르치는 일이라고 할 수 있다. 일에 대한 감시나 감독이 아니라 교육하고 훈련하고 지도하고 지원하는 교육 및 지도의 형태여야 하며, 전문가로서 성장을 할 수 있도록 교육하는 형태여야 한다.

사회복지현장실습 슈퍼비전은 사회복지의 질적 함양을 목적으로 사전 경험과 지식이 풍부하여 중간관리자의 위치에 있는 사회복지사가 실습지도자로서 대학의 교과과정의 일환으로 실습교육을 지원하기 위한 목적이다. 현장에 학습하러 온 실습학생과 위계적이면서도 민주적이고, 참여적이며, 협력적이고, 개방적이며, 긍정적인 슈퍼비전 관계 속에서 라포(rapport), 신뢰, 배려의 3대 요소를 기본으로 하여, 소속기관의 정책과 절차에 따라 기능

별 고유역할을 수행함으로써 실습생의 업무수행을 지시, 조정, 향상, 평가하는 의무적 상호작용과정으로 체계를 갖추어 실행하는 전문적 교육서비스이다(양옥경 외, 2010).

2) 슈퍼비전의 목표

슈퍼비전의 목표는 실습생의 전문직 사회화를 통해 전문 능력을 증진시키고 전문직의 속성들을 내면화시키는 것이다. 이에 실습지도자는 학교에서 배운 이론을 실천에 적용할 수 있도록 기회를 마련해주고 미래의 전문 직업인으로서 성장하기 위해 지식과 기술을 개발할 수 있는 현장을 제공해주며, 긍정적인 학습 자극을 제공하는 데 목적을 두고 실습교육에 임해야 한다. 즉 실습생이 업무를 더욱 효과적으로 수행할 수 있는 능력을 향상시키도록 도와야 한다. 실습지도자는 실습생이 업무를 효과적으로 수행할 수 있도록 작업 배경을 제공하고, 업무를 수행하는 데에 대하여 기분 좋게 느낄 수 있도록 도울 필요가 있다는 것이다(Kadushin, 1992). 구체적으로는 사례 또는 업무와 관련된 슈퍼비전을 통해 전문적 역할에 대한 지식을 전달하고 임상적 지식과 기술을 가르치며 관련 정책 및 법의 지식을 전달하며, 전반적으로 자기 인식을 통한 성장 발전을 도모하며 사회복지의 가치와 철학에 근거한 윤리관에 입각하여 실천에 임할 수 있도록 교육한다.

실습교육에서는 실습생이 다른 실천상황에서도 적용하여 이용할 수 있는 이론과 기법을 보편화할 수 있도록 가르쳐야 한다(문인숙, 1980). 실습교육을 통해 실습생이 수동적으로 주어진 업무만 수행하는 것에서 벗어나 스스로 일을 할 수 있도록 자신의 능력을 개발하고 발전시킬 수 있도록 교육해야 한다. 실습지도자는 행정적, 교육적 · 임상적, 정서적 · 지지적 슈퍼비전이 될 수 있도록 노력해야 한다(Kadushin, 1992).

3) 슈퍼비전의 주요 기능

사회복지현장실습 슈퍼비전은 다음과 같은 다양한 기능을 가진다(양옥경 외, 2017).

(1) 교육 기능

사회복지현장실습 슈퍼비전의 핵심 기능은 교육 기능이다. 학교에서 배운 지식과 기술, 철학을 실무현장에 적용시키는 과정을 통해 다시 지식과 기술과 윤리를 배우고 익히고 연습해보는 것이 실습이며, 실습슈퍼비전은 이 과정에서의 교육과 훈련을 제공하는 것이라고 할 수 있다. 따라서 지식과 기술을 전달하고 개발하며, 교육을 위한 전략과 전술이 강조된다.

서비스 전달과정과 그 배경이 점점 복잡해질 뿐 아니라 클라이언트의 문제가 다차원적이 됨에 따라 실습생들을 가르치고 훈련시키는 것은 한두 학교나 한두 개 기관의 업무에 그치는 것이 아니라 전문직 쇄신의 기회로 간주되고 있다. 교육 의무를 다하기 위하여 실습지도자는 슈퍼비전의 내용과 형식 및 방법에 대한 선택을 해야 한다. 이때 실습지도자는 공통적인 학습욕구들을 찾아내는 수단으로 모든 실습생들의 능력들을 사정해야 하며, 이 경우 학습욕구는 클라이언트 및 지역사회와 일하는 데 관련된 욕구뿐 아니라 업무수행에 관련되어 있는 상호작용에서 나오는 욕구들도 포함된다.

교육 기능 내에서 실습지도자의 기본 활동들은 다음과 같이 정리될 수 있다. 첫째, 개념이나 이론 또는 자료들을 발표하거나 토론하거나 설명하게 할 수 있다. 학교에서 배우고 왔어도 현장에서 현장의 실질적인 자료와 사례를 통해 다시 한 번 설명해 줌으로써 이론과 개념 실천에서의 적용을 가능하게 해준다. 둘째, 새로운 활동, 기술, 행동들에 대하여 실습생을 교육할 수 있다. 기존의 이론 및 개념의 적용뿐 아니라 새로운 기술과 행동에 대해서도 교육이 이루어진다. 학교가 주로 이론에 치우친 교육을 담당한다면 실습기관은 클라이언트나 지역사회에서 직접 활용되는 기술과 행동에 대한 교육을 책임져야 한다. 기술을 습득하고 익힌 후 연습해보는 것이 실습생이 실습기관에서 경험해야 할 의무이자 권리이다. 셋째, 실습생들이 발표하도록 계획하는 것이 바람직하다. 실습생의 학습이 어느 정도 진행이 된 후에는 각 실습생들의 업무활동 및 사례들을 돌아가면서 발표하여 다른 실습생의 업무와 다른 실습생의 접근 방법 및 기술, 활동 등에 대해 간접적으로 학습할 수 있도록 하는 것이 좋다. 넷째, 논문, 저서, 보고서, 연구물들을 공유하거나 회람하여 나누도록 한다. 실습에 직접 연관되어 있는 논문이나 저서를 회람함으로써 현재 실습생이 배우고 있는 내용에 대한 공신력을 높이며, 보고서를 회람함으로써 모든 것을 실습지도자가 직접 교육해야 하는 부담을 덜 수 있다. 다섯째, 정보를 제공하거나 기술을 가르치기 위해 주제강사를 초청할 수 있다. 필요에 따라 외부강사를 초청하거나, 실습생들의 소속 대학 교수를 초청하여 강의를 개방함으로써 실습내용의 질을 향상시킬 수 있다.

(2) 전문직의 사회화 기능

전문직 문화는 서비스전달 행동들을 어떤 방향으로 이끌기 위해 특정 가치와 규범들을 강조한다. 일반적으로 이 가치들은 제공되는 서비스의 중요성에 대한, 그리고 전문직의 지식에 기반을 둔 권한에 대한 신념을 나타낸다. 규범들은 클라이언트, 동료, 상사, 부하, 지역사회와 일할 때의 적절한 행위를 포함하며 서비스전달의 업무수행에 대한 기대들을 나타낸다. 따라서 전문직 문화와 동일시하는 사람들은 집단 정체성과 공통적인 일단의 가치들을 공유한다. 전문직 문화와의 동일시는 알맞은 자리를 보유하도록 도우며, 전문직으로 사회화시킴에 의해 규범과 가치들을 영속시키도록 돕는다.

전문직의 사회화 기능 내에서 실습지도자의 기본 활동들은 다음과 같이 정리할 수 있다.

- 실습생들이 사회복지전문직 내부, 그리고 외부에서 동시에 성장할 수 있도록 격려함.
- 다른 전문직의 오리엔테이션과 차이가 있는 사회복지 신념을 실습생들이 구별해내고 주장할 수 있도록 지원함.
- 사회적 쟁점, 사회복지전문직의 이미지, 또는 클라이언트의 관심사에 대한 사회복지 실천의 관점을 지역사회의 다른 사람들에게 해석해 줄 수 있도록 실습생들을 격려함.
- 실습생들에게 일관된 윤리적 태도를 취함.
- 실습생이 전문적 가치와 규범에서 벗어난 행동을 했을 때 적절한 조치를 취함.

(3) 평가 기능

실습슈퍼비전에서의 평가는 실습생이 배치된 기관에서 요구되는 역할의 수행 정도를 신뢰도와 타당도를 가지고 결정하기 위해 체계적 과정을 적용시키는 일련의 과정이다. 상세하고 현실적이며 달성 가능한 기준에 근거한 판단이어야 하며, 업무수행의 질과 성취물의 양 모두를 포함해야 한다. 평가는 실천에 대한 실습 교육에 있어 학습의 질을 향상시킬 뿐 아니라 전문적 성장에도 공헌하는 교육적 절차이다. 평가 기능 내에서 실습지도자들의 기본활동들은 다음과 같다.

- 실습생들에게 업무수행에 대한 서면 피드백 제공
- 실습생들과 업무수행에 대한 기대를 검토
- 실습생 자신, 프로그램, 서비스의 영역들에서 업무수행 목표를 개발하도록 도움
- 작업조건, 프로그램의 효과, 클라이언트의 욕구, 클라이언트의 만족 등과 같은 프로그램 수행에 대한 연구 실시 및 분석
- 실습지도자 자신의 업무수행에 대해 피드백을 요청하고 검토하며 반영하려 노력

(4) 옹호 기능

실습지도자는 때때로 불공평하거나 부정한 관행, 실제적으로나 잠재적으로 어떤 귀속 특성(예: 성, 연령, 인종 등)을 갖고 있는 실습생에게 해로운 정책과 절차가 기관 내외에 존재한다는 사실을 알게 될 수 있다. 이는 실습생이 배치되기 전에는 미처 인지하지 못하고 있었던 것일 가능성이 매우 큰 상황이다. 이와 같은 정책이나 관행들을 알게 되었을 때 실습지도자는 그것들이 실습생과 실습생의 서비스전달에 해로운 영향을 주기 전에 고치기 위해 옹호활동을 하려고 할 것이며 실제로 해야 한다. 이런 종류의 활동들을 추구할 결정을 할 때 서비스전달 정책과 절차의 변화에서 기인하는 긍정적 영향을 강조하는 논리적 근거를 개발하는 것은 옹호 기능을 효과적으로 수행하는 데 있어 매우 중요한 일이다.

(5) 지지 기능

실습슈퍼비전에서의 지지 기능은 단순히 실습생을 격려하고 지지하는 차원에 머무르는 것이 아니라 효과적인 업무수행을 위해 필요한 정서적 에너지가 작동하도록 심리적이고 대인관계적인 자원을 제공하는 것을 말한다. 이럴 경우 실습생은 과업수행을 강화하는 사기를 증진시키고 이를 방해하는 스트레스를 감소시킴으로써 업무 수행에 있어 효과성을 증진시키는 효과를 가져 온다. 또한 실습생의 자아가 사회복지사로서 자신의 상을 만들어 가는 것을 지지하는 데에 초점을 둠으로써 열의 있고, 이해심 있는 사회복지사의 모델을 추구한다고도 할 수 있다.

(6) 행정 기능

슈퍼비전에서의 행정 기능은 전통적으로 실습생들을 지휘하고, 조정하고, 향상시키고, 평가하는 것으로 개념화되어 왔다. 따라서 실습슈퍼비전에서 행정 기능은 매우 약하게 관여된다. 그러나 실습생을 지휘, 조정하고 업무를 계획, 결정하며, 업무량을 관리하고, 실습생을 향상시키고 발전시키는 것을 행정적 기능이라고 정의할 때 실습슈퍼비전 또한 행정적 기능의 중요성을 간과할 수 없다.

2 실습슈퍼비전의 원칙

실습생은 전문 사회복지사로 성장하기 위해 기관의 실습지도자로부터 슈퍼비전을 제공받을 권리가 있다. 숙련되지 않은 사회복지사의 개입이 실천상의 오류를 야기할 수 있기 때문에 지식과 기술을 겸비한 사회복지사로부터 실습업무 전반에 대한 지도감독이 행해져야 할 필요가 있다. 실습에서 제공되는 슈퍼비전의 경우 몇 가지 원칙 하에서 진행될 필요가 있다(서울시사회복지관협회, 2005).

1) 정규화의 원칙

슈퍼비전은 정기적으로 제공되어야 한다. 실습생을 위한 슈퍼비전의 정기성은 학기 중은 매주 정해진 시간에, 그리고 방학 중의 경우는 매일 정해진 시간에 슈퍼비전이 제공될 수 있어야 한다.

2) 공식화의 원칙

슈퍼비전은 업무의 일부로 업무시간 중에 수행되어야 한다. 실습생과 실습지도자의 업무량의 관리를 통해 공식 업무의 일환으로 수행되어야 한다.

3) 상호교류중심화의 원칙

슈퍼비전은 실습지도자와 실습생의 상호 계획 하에 수행되어야 한다. 실습은 목적적인 것이므로 실습계약을 통해 설정된 목표에 실습생과 실습지도자가 상호적으로 슈퍼비전의 전 과정에 함께해야 한다.

4) 개별화의 원칙

슈퍼비전은 실습생의 업무와 관련된 지식, 기술, 능력을 파악하여 이와 관련한 훈련, 개발, 더 나아가서 경력개발에 초점을 두고 개별화하여 진행되어야 한다.

5) 성장중심화의 원칙

슈퍼비전은 실습생의 업무 수행상 취약점을 지적하는 것보다는 가능성과 강점의 개발에 초점을 두고 진행되어야 한다.

6) 맥락화의 원칙

슈퍼비전은 조직의 내적 및 외적 환경, 실습생이 속한 업무환경 등 맥락을 고려하여 진행되어야 한다.

7) 욕구중심화의 원칙

실습생의 욕구에 맞춰 실습슈퍼비전을 계획하고 제공해야 한다. 실습생이 실습지도자로부터 슈퍼비전을 통해 받고 싶은 것, 받을 필요가 있는 것 등을 미리 파악하고 그에 맞춰 제공해야 한다. 실습슈퍼비전을 위한 준비단계에서 행해지는 실습생 교육진단은 실습 초기 미팅(사전 미팅 혹은 오리엔테이션)에서 수행하는 것이 바람직하다. 실습지도자는 초기 미팅 전에 실습생 프로파일과 실습생 자기소개서를 충분히 검토하는 것이 요구된다. 또한, 실습을 통해 얻고자 하는 교육목표를 나열하게 하거나, 실습에 대한 기대 등을 파악하며 실습생의 강점과 약점을 파악하므로 실습슈퍼비전의 실행과정에서 보다 효과적으로 슈퍼비전의 방향을 설정할 수 있을 것이다.

3 실습슈퍼비전의 모델

사회복지현장실습은 사회복지전공 학생이 학교에서 배운 지식과 기능을 사회복지현장에 적용할 수 있도록 기획되어야 한다. 학생이 현장에서 사회복지이론과 기술을 적용하여 전문역량을 발전시키기 위해서는 사회복지현장실습 슈퍼비전이 하나의 프로그램으로 체계적이고 과학적으로 설계되어야 한다.

슈퍼비전 모델이란 슈퍼비전을 제공·전달·예측할 수 있으며, 이론적 배경이 뒷받침되어 있어 묘사 가능한 구성적 구조를 의미(Walker & Jacobs, 2004)한다. 슈퍼비전 모델은 일반적으로 실습지도자의 기능과 목적, 기능하는 역할, 핵심 측면을 제시하고 강조한다(양옥경 외, 2017).

1) 논리모델

논리모델은 특정한 상황 속에서 주어진 문제를 해결하기 위해 프로그램이 어떻게 작동하는지를 설득력 있게 그리고 쉽게 보여주는 모델이다(사회복지공동모금회, 2008에서 재인용). 논리모델은 원래 1970년 미국에서 성과 측정 및 관리모형으로 조직 활동에 필요한 자원과 활동, 최종성과 간 인과관계를 도해적으로 표현한 것이다. 그동안 기업 및 조직 등의 성과측정과 관리에 널리 활용되어오다 최근에는 사회복지조직의 프로그램에 더 많이 활용되고 있다.

논리모델은 프로그램에 대한 논리적인 이론적인 모형을 포괄적으로 제시한 하나의 틀이라고 할 수 있다. 특정한 상황의 문제를 해결하기 위하여 개발된 프로그램을 한눈에 볼 수 있게 해주는 그림으로, 무엇이 투자되었는지, 어떤 활동을 했는지, 그 결과가 무엇인지에 대해 시각적으로 표현해 낸 것이다. 논리모델은 프로그램 구조와 조직을 정교하게 만들고 자체 평가를 적절하게 설계하는 데 도움이 된다.

2) 발달모델

발달모델은 실습생이 실습지도자로 성장하기 위하여 경험하게 되는 발달과정을 4가지 단계로 제시한 모델이다. 이 모델은 실습지도자가 일정한 스타일과 접근 방식을 가질 필요가 있으며, 이러한 스타일과 접근방식은 경험을 통해 다듬어 진다고 보고 있다.

(1) 자기중심 단계(1단계)

- 실습생은 실습지도자에 대해 의존하게 되고 역할에 대해 불안해하지만 매우 동기화되어 있는 상태

- 실습지도자가 다른 실습생들과 비교하는지에 대한 염려
- 특히, 축어록이나 녹음을 가져오라고 할 때 불안이 높음.
- 실습지도자는 실습생이 실제로 일어나고 있는 현상에 집중하도록 격려하고 긍정적 피드백과 명확하게 구조화된 환경을 제공해야 함.

(2) 클라이언트중심 단계(2단계)

- 의존성과 자율성 사이에서 갈등함.
- 클라이언트와 자신의 훈련발달단계 모두를 덜 단순하고 덜 단일화된 시각으로 보기 시작함.
- 인간발달단계 중 청소년기에 해당함.
- 덜 구조화되고 덜 설교적일 필요가 있음.
- 실습지도자는 우울과 흥분의 왕복하는 감정을 잘 다루어줘야 함.

(3) 과정중심 단계(3단계)

- 실습생은 전문가적 자기 확신이 증진됨.
- 실습생은 실습지도자에 대해 조건적 의존성을 보임.
- 실습생은 통찰력이 증가하고 좀 더 안정적인 동기를 보임.
- 슈퍼비전은 전문적 · 개인적 직면으로 상호 공유와 예시가 증가되면서 동료적 관계가 됨.
- 클라이언트와의 관계에서 전문적인 기술이 발전함.
- 이미 훈련받은 것을 자신의 성격의 일부분으로 통합하는 단계임.

(4) 맥락과정중심 단계(4단계)

- 숙련자(master) 단계로 실습지도자가 됨.
- 자율성, 통찰력 있는 인식, 개인적 안정감, 안정적 동기, 자신의 개인적 전문가적 문제를 직면하기 위해 필요한 인식 증가함.
- 더 많은 지식을 습득하는 것이 아니라 지혜로워지기 위해 지식을 심화시키고 통합하는 단계임.

3) 과업모델

과업모델은 실습지도자와 실습생이 슈퍼비전을 통해 달성해야 하는 과업을 단계적으로 학습하는 방법과 역량 있는 슈퍼비전을 설계하는 방법을 제시한 모델이다. 미들맨과 로우즈(Middleman & Rhodes, 1985)는 '역량 있는 슈퍼비전'의 개념을 제시하며 실습지도자와 실습생 양자 모두가 갖추어야 할 역량을 제시하였다. 각 역량을 갖추기 위해 필요한 과업과 학습에 필요한 구체적 전략과 기술을 제시해놓은 것이 본 과업모델의 특징이라고 할 수 있다. 역량을 갖춘 실습지도자는 실습생이 필요한 역량을 학습해 나갈 수 있도록 체계적 단계를 따라 계획을 세워 접근해야 한다.

이 세 가지 대표적인 모델들을 활용하여 절충적으로 통합하여 슈퍼비전계획 설계에 활용할 수도 있고, 대표적인 논리모델을 활용하여 사회복지현장실습이라는 프로그램을 논리적으로 설계하는 방법이 있다. 논리모델은 사회복지현장실습과 같이 실습생을 대상으로 슈퍼비전을 제공하는 경우에 보다 용이하게 접근할 수 있다면, 과업모델은 사회복지기관에서 직원을 대상으로 슈퍼비전을 제공하는 경우에 더 적절하다.

4 실습슈퍼비전의 유형

1) 참여범위에 따른 유형

(1) 개별슈퍼비전

개별슈퍼비전은 개인의 전문적 발달을 돕는 핵심적 방법이라 할 수 있다. 따라서 많은 원조전문가 협회에서는 전체 슈퍼비전에서 개별슈퍼비전의 일정 비율을 의무화하고 있다. 개별슈퍼비전은 실습지도자와 실습생의 일대일 만남으로 이루어지며, 집단슈퍼비전에서처럼 동시에 다른 실습생의 요구에 주의가 분산되지 않을 수 있으며, 실습생에게 주의를 좀 더 기울이고 초점화하는 것이 가능하다는 장점이 있다.

(2) 집단슈퍼비전

집단슈퍼비전은 그 구성 측면으로는 한 명의 실습지도자와 다수의 실습생로 구성되어 진행되는 슈퍼비전 방법이며, 기능적 측면으로는 집단의 역동성을 활용하여 집단 자체의 통일된 목표를 갖고 구성원 간 상호작용을 통해 슈퍼비전을 주는 것이다. 따라서 실습생의 수가 너무 많아 충분한 역동을 활용하기 어렵거나 효과적으로 집단을 통제하지 못할 정도로 많은 수는 바람직하지 않다. 즉, 일반적 소집단 구성기준을 적용하면 2명 이상 8명 이내가 바람직하며, 슈퍼비전 이슈에 따라 좀 더 적은 인원을 대상으로 밀도 있게 이루어질 필요가 있다면 그 수를 더욱 제한할 수도 있다. 집단슈퍼비전에서의 실습생은 준실습지도자가 될 가능성이 있으나, 이렇게 되지 않도록 하는 것이 바람직하다. 왜냐하면 실습생은 피학습자이지 교수자는 아니며, 학습을 촉진하기 위해 교수자의 역할을 수행할 수 있도록 하는 것과 교수자로서의 정체성을 갖는 것의 균형을 적절히 유지하기가 어렵기 때문이다.

2) 슈퍼비전 제공시기에 따른 유형

(1) 사전 슈퍼비전

사전 슈퍼비전은 실제로 실습생이 수행해야 하는 업무 이전에 사전 교육적 성격을 가지게 된다. 상담이나 사례관리 업무를 수행하기 전에 필요한 교육적 정보를 제공하거나 실습생의 준비정도를 점검하거나 자기인식을 점검하게 함으로써 실재 개입과정에서의 오류나 실패를 최소화하기 위한 활동으로 구성될 수 있다.

(2) 현장 슈퍼비전

현장 슈퍼비전은 클라이언트와 만나는 현장에서, 혹은 특정 업무를 수행하는 현장에서 슈퍼비전을 주는 것을 의미한다. 현장에서 슈퍼비전을 준다는 것은 실습생의 실행에 직접적 영향을 준다는 의미에서 직접적 실천이라 할 수 있다.

(3) 즉각 슈퍼비전

즉각 슈퍼비전은 실습생의 실행이 끝나자마자 이에 대한 슈퍼비전을 제공하는 것이다.

따라서 실습생이 자신의 수행과정에 대해 깊이 고찰할 수 있는 시간을 제공하지 않음으로써 실습생의 자기 학습보다는 실습지도자의 좀 더 강력한 피드백이나 리더십이 요청된다. 또한 즉각 슈퍼비전은 관찰이나 기록 등 실습생의 수행내용에 대한 객관적 정보를 확보하기 어려운 클라이언트를 대상으로 하는 실천영역에서의 슈퍼비전으로 적절하다. 즉, 실습생의 기억과 자기보고에만 전적으로 의존해야 하는 경우, 좀 더 생생한 기억을 토대로 슈퍼비전을 줄 수 있기 때문이다.

(4) 지체 슈퍼비전

지체 슈퍼비전은 실습생의 업무수행이 끝난 후 일정 시간이 경과한 후에 제공되는 슈퍼비전이다. 이는 실습생이 자신의 수행과정이나 결과에 대해 스스로 고찰하고 평가할 수 있는 시간을 제공함으로써 실습생의 반성적 실천을 강조할 수 있다. 그러나 보완적 정보나 자료 없이 오로지 실습생이 보고하는 정보에만 의존해야 하는 경우 지체슈퍼비전은 기억의 왜곡 등으로 적절한 슈퍼비전이 이루어지지 않을 가능성도 있다. 실습지도자가 충분하지 않거나 실습지도자와의 정규적이고, 잦은 접촉을 하기 어려운 상황에서 채택할 수 있는 슈퍼비전 방법이라 할 수 있다.

3) 접촉방법에 따른 유형

(1) 대면접촉

대면접촉은 실습지도자와 실습생이 접촉하는 데 활용되는 도구나 매체가 전혀 없는 경우이다. 따라서 직접관찰이나 현장슈퍼비전 방식을 통해서도 대면접촉을 하며, 즉각 혹은 지체슈퍼비전 역시 대면접촉을 통해 슈퍼비전을 제공할 수 있다.

(2) 서면접촉

서면접촉의 대표적 방법은 사례기록에 대한 서면 피드백을 제공하는 것이다. 즉, 사례에 대한 과정기록이나 요약기록을 만들고 이에 따른 슈퍼비전 요청내용을 제시하는 형태로 실습지도자에게 전달되면, 실습지도자는 이 기록물을 읽고 기록물에다가 직접 피드백을 제공하는 방법이다.

5 실습슈퍼비전의 주요 기법

실습현장에서 많이 사용하는 주요 기법은 실습슈퍼비전의 효과적 학습을 위한 6대 지침 (Kadushin, 1992)으로 그 내용은 다음과 같다.

[지침 1] 교육진단과 개별화: 실습생이 학습자로서 독특함을 갖고 있음을 고려하여 교육한다면 교육의 효과는 높아질 것이다.

- 기법 1. 교육진단: 실습생이 이미 알고 있는 것, 배울 필요가 있는 것, 배우고자 하는 것, 그리고 배우고자 하는 방식 및 속도에 대해 진단할 필요가 있음.
- 기법 2. 교육진단의 활용: 실습지도자는 슈퍼비전 시간 전에 실습생에 대한 교육진단을 검토하고 이를 인식하고 있어야 하며 슈퍼비전 시간에 이를 활용하여야 함.

[지침 2] 동기화: 학습에 대한 동기부여는 모든 행동에는 목적이 있다는 일반적 원칙과 일치한다. 우리는 배우고자 할 때 그리고 배우는 것이 필요하다고 느낄 때 잘 배운다. 따라서 실습생이 동기화를 느낄 수 있게 해야 한다.

- 기법 1: 학습내용의 유용성 인식
- 기법 2: 동기와 욕구의 관점에서 학습의 의미 찾기
- 기법 3: 낮은 동기의 영역을 높은 동기의 영역으로 결합
- 기법 4: 동기부여, 동기의 자극 및 보호
- 기법 5: 다양한 학습기법 사용

[지침 3] 에너지 투자 독려: 거부, 불안, 죄책감, 수치심, 실패에 대한 두려움, 자율성에 대한 공격, 불확실한 기대라는 장애를 극복하기 위해서는 학습을 향한 에너지가 필요하다.

- 기법 1: 규칙을 명확히 세우기
- 기법 2: 실습생 스스로 해결책을 결정할 권리존중
- 기법 3: 수용적 분위기, 심리적 안정감, 그리고 안전의 틀 형성
- 기법 4: 알고 있는 것과 할 수 있는 것의 인식과 활용
- 기법 5: 친숙한 내용에서 생소한 내용으로 이동

- 기법 6: 학습능력에 대한 정당한 확신 표현
- 기법 7: 가르칠 내용의 숙지를 통해 철저하게 가르칠 준비하기

[지침 4] 만족감 고양: 사람은 만족스러운 것은 반복하고자 하며 고통스러운 것은 중단하고자 한다. 따라서 실습생이 만족감을 고양할 수 있도록 해야 한다.

- 기법 1: 성공가능성을 높이기 위한 학습여건 제공
- 기법 2: 적당한 칭찬으로 학습의 긍정적 만족감 강화
- 기법 3: 긍정적 피드백을 통한 칭찬하기
- 기법 4: 학습자료를 단계적으로 연관성 있게 제시
- 기법 5: 실패에 대해 실습생 준비시키기

[지침 5] 학습과정에 적극 참여: 슈퍼비전은 일방적으로 주거나 받는 과정이 아니며 공유해 가는 과정이다. 따라서 실습생을 학습과정에 참여시켜서 학습에서 주도성을 갖게 한다면 학습효과를 높일 수 있을 것이다.

- 기법 1: 슈퍼비전 일정계획과정에의 참여 독려
- 기법 2: 질문, 토론, 반박, 의문제기의 기회 제공
- 기법 3: 학습한 지식의 적용과 활용의 기회 제공

[지침 6] 교육내용에 의미 제시: 교육하고자 하는 내용이 의미 있게 다가온다면 열심히 배우게 된다. 따라서 실습생이 교육내용에 의미를 느낄 수 있도록 해야 한다.

- 기법 1: 흥미와 관심을 보이는 내용 제시
- 기법 2: 업무의 즐거움 강조
- 기법 3: 제시된 내용의 일반화
- 기법 4: 선택과 집중
- 기법 5: 창의적 반복
- 기법 6: 지속성, 연결성, 통합성을 고려한 학습 제공
- 기법 7: 이전에 언급된 학습의 원칙 기억하기

6 실습슈퍼비전에서의 윤리

1) 사회복지사 윤리강령에 규정 된 실습지도자의 윤리기준

한국사회복지사협회가 2001년에 3차 개정·공포한 사회복지사 윤리강령에는 동료에 대한 윤리기준이 있으며, 특별히 실습지도자로서의 윤리기준이 마련되어 있다. 윤리강령에서는 실습생을 교육하는 실습지도자 역시 실습지도자로서의 의무를 다해야 함을 지적하고 있으며, 그 의무수행에 있어 윤리적 기준을 따르도록 규정짓고 있다. 각 조항은 다음과 같다.

(사회복지사 윤리강령 사회복지사의 동료에 대한 윤리기준에서 발췌)

2. 슈퍼바이저
   1) 슈퍼바이저는 개인적인 이익의 추구를 위해 자신의 지위를 이용해서는 안 된다.
   2) 슈퍼바이저는 전문적인 기준에 의해 공정하게 책임을 수행하며, 사회복지사, 수련생 및 실습생에 대한 평가는 저들과 공유해야 한다.
   3) 사회복지사는 슈퍼바이저의 전문적 지도와 조언을 존중해야 하며, 슈퍼바이저는 사회복지사의 전문적 업무수행을 도와야 한다.
   4) 슈퍼바이저는 사회복지사, 수련생 및 실습생에 대해 인격적, 성적으로 수치심을 주는 행위를 해서는 안 된다.

2) 실습지도자의 윤리감사 도구

실습지도자는 실습생을 교육함에 있어 윤리의식 및 윤리실천을 어느 정도 행하고 있는지는 실습교육에서 매우 중요한 이슈이다. 특히 클라이언트의 권리, 경계업무, 슈퍼비전, 그리고 윤리적 결정에 있어서의 실습지도자의 윤리적 행위는 더욱 중요하다. 미국사회복지사협회(Reamer, 2000)는 윤리 감사도구(ethics audit)를 개발하여 사용하고 있다. 각 기관마다 윤리적 위험도가 어느 정도인지를 측정하도록 하고 있으며 기관의 정책과 절차가 '매우 윤리적'으로 잘 마련되어 있는지 아니면 '위험수위'에 올라가 있는지를 4점 척도로 측정하도록 하고 있다.

제6장

현장실습 진행단계별 실습내용과 슈퍼비전

사회복지현장실습은 발달적 과정으로서 실습계획서의 일정에 따라 실습생에 대한 개별화를 통해 발달 지향적으로 행해져야 한다. 실습교육을 발달적 측면으로 구분하여 초기, 중간, 종결 및 평가의 네 단계로 구분하여 볼 수 있으며, 각 단계별 실습생의 성장에 부합하며 전문직 사회화를 위한 실습슈퍼비전이 진행되어야 한다. 또한 실습생의 교육에 대한 내용은 기관의 행정적 측면과 지역사회에 관한 내용이 강조된다(태화종합사회복지관, 2003).

1 현장실습 초기단계의 슈퍼비전

초기단계에서는 실습생에 대한 교육적 사정을 해야 한다. 실습지도자는 실습생이 제출한 개인적 정보 외에 개별면담을 진행하며 실습생의 전공과 관련된 이전의 경험, 지식의 정도, 관심사, 학습동기 등을 조사, 이를 바탕으로 실습계약을 맺도록 한다.

1) 초기단계 실습지도의 초점

실습 초기에 사회복지 지식만큼 강조되어야 하는 것은 사회복지사 윤리강령에 입각한 실습생의 업무태도와 자세이다.

- 기관의 기능적 측면에 대한 이해와 조직성원으로서의 근무규칙에 적응
- 기관의 환경 및 기관 이용자에 대한 이해
- 문서작성, 각종 보고서 등의 기초적인 업무수행능력 습득
- 실습 프로그램에 대한 계획 수립
- 사례관리(개별지도), 집단지도, 지역사회개발 등의 계획 수립

2) 초기단계에 적합한 실습지도 내용

사전 오리엔테이션을 통해 지역사회와 기관에 대한 소개가 진행되었다는 것을 전제로 사전 오리엔테이션의 내용을 재확인하므로 조직구성원으로 소속감을 갖도록 하는 것이 필요하다. 실습 오리엔테이션에서는 실습생의 실습과 관련된 세부적인 내용에 대한 안내를 실시한다.

- 실습과정의 구체적인 일정에 대해서 안내
- 실습기관의 미션과 지역사회의 주요 이해관계자에 대한 이해 재검토
- 기관의 업무처리절차에 대한 안내 및 실습과정에서 사용되는 양식과 기관의 행정절차 및 서류양식에 대한 소개
- 기관의 자원에 접근할 수 있는 방법 안내(시설, 업무환경 등)
- 실습기관의 직원과 동료실습생에 대한 소개
- 실습내용에 대한 안내, 실습업무에 대한 평가 내용, 시기, 방법에 대한 안내

3) 초기단계의 실습과제

실습교육의 효과를 제고하기 위해 실습생들에게 과제를 부여하게 되며, 과제물이 과도하여 실습시간 이외에 많은 시간을 할애하는 것은 지양되어야 한다. 실습과제는 윤리적인 민감성을 고양하고 윤리적인 실천을 지향할 수 있도록 사회복지사 윤리강령을 토대로 실습생 각자의 윤리강령을 작성해 보도록 한다.

- 기관분석보고서, 지역사회분석보고서, 지역사회지도그리기 등
- 초기 교육내용에 대한 실습업무의 적용점 생각해보기
- 매회 실습일지 작성하기
- 업무 관련 정책이나 규정 등에 대한 비판적인 고찰 등
- 초기단계에서 활용될 수 있는 양식은 실습생 실습일지, 기관분석보고서, 지역탐방보고서, 실습지도기록서가 활용될 수 있으며 사회복지사 윤리강령이나 각종 업무 관련 법령집 등이 참고될 수 있음.

4) 초기단계의 실습지도자의 역할

초기단계에서는 실습지도자와 실습생 간의 신뢰를 다지는 단계이며, 실습생별 맞춤형 및 개별화를 이루는 단계이다.

(1) 교육적 역할

- 실습생이 업무에 익숙하도록 돕기 위해 필요한 지식과 기술을 제공함.
- 실습생들의 학습을 위해 '가르치기', '배움 촉진하기', '경험과 지식 나누기', '정보 제공하기', '명확화하기', '충고하기', '제안하기' 등의 기법을 활용하여 학습을 촉진함.
- 관련된 논문, 보고서, 저서, 기관연구물 등을 공유하여 실습업무에서 요구되는 지식과 기술의 이해를 촉진함.
- 업무관련 서류나 프로그램 관찰, 교육 및 직원을 모방하는 기회를 제공함.

(2) 행정적 역할

- 수행해야 하는 역할과실습생이 업과 실습생의 권한에 대해 이해하도록 함.
- 실습생들에게 실습의 효과적인 작업환경(예: 실습공간, 실습도구 등)을 제공하기 위해 안내함.
- 기관의 다양한 자원, 정책, 규정, 절차를 이해할 수 있도록 알려줌(예: 기관규정집, 직원교육자료집, 직무수행서 등 제공 및 교육).
- 기관의 자원에 효과적으로 접근하고, 조직의 구조와 자원을 효과적으로 활용하도록 함.
- 실습생의 강점과 약점을 고려하여 실습과업을 계획 · 배분함.
- 실습생과 효과적이고 효율적인 의사소통을 위해 대면접촉, 전화, 이메일, 문자, 보고서, 일지 등을 적절하게 활용함.

(3) 지지적 역할

- 실습생에게 실습만족감을 지원하기 위해 초기 라포를 형성함.
- 실습 초기의 긴장과 스트레스를 감소시키기 위해 지지함.
- 초기에는 작은 성공에 대해서 적절한 시점에 구체적인 내용에 대한 칭찬과 인정을 통해 자신감을 갖도록 함.
- 실습생이 잘못한 일에 대해서는 방향과 교정적인 피드백을 즉각 제시해 주면서 이로

인해 위축되지 않도록 배려함.

- 초기 실습업무로 인한 부담을 완화하기 위한 지지적인 개입을 함.
- 실습생의 초기 긴장완화를 도우며 자신감과 동기화를 촉진함(한국사회복지사협회, 2013).

2 현장실습 중간단계의 슈퍼비전

1) 중간단계 실습교육의 초점

- 실습 중간은 실습 초기의 긴장이 완화되면서 실습지도자에 대한 모방을 통해 학습이 점차 심화되어 가는 단계로 실습생의 실습지도자에 대한 의존도를 줄이면서 전문적인 성장을 위한 과업과 과제부여 및 역할을 수행할 수 있도록 해야 함.
- 학교에서 배운 지식과 기술을 구체화하고 정밀화하면서 실습생의 자신감을 고취시켜야 함.
- 실습지도자에 대한 의존도를 경감시키고 실습 동료 및 클라이언트와의 전문적 관계를 촉진시켜 줌.
- 실습지도자는 자신의 실습지도방법에 대한 평가를 토대로 부족한 부분을 보완해야 함(한국사회복지사협회, 2013).

2) 중간단계에 적합한 실습지도 내용

- 중간단계는 초기단계의 실습을 토대로 보다 전문적이며 세부적인 내용을 경험하도록 해야 하며, 그 과정에서 실습내용의 중요도를 고려하여 다양한 실습내용 중 어떤 것에 보다 에너지를 투여해야 하는지 우선순위를 분명히 하는 것도 필요한 과업임.
- 사례관리(개별지도)와 관련된 기능
- 집단 및 개별 프로그램 진행과 관련된 기능
- 지역사회와 관련된 기능
- 윤리적 민감성 및 인권 관련

- 타기관 방문 및 우수 프로그램에 대한 탐색을 통한 적용점 도출 및 논의
- 실습영역 관련 사회이슈 분석과 프로그램 개발
- 영상으로 사회복지 이해하기(영화보고 토론)
- 중간평가의 진행 시기와 내용(한국사회복지사협회, 2016)
  - 실습기간 중반이 되는 시점에 진행하는 것이 적절함.
  - 실습생이 작성한 실습 중간평가서를 토대로 수행정도를 객관적으로 평가하고 실습지도를 통해 목표점검과 해결방안, 실습생에 대한 격려와 지지를 통해 교육효과를 향상시키기 위한 목적을 가짐.
  - 실습의 목표달성 정도와 실습 시 어려운 점과 애로사항, 그리고 실습슈퍼바이저에 대한 건의 등이 포함됨.
  - 중간평가에 대한 결과는 실습생, 기관 현장지도를 나온 실습지도교수와 공유할 수 있음.
  - 발표한 실습평가 내용에 대하여 '실습생 간 동료슈퍼비전'도 진행 가능하지만 실습중간단계 진입한 시기이기 때문에 동료 간의 슈퍼비전은 제한적으로 적용하는 것이 좋을 수도 있음.
  - 실습 지도과정에서의 중간단계에서 윤리적 실천에 대한 점검
  - 실습교육의 중간단계에 진행되는 '중간평가'에서는 실습생이 평가하는 '실습과정'과 '실습생 자신에 대한 평가'뿐만 아니라 기관 및 실습지도자에 대한 건의가 담겨 있기 때문에 중간평가서의 내용을 토대로 실습생과 개별적인 피드백을 주고받아야 함.
  - 실습중간 시점에서 중간평가 이외에 고려해야 하는 것은 실습전반적인 과정이 윤리강령에 입각하여 합치되는지에 대한 점검이 있어야 함. 클라이언트의 권리, 동료와 상사에 대한 윤리적인 이슈, 전문가로서의 자세 등 윤리강령에 제시된 내용을 토대로 어떤 부분이 잘 준수되었으며 어떤 부분이 더욱 보완되어야 하는지에 대해서 평가하므로 중간단계 이후에 발전적인 방향을 모색하는 것이 필요함.

3) 중간단계의 실습과제

- 실습생 과제
  - 프로그램별 과정참여보고서, 사례분석 및 계획, 집단프로그램 기획, 중간평가서, 진행일지 등의 과제를 부여할 수 있음.

- 기관에 따라 타기관 방문을 실시할 경우 타기관방문보고서 등의 과제를 제시 가능함.
- 특별히 부서심화실습의 경우에는, 지역사회를 중심으로 한 사회조사보고서도 작성할 수 있음.

• 활용양식
- 실습생: 과정참여보고서, 중간평가서, 기관분석보고서, 사례관리관련 서식(예: 계획서, 진행일지, 종결기록서), 소집단지도 관련 양식(예: 집단지도 계획서, 과정일지, 개별회원 분석표, 종결기록서), 대집단지도 및 프로그램 계획관련 양식(예: 프로그램 계획서, 프로그램 평가서), 사회조사 관련 서식(예: 사회조사계획서, 진행일지, 분석평가서)

4) 중간단계 실습지도자의 역할

중간단계에서는 실습목표와 관련된 실습내용 및 역할에 대한 평가를 실시하며, 초기단계에서 수립했던 실습목표를 점검하고, 중간 시점까지 수행한 실습내용 및 역할을 요약하고 평가하며, 평가를 토대로 향후 계획을 기술하게 한다.

• 실습생의 업무 태도 및 자세에 대한 피드백: 슈퍼바이저는 실습생의 실습에 임한 태도와 노력 여부를 객관적으로 평가하기 위해 노력해야 함.
• 실습교육내용의 정교화: 실습생이 실습을 통해 배운 지식과 기술, 태도와 가치 등에 대해서 구체화하면서 확고히 하도록 지도함.
• 앞으로 더 필요한 지식과 기술: 실습생에게 필요한 지식과 기술에 대해서 객관적으로 평가할 수 있어야 함.
• 실습에서 어려웠던 점: 슈퍼바이저는 실습생이 어려웠던 점을 비난하지 않아야 하며, 수용적인 자세를 유지해야 함.
• 기관 및 실습지도자에게 건의할 점
- 슈퍼바이저는 실습생의 의견을 실습 총괄 슈퍼바이저나 기관에 전달하여, 사회복지현장실습이 발전할 수 있도록 해야 함(한국사회복지사협회, 2013).
- 활용기법과 이론 적용에 대한 토론 및 피드백
- 대상자(Client)에 대한 윤리적 이슈 논의
- 실습생별 지식과 기술의 갭을 완화하기 위한 개별과제 부여
- 리코딩을 통한 교육적 슈퍼비전

- 지식과 기술 증진

• 실습지도자의 행정적 역할
  - 업무할당의 적절성에 대한 평가를 통해 조정
  - 대상자(Client) 중재
  - 의사소통 촉진
  - 실습대학 연결

• 실습지도자의 지지적 역할
  - 강점 확인과 인정
  - 실습초기 성과에 대한 긍정적 피드백
  - 소진방지와 만족감 증진
  - 갈등에 대한 해결

3 현장실습 종결 · 평가단계의 슈퍼비전

실습종결단계는 실습기간 동안 학습한 실천기법과 기술을 정교히 하면서 확고히 하는 단계이다. 물론, 160시간의 실습을 통해 사회복지현장에서 요구되는 지식과 기술의 심화를 기대하는 것은 제한적일 수 있다. 그러나 그 동안 학교에서 배운 내용을 실천현장에 접목해 보는 과정을 통해 실천 지식과 기술에 대한 실습생의 이해의 폭을 확장하면서 학습내용을 확고히 하는 것이 이 단계의 실습지도자의 주된 과업이기도 하다. 클라이언트나 집단과의 전문적 관계를 종료하는 연습을 통해 전문적 관계의 경계를 학습하기도 하며, 무엇보다도 사회복지사로서 자신의 강점과 약점에 대한 인식을 통해 자신감을 확고히 하며 전문직에 대한 정체성을 형성하도록 지도해야 한다.

1) 종결단계의 초점

실습종결단계는 관찰과정에서 습득한 것을 실제로 적용하기 위해 서비스에 직접 참여하는 단계이다. 즉, 이용자에게 직접적인 서비스를 제공하거나 관찰과정의 내용을 직접적으로 수행하는 것을 통하여 실습이 진행되는 과정이다. 실습기간 중 학습한 실천기법과 기술을 보다 정교히 하고 확고히 하는 단계로, 실습생들은 충분한 준비과정을 거쳐 기관 이용자들에게 제공되는 서비스 활동에 적극적으로 참여하도록 허용되어야 한다.

실습지도자에 대한 의존도를 경감시키고 실습 동료 및 서비스 이용자와의 전문적 관계를 촉진시켜 준다. 기관의 맥락과 문화, 지역사회, 대상에 대한 이해의 폭을 확장하면서 클라이언트나 집단과의 전문적 관계를 종료하는 연습을 통해 공적·사적 관계에 대한 경계를 학습하여야 한다. 자신의 강점과 약점에 대한 인식을 통해 자신감을 확고히 하며 전문직에 대한 정체성을 형성하도록 한다(한국사회복지사협회, 2014).

실습지도자는 실습초기단계에서 클라이언트에게 실습생이라는 신분과 역할, 활동기간(종료일시를 명확히 함)에 대해 정확한 공지가 선행된 것을 토대로 종결단계에서는 실습생이 클라이언트에게 실습이 종결됨을 알리고 감사를 표시할 수 있는 기회를 제공하는 것이 바람직하다.

실습지도자는 실습생이 과잉 일반화의 오류를 범하지 않도록 지도해야 한다. 실습생은 사회복지실습을 거치면서 모든 사회복지현장이 자신이 경험한 기관과 유사할 것이라는 과잉 일반화의 함정에 빠질 수 있다. 실습지도자는 실습생이 그러한 인지오류를 범할 수 있음을 알려주고, 다양한 현장 경험을 통해 자신과 사회복지현장에 대한 올바른 이해를 형성하도록 지도할 필요가 있다. 실습과정에서 일어난 일들과 관련한 비밀보장의 범위를 명확히 할 필요가 있다. 교육기관(대학)에서의 실습세미나에서도 실습생들이 공개해야 하는 정보에 대한 범위 등에 대하여 명확하게 인지시키는 것이 바람직하다.

2) 종결단계의 실습생 과제

종결단계는 실습평가서를 제출하면서 실습을 마무리하는 단계인 만큼, 실습생이 수행한 역할을 평가함과 동시에 클라이언트와의 종결, 동료실습생과의 관계의 종결, 실습지도자와의 전문적 관계의 종결을 준비할 수 있도록 지도한다.

실습평가는 실습생과 실습지도자가 각각 작성한 후 평가항목을 상호 비교하면서 피드백을 제공하도록 한다. 실습생과 실습지도자가 서로 다르게 평가한 항목에 대해서 서로 의견을 나누면서 전문적인 성장을 위한 피드백을 제공하도록 한다. 이 평가는 업무수행과 관련한 객관적인 사실에 근거한 평가가 되어야 한다. 개인의 성격에 대한 평가가 아니며, 좋다 나쁘다의 가치 판단적인 평가가 아니라 수행한 업무의 전반적인 과정에 대해 사실에 근거하여 바람직한 방향을 제시하는 평가가 되어야 한다. 이 단계의 실습내용과 과제, 활용양식은 〈표 6-1〉과 같다.

표 6-1 종결단계의 주요내용

단계	주요내용	과제물	활용양식
종결 및 평가단계	• 종결 - 사례종결 - 실습종결 • 평가 - 실습만족도와 실습평가 - 실습보고회	• 사례종결보고서 • 실습만족도 작성 • 실습보고회 진행 • 실습평가서	• 실습만족도 • 실습종결평가서 • 실습종결보고서 • 현장실습확인서

실습지도자는 실습종결평가서(실습생 서식 25)와 실습종결보고서(실습생 서식 27)를 [그림 6-1]과 같이 각각 작성하도록 하되 그 내용 기술에 있어 실습생이 실습지도 기간 동안 보여주었던 태도와 행동(실습수행내용)을 기준으로 실습생이 직접 작성하도록 한다. 단, 실습평가서(교육기관 발송용, 실습기관 서식 7)는 실습생과 실습지도자가 각각 작성한 후 평가항목을 상호 비교하면서 피드백을 제공하도록 한다. 각각 작성한 이후 상호 평가 후에 최종 조율된 평가서를 학교에 제출하는 것이 바람직하다. 실습평가 보고회에 별도로 사용되는 양식이 있다면 확인 후 별도로 작성해야 한다.

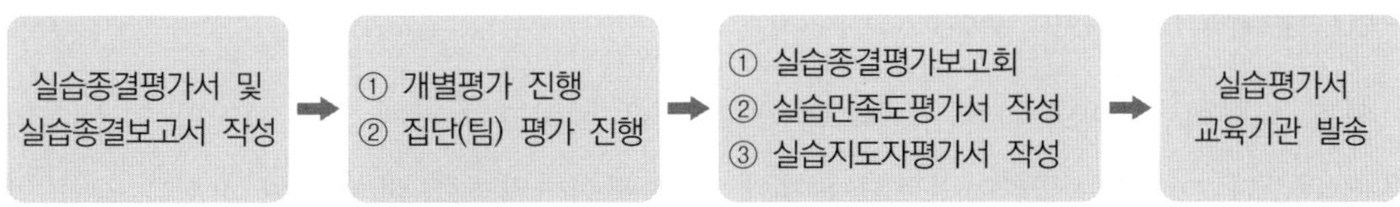

그림 6-1 실습종결단계에 따른 실습지도 내용

실습종결평가는 실습지도자에 의한 일방적인 평가가 아닌, 실습생과 상호 환류를 통한 실습지도가 되어야 한다. 실습지도자는 기관에서의 실습지도의 한계에 대해 인식하고, 이를 보완할 수 있는 방법들을 제시해줄 수 있어야 한다. 사회복지 윤리강령에 대한 점검을 통해, 실습생이 사회복지사로서 가져야 할 가치와 태도에 대해서 재점검을 해주는 것도 실습생의 성장에 도움이 될 수 있다.

3) 사회복지현장실습의 종결

실습종결 및 평가단계에서는 실습의 마지막 단계로서 실습의 전 과정을 종결하고 평가하게 된다. 실습과정 중 실습생에게 부여되었던 과업이나 사례를 종결하고, 실습기관과 실습지도자의 관계를 마무리하게 되는 것이다. 실습과정을 통하여 실습생과 클라이언트와의 사이에 필연적으로 특별한 인간관계가 발달한다. 실습생들은 실습기간 동안 기관의 업무 및 프로그램, 그리고 클라이언트와 그 가족들에 대해 직·간접적으로 개입해 왔다. 실습생들은 사회복지실천현장에서 처음으로 클라이언트와 만난 경험을 한 것이므로 클라이언트와 실습생은 이 과정에서 서로 많은 정서를 경험할 수 있다. 그러므로 이러한 우호적인 관계를 종결한다는 것은 클라이언트에게 감정적인 부담이 될 수 있다. 따라서 실습생은 실습의 종결을 앞두고 클라이언트가 이러한 자신의 감정들을 표현하도록 도와주고 잘 처리할 수 있도록 도와주어야 한다.

실습생은 자신의 실습 종결을 경험하면서 더불어 클라이언트와의 종결 역시 다뤄야 하는 이중의 종결 과제를 안고 있다. 그렇기 때문에 실습지도자는 실습생이 클라이언트와의 종결하는 방법, 실습지도자와 직원 및 다른 실습생과의 관계 종결하는 방법, 실습 이후 실습지도자 및 다른 실습생과 관계를 유지하는 방법, 종결 시 부정적 감정 다루는 방법 등에 대한 구체적인 내용들을 잘 지도해 주어야 한다(유진희 외, 2020).

(1) 클라이언트와의 종결

첫째, 클라이언트와의 관계 초기부터 실습생임을 밝히고 기관에 일정 기간만 있을 것임을 알려준다. 이 경우 클라이언트가 관계에 깊이 관여하지 않으려 하거나 자신의 깊은 이야기를 하지 않을 수도 있지만, 이에 대해서는 클라이언트가 결정할 권리가 있는 것임을 인정해야 한다.

둘째, 실습생이 상실과 이별에 대한 자신의 감정에 주의를 기울일 수 있다면, 클라이언트가 이것에 갖는 정서적 반응에 대해서도 자유롭게 이야기하고, 이를 경청할 수도 있게 될 것이다. 종결이 논의될 때 클라이언트는 실망하거나 화가 날 수도 있고, 우울해지거나 슬퍼질 수도 있고, 상처를 받을 수도 있고, 이기적일 수도 있고, 의존적이거나 두려워할 수도 있으며, 적대적이거나 배신감을 가질 수도 있다. 실습생은 클라이언트가 어떠한 감정을 갖든 그것을 털어놓고 이야기할 수 있도록 들어주고, 더 이야기하도록 격려해주며, 참아주어야 한다. 클라이언트의 감정을 덮어 두거나 거북해하지 않고 존중해준다면 클라이언트가 이별의 단계를 차근차근 밟으면서 지나갈 수 있도록 도울 수 있다. 주제를 바꾸거나 감정의 강도를 희석하기 위해 유머를 사용하는 것은 이러한 논의를 지연시킬 뿐임을 기억해야 한다. 클라이언트는 자신이 종결에 대해 갖는 경험을 충분히 표현할 권리가 있고, 실습생은 이것이 가능하도록 격려해야 할 것이다.

셋째, 아동의 경우 관계의 상실에 적응하기 위해서는 더 많은 시간이 필요하다. 아동이 '마지막'에 대해 이해하고 있는 정도와 이에 대한 대처기술을 아동의 나이나 인지수준 등에 따라 고려하고 지지해 주는 것이 필요하다. 곧 떠난다는 식의 말보다는 달력에 날짜를 표시해 보여주는 식의 구체적인 방법이 더 효과적이다. 실습생 입장에서는 도움이 더 필요한 상황에 있는 아동을 버린다는 느낌을 가질 수도 있는데, 이러한 경우에는 그동안 아동과의 관계에서 성취할 수 있었던 것에 초점을 두는 것이 도움이 되기도 한다.

넷째, 계획한 목표가 이루어지기 전에 실습이 종료되는 경우 성취감을 얻지 못한 실습생이 좌절감을 표현하기도 하지만, 실습생이 기울인 노력과 그동안 이룬 작은 성취에 의의를 갖도록 하는 것이 필요하다.

다섯째, 클라이언트와 종결을 다루기 전에 실습지도시간이나 실습세미나에서 실제 종결과정에 대한 리허설을 해 보는 것이 큰 도움이 될 수 있다.

(2) 실습지도자와 직원 및 다른 실습생과의 관계 종결

실습생과 실습지도자는 실습의 종결에 대해 양가감정을 갖게 될 수 있다. 실습을 무사히 마치고 학습과 교육관계를 성공적으로 이루어낼 수 있었다는 데에 대한 안도감과 더불어 각자의 생활에서 중요했던 관계가 끝난다는 것에 대한 상실감을 경험하게 된다. 실습지도자는 종결에 대한 감정을 적절히 조절하면서 실습생이 자신의 클라이언트와의 관계를 종결하는 데 필요한 기술을 습득할 수 있는 중요한 모델링이 될 수 있도록 행동하여야 한다. 실습생은 실습을 종결하면서 자신이 실습기관에서 인간관계에 얼마나 심리적으로 투자했었는지를 인식하게 된다. 이별이 가까워지면서 이별과 상실감이 나타날 수도 있고 반대로 아무렇지 않을 수도 있다.

실습의 종결시기가 다가오면서 실습기관에서 특별히 인간적인 관계를 형성했던 실습지도자, 직원 혹은 다른 실습생들에게 어떻게 감사와 인사를 전할 것인지를 미리 생각해 두고 이들에게 자신의 마음을 전하는 것은 의미 있는 관계를 만족스럽게 종결하기 위해 필요한 과정이다(류형택 외, 2014). 경우에 따라서는 실습생과 실습지도자의 관계가 지속되기도 한다. 왜냐하면 실습생이 실습기관에서 자원봉사를 지속하거나 파트타임으로 일하는 기회를 얻을 수 있기 때문이다. 유달리 실습지도자와 친분을 쌓았던 경우에는 기관과의 관계를 떠나 개인적으로 연락을 유지하거나 도움을 주고받을 수 있다.

(3) 실습지도자 및 다른 실습생과 관계를 유지하는 방법

실습생들은 자신이 실습한 기관에서 지속적으로 자원봉사를 하는 방법이 관계를 유지하는 데 좋으나, 학교 공부도 해야 하고 실습기관과 집 간의 거리도 있기 때문에 이는 쉽지 않다. 그런 경우에 관계를 유지하는 데 활용할 수 있는 방법으로는 다음과 같은 것이 있다.

① 모임을 만든다.

실습지도자를 포함한 모임이나 실습생들만의 모임을 만든다. 기존 인터넷상의 블로그나 카페를 활용하는 방법도 있으나 최근 스마트폰을 많이 사용하게 되면서 이를 활용하여 모임을 만들 수도 있다. 스마트폰을 사용하여 갖는 모임은 빠른 의사소통 및 지속적인 관계 맺기를 가능하게 한다.

② SNS를 활용한다.

SNS에서 기관이나 실습지도자 및 기관의 다른 사회복지사, 실습생들과 서로 친구를 맺어 정보를 공유한다. 특히 실습기관의 행사에 관심을 갖고 이에 대한 피드백 등을 전달하면 좋다. 이렇게 지속된 관계는 향후 실습생들이 사회복지현장에서 일할 때 많은 도움을 줄 것이다.

③ 기관의 행사에서 자원봉사를 한다.

가능하다면 실습기관에서 큰 행사가 있을 경우에 자원봉사를 하면 좋다. 예를 들면, 5월의 어린이날이나 어버이날 행사, 개관기념일, 후원의 날, 바자회 등의 행사는 기관에서 많은 도움을 필요로 한다. 이때 실습을 통해 기관의 상황과 직원 및 클라이언트에게 익숙해진 실습생들의 자원봉사는 기관에도 큰 도움이 될 수 있다. 또한 지속적으로 실습생이 자신의 소식을 전할 수 있는 기회도 되며, 사회복지와 관련된 정보를 얻을 수도 있다.

④ 실습기관의 후원자가 된다.

적은 금액이라도 후원하는 실습기관의 후원자가 되도록 한다. 대부분의 기관은 후원자들에게 기관의 소식을 전하는 소식지를 정기적으로 발송한다. 따라서 소식지를 통해 기관의 상황을 알 수 있으므로 지속적인 관심을 유지할 수 있다. 또한 후원자의 입장에서 기관운영을 바라볼 수 있기에 향후 실습생이 사회복지현장에서 일할 때 도움이 될 수 있다.

(4) 종결 시 부정적 감정 다루는 방법

① 사회복지사 자신의 부정적 감정 다루기

사회복지사는 클라이언트가 첫 면담 후에 일방적으로 종결을 선언하고 다음 면담시간에 나타나지 않는 경우, 어떤 클라이언트가 사회복지사인 자신을 무시했다고 느끼거나 예의가 없다고 생각되는 경우, 개입과정에서 사회복지사가 원하는 방향으로 클라이언트가 따라주지 않아 사례가 실패로 돌아갔다고 느끼거나, 목표를 성취하지 못하고 종결되는 경우 등을 겪게 될 때 부정적인 감정을 가지게 된다. 부정적인 감정으로 인해 나타날 수 있는 문제는 종결에 대해 회의적일 수 있고 종결을 차일피일 미루게 되거나 또는 종결을 서둘러 처리하게 된다. 이때 사회복지사가 경험하는 감정에는 분노, 실망감, 실패감, 상실감, 비애감, 슬픔, 불안 등이 있다.

대처방법은 사회복지사는 종결에 대한 자신의 부정적인 감정을 파악해 보고, 이것이 전문적 관계에 주는 영향을 자기반영적인 고찰을 통해 다룰 수 있도록 노력해야 할 것이다.

② 클라이언트의 부정적 감정 다루기

클라이언트가 종결 시 나타날 수 있는 반응은 사회복지사에게 매달리는 경우가 있고, 이전의 문제가 재발했다고 보고하는 경우가 있으며, 새로운 문제를 가지고 오는 경우가 있거나 또는 사회복지사를 대치할 대상을 찾는 경우 등이 있다. 이때 경험하는 감정에는 분노, 슬픔, 상실감, 실패감, 불안 등이 있다.

대처하는 방법에는 종결과 관련된 클라이언트의 감정을 이해하고 클라이언트가 이를 적절히 표현할 수 있도록 도와줄 필요가 있다는 것을 인식해야 한다. 또한 클라이언트의 부정적인 감정은 종결 및 사회복지사와의 전문적 관계의 종결이라는 점에서 자연스러운 것이라는 것을 클라이언트가 인식할 수 있도록 돕고, 이러한 부정적인 감정으로 어떤 것이 있는지 파악할 수 있도록 하며, 이를 언어적으로 표현하도록 도움을 줘야 한다. 이전에 친밀한 사람과 헤어질 때 어떻게 대처했는지를 상기시키고 그러한 방법을 사용하도록 해야 한다. 필요한 경우 종결한 후에도 유익한 변화를 계속 유지하도록 도울 수 있으며, 다른 문제가 발생할 때 언제라도 찾아올 수 있다는 느낌을 줘야 한다. 또 클라이언트가 필요로 하는 경우 새로운 서비스를 모색하도록 도와줄 수 있음도 알려주어야 할 것이다.

4 현장실습기관에서의 평가

1) 평가의 의미 및 내용

실습기관에서의 평가는 사회복지현장실습 프로그램의 성과평가를 의미한다. 무엇을 평가 할 것인가와 관련하여 노력, 효율성, 효과성, 영향, 품질, 과정, 형평성의 측면에서 실습 프로그램의 전반에 대해서 조명하면서 다음과 같이 평가를 진행한다(양옥경 외, 2007).

(1) 노력

- 실습코디네이터가 실습 전반을 구조하기 위해 투여한 시간과 에너지, 각 실습지도자의 실습지도 소요 시간과 슈퍼비전 제공 횟수의 적절성, 전문적 실습을 위한 지식 제공 정도, 기관의 실습지도예산의 적절 안배 노력과 실습지도를 위한 자원동원 노력 등에 대해서 평가

(2) 효율성

- 실습예산 대비 각 실습생에 투여된 비용의 적절성, 수입실습비와 지출실습지도비의 비율 등으로 평가

(3) 효과성

- 실습생의 전문적인 성장, 실습만족도, 실습생의 태도와 의식의 변화로 평가

(4) 영향

- 실습이 차기 실습의 모집에 미치는 영향, 클라이언트와 기관에 미친 영향을 통해 평가

(5) 품질

- 실습지도자의 전문성과 자격여건 등을 통해 평가. 또한, 실습생 간의 편차로 인한 실습의 질에 미친 영향으로 평가

(6) 과정

- 실습 프로그램 전반의 구조와 각 프로그램 단위와의 연결성, 세부목표의 프로그램 결과 사이의 영향 정도 등으로 파악

(7) 형평성

- 실습 프로그램이 대상 집단에게 동일한 기회를 제공하는지, 각 실습지도자 간의 지식 차로 인해 실습생 간 지도의 내용이 상이하지는 않은지 등으로 파악

2) 실습 프로그램 평가 방법

(1) 실습평가 회의

- 실습 프로그램의 평가를 위해 실습 관련자 회의 진행
- 가급적 실습종료 후 1주일 이내에 진행하는 것을 권함.
- 실습지도자들과 실습코디네이터, 그리고 (중간)관리자급 직원이 참여
- 평가회의 시 실습진행 과정에서 야기된 문제나 차기 실습 시 개선·반영되어야 하는 사항 그리고 실습대학에 건의할 사항에 대해서 논의
- 실습생들의 평가를 내용을 기초로 하여 실습지도자와 개별로 논의되어야 하는 사항에 대해서는 코디네이터나 관리자가 개별미팅을 통해 평가 내용을 전하는 시간을 마련

(2) 실습생의 종결평가서 내용 검토

(3) 실습생의 실습만족도 및 실습을 통한 성장 정도 평가 내용 반영

(4) 실습대학으로부터의 피드백 수렴

3) 종결평가의 내용

- 종결평가는 실습생들의 실습결과를 통합하고 정리하는 것으로 단순히 실습평가서를 작성하는 수준이 아닌 실습생과 실습지도자, 기관 차원에서 공식적으로 이루어져야 함.
- 실습생들의 업무와 학습에 초점을 두고 평가를 하고, 실습생들의 실습지도에 대한 피드백을 수렴함.
- 각 교육기관(대학)에 실습생에 대한 평가서를 발송하고 실습지도와 관련된 피드백이나 건의사항을 전달함.
- 실습지도자와 직원들은 기관차원에서 평가회의를 통해 실습지도에 대한 보고와 평가, 피드백의 시간을 갖고 향후 실습교육 계획수립시 반영할 주요 내용을 점검하고, 정리함(윤철수 외, 2010).
- 실습생이 자신의 실습활동을 총체적으로 평가하는 것으로 종합평가와 실습보고회가 실시됨.
- 종합평가는 실습생이 종합평가서를 작성하고 부서, 팀별로 실습생과 실습지도자가 모여 이에 대한 논의를 함.
- 실습보고회는 실습생들이 기관 직원들을 대상으로 실습내용에 대한 발표를 하는 시간임.
- 기관의 실습지도 프로그램에 중점을 두고 실시되는 평가임.
- 실습지도평가 시에는 실습평가, 실습지도자 평가, 실습지도 평가회가 진행됨.
- 실습생들은 실습지도 프로그램에 대한 양적 평가(실습평가)와 실습지도자에 대한 양적 평가(실습지도자 평가)를 실시함.
- 실습지도 평가회는 실습이 종결된 후에 실습지도자들이 모여 실습지도에 대한 평가를 하는 시간임.
- 실습지도자가 실습생에 대한 실습평가서를 작성해 해당 학교에 발송함.

4) 실습생 종결평가의 원칙

(1) 전문성 개발에 대한 평가

- 실습기관에서 제공받은 학습 프로그램 및 실습과제 수행평가를 통하여 실습을 통한 전문성 개발 정도를 평가함. 실습지도기록서를 활용하면 슈퍼비전을 통한 실습생의 성장과 슈퍼비전 내용의 적절성 등을 평가할 수 있음.

(2) 실습 수행상의 자세 및 노력에 대한 평가

- 실습생 스스로 자신의 실습지에 대한 적응태도, 실습지도자와의 관계, 실습지에서 가용한 자원에 대한 활용정도 등을 평가함.

(3) 사회복지사로서의 자아인식에 대한 평가

- 실습을 통해 발현된 사회복지사로서 실습생의 강점과 약점, 기관의 실무자 및 실습동료 들을 비롯한 실습지에서의 대인관계 활용정도, 사회복지 인식과 동기에 미친 실습의 영향 등을 평가함.
- 실습내용뿐만 아니라 실습지도자 평가도 고려할 수 있음. 이 경우 실습지도평가서를 활용할 수 있음.

(4) 종결단계에 적합한 실습과제

- 실습종결평가서(실습생 서식 25) 작성
- 실습종결보고서(학교제출용, 실습생 서식 27) 작성
- 실습평가보고회 시 발표내용 작성
- 실습지도평가서 작성
- 실습만족도평가서 작성: 실습만족도 작성의 경우 평가내용이 직접적인 실습점수에 영향을 주지 않는다는 것을 실습생에게 사전에 고지해야 함.
- 활용양식
  - 실습종결평가서, 실습종결보고서(학교제출용), 실습만족도평가서, 기관자체보고서, 실습지도평가서 등

(5) 실습생 종결평가 보고회

- 실습생이 작성한 종결평가서를 토대로 진행함. 단, 별도의 양식이 있으면 그것을 사용할 수 있음.
- 보고회에는 실습생 및 실습지도자, 실습코디네이터, 사업담당자 등이 참석하며, 소규모 시설의 경우는 사회복지사를 중심으로 시설의 책임자가 함께 참석을 함.
- 보고회 시 실습종결평가서(실습생 서식 25)가 아닌 별도의 보고양식을 사용할 경우에 반드시 포함되어야 하는 내용은 다음과 같음.
  - 실습생 소개(실습생의 사회복지사로서의 강점 포함), 실습내용 소개, 실습 목적 및 목표 평가, 공유하고 싶은 실천지식, 건의사항 등
  - 보고회 순서는 실습경과 보고 → 기관장(대표)인사 → 개인별 실습생 발표 → 질의 및 응답 → 총평의 순으로 진행함.
  - 총평에서는 실습생의 발표내용에 대해 실습지도자 또는 코디네이터가 긍정적인 환류를 할 수 있도록 함. 또한 실습생의 건의사항에 대한 기관의 입장을 설명할 수 있음.
  - 실습생에 대한 실천가로서의 장·단점 및 강점과 조언, 실습대학에 대한 건의 및 연계방안에 대해서도 반드시 구체적으로 기술해야 함.

(6) 실습평가서 발송

- 실습평가서(교육기관 발송용, 실습기관 서식 7) 발송: 실습종결 후 3일 이내 발송하도록 함.
- 사회복지현장실습확인서(실습생 서식 26) 발송: 실습평가서(실습기관 서식 7)와 함께 동봉하여 발송

(7) 실습 프로그램 평가결과의 활용

- 실습평가 결과는 [그림 6-2]와 같이 실습지도 종결 이후 평가결과를 활용하여 실습을 재구조화하고 차기 실습에 반영함.

실습지도 종결 → 실습 프로그램 평가회의 → 실습지도자 환류 → 실습대학 환류 → 실습 재구조화 → 차기 실습 진행

그림 6-2 실습 프로그램 평가결과 활용

5) 종결단계 실습지도자의 역할

(1) 행정적 역할

- 실습평가서(교육기관 발송용, 실습기관 서식 7)를 토대로 실습 목적 및 목표에 대한 점검과 함께 부족한 부분을 보완할 수 있는 방법을 제시함.
- 평가와 관련한 전 과정에 대한 실습기관 내의 행정적 절차에 대한 이해와 평가 후 실습대학과의 공식적 피드백 과정에 대한 이해를 도모함.
- 실습종결과 관련된 제반 행정적인 절차

(2) 교육적 역할

- 개별 또는 집단 종결보고서를 제출하면서 실습생이 수행한 역할에 대해 평가를 함과 동시에 클라이언트의 종결, 동료 실습생과의 관계의 종결, 실습지도자와의 관계 종결을 준비하도록 하는 데 초점을 둠.

(3) 지지적 역할

- 실습생의 실습 과정에서의 노력과 수행한 내용에 대한 긍정적인 피드백을 통해 강점을 더 발전시키면서 확고히 하도록 긍정적인 피드백을 제공함.
- 실습과정의 긴장, 갈등, 스트레스 등을 해소하도록 하며 실습생에 대한 격려의 시간을 마련함.

(4) 평가적 역할

- 실습생 개인별 실습목표의 방향을 점검함.
- 실습일지에서 초기 단계에서의 일지와 슈퍼비전을 통해 성장한 부분들을 비교하여 제시함.
- 실습생 개별에 대한 관심(실습생이 가지고 있는 현장에 대한 고민, 동료 실습생 간의 관계에서의 고민 등)이 필요함.
- 실습 최종단계를 준비할 수 있도록 도움을 줌.
- 실습생 간 역동에 대해서 살핌.

- 팀워크를 잘 나타낼 수 있도록 개인별 강점을 발견하도록 돕고, 지지하며, 권한을 주는 것에 초점을 둠(한국사회복지사협회, 2014).
- 실습종결평가서의 내용을 중심으로 실습지도자는 실습생에게 슈퍼비전을 통해 실습을 평가함.
- 실습일정 · 내용 · 역할에 대한 평가: 실습생이 실습일정과 내용에 대한 이해정도를 평가할 수 있으며, 사회복지실습생이 아닌, 사회복지사로서의 역할에 초점을 맞춰서 평가할 수 있어야 함.
- 실습목표에 대한 평가: 실습초기에 설정한 실습생의 개별적인 실습목표가 어느 정도 달성이 되었는지에 대해서 평가하고 미 충족된 부분의 원인을 명확히 함.
- 실습생의 전문적인 역량에 대한 평가: 실습생의 업무 역량에 대한 평가로, 문제파악 및 자료수집 능력(문제인식능력), 분석능력(문제사정능력), 개입기술, 면접기술, 기록기술, 클라이언트와의 전문적인 관계 및 네트워크와 관련된 평가 진행하고, 능력에 대한 평가인 만큼 평가가 부정적이기보다는 강점중심으로, 발전 지향적으로 되도록 도와야 함.
- 실습생의 자원 활용에 대한 평가: 실습과정에서 문제 해결이나 서비스의 질적인 수행을 위해 실습생 기관 외의 자원 활용이나 전공서적 활용 등에 대해 평가하며, 사회복지에서의 자원에 대한 정의와 활용에 대한 필요성을 강조할 필요가 있음.
- 실습에 임하는 자세에 대한 평가: 업무관리, 직원과의 관계, 동료 실습생과의 관계, 실습에서의 적극성 및 자발성을 평가함.
- 전문적 태도에 대한 평가: 사회복지사로서 실습생 자신의 장단점에 대한 인식, 전문가로서 윤리 및 가치관의 이행 등을 평가함.
- 실습지도자 및 슈퍼비전 활용 정도에 대한 평가: 실습생 자신의 실습지도자를 어느 정도 자원으로 활용하였는지, 슈퍼비전을 어느 정도 반영을 하였는지에 대해 평가함.
- 기관 이해도에 대한 평가: 실습생의 과업과 관련된 기관의 목적, 행정 절차에 대한 이해를 평가하고, 실습생으로서의 기관 내의 권한과 한계에 대한 인식을 평가함.
- 실습기관, 실습지도자, 대학에 대한 건의사항: 실습지도자는 실습생이 자유롭게 의견을 제시할 수 있도록 돕고, 비난하지 않아야 함(한국사회복지사협회, 2013).

제7장

대학에서의 실습세미나

실습세미나는 기본적으로 대학에서 수업의 한 형태로 진행된다. 각 대학의 교육과정 특성에 따라 사회복지현장실습 교과목(3학점)의 수업을 실습세미나로 운영하거나, 기관실습과 실습세미나를 각 3학점의 교과목으로 개설하여 사회복지현장실습 교과목과 실습세미나 교과목을 이수한 것으로 운영할 수 있다.

사회복지현장실습의 실습생은 교육기관(대학)에 소속되어 있으면서 대학에서의 교과목으로 사회복지현장실습을 수강하는 학생이다. 따라서 실습생의 지위는 실습기관의 실습생 또는 수련생으로도 정리되지만, 실습생의 기본 위치는 소속대학의 학생이다. 이는 실습생에 대한 일차적인 책임이 대학에 있으며, 실습생에 대한 교과목의 성적을 대학의 실습담당교수가 갖고 있음을 의미한다. 그러나 성적을 학교에서 확정한다고 해서 실습생의 현장실습 내용에 관한 평가 일체가 대학의 실습담당교수에게 있는 것은 아니다. 현장에서의 실습 진행 전반에 관한 평가는 실습현장에서 실습슈퍼비전을 담당했던 실습지도자에게 있으며, 이것은 철저하게 지켜져야 한다(한국사회복지교육협의회, 2020).

1 실습세미나의 목적

대학에서 실습세미나를 실시하는 목적은 실습기관 접촉하여 실습 진행상황을 검토하고, 실습생의 실습보고서 지도를 통해 슈퍼비전을 제공하는 것으로 그 구체적인 내용은 다음과 같다(한국사회복지교육협의회, 2020).

1) 실습기관 접촉 및 실습상황 검토

(1) 실습기관 방문

대학의 실습지도교수는 최소 1회 이상 실습기관에 대한 방문(학과 방침에 따라 학과 교수의 실습기관 방문도 가능)과 더불어 유무선의 접촉을 통해 실습지도자와 유기적인 교류를 하며, 실습기관과 긴밀한 관계를 유지한다. 실습기관을 방문하는 이유는 다음과 같다.

- 실습지도자와 학생별 실습목표를 협의하기 위해
- 학생의 실습목표 성취정도와 실습상황을 검토하기 위해
- 실습관련 문제 발생을 예방하거나 문제 상황을 중재하기 위해

(2) 실습 교육조건 및 실습상황 검토

사회복지현장실습 교육 시 실습지도교수 1인당 지도학생수는 학기 기준 20명이 바람직하며, 사회복지현장실습 분반은 법적 기준인 최대 30명을 넘지 않도록 한다. 실습지도교수는 현장실습 전 사전오리엔테이션을 포함, 현장실습 시 기관방문, 실습세미나 운영(강의, 토의, 슈퍼비전) 등을 진행해야 한다. 또한 실습교육 시 실습담당조교를 두도록 하며, 실습기관 및 실습생에 대한 연락, 실습 상황 검토, 실습보고서와 평가서 정리 등의 업무를 운영한다.

방학 중 기관실습에 참여한 이후 학생이 다음 학기 등록을 하지 않아 사회복지현장실습 교과목을 이수하지 못하는 상황이 발생하지 않도록 사전안내가 필요하다.

2) 실습보고서 지도를 통한 슈퍼비전 제공

(1) 실습보고서 제출

실습생은 실습일지, 사례기록, 집단지도보고서 등 각종 보고서[1]를 작성하여 실습기관 실습지도자의 확인을 받은 후 대학의 실습지도교수에게 제출한다.

---

1) 사회복지현장실습 관련 양식은 한국사회복지교육협의회 및 한국사회복지사협회에서 개발한 '2017년 표준실습교육매뉴얼 개발'(2017), '표준실습교육매뉴얼 관련서식'(2016) 및 '표준실습교육매뉴얼(노인이용시설, 생활시설, 아동복지시설, 장애인복지관, 종합사회복지관)' 등에 있으며, 한국사회복지사협회 자격관리센터 자료실에서 제공되고 있음. 개정 법령의 시행 및 코로나19 확산에 따라 사회복지현장실습확인서 양식, 간접실습 운영 및 온라인 실시간화상수업의 실습세미나 인정 등의 변동사항은 한국사회복지사협회 자격관리센터 공지사항에서 안내되고 있어 수시로 확인이 필요함.

(2) 실습지도교수의 슈퍼비전

실습지도교수는 실습보고서를 기반으로 해당 학생과 개별 또는 집단 면담을 통해 슈퍼비전을 제공한다. 실습 시 문제 상황이 발생하거나 학생에 대한 옹호가 필요할 경우, 실습지도자와 협의하여 문제점을 해결한다.

(3) 참고문헌 소개

실습내용과 관련된 참고문헌을 소개하여 학생 스스로 활용할 수 있도록 한다.

2 실습세미나에서의 슈퍼비전

실습지도교수는 실습세미나 수업을 통해 다음과 같이 슈퍼비전을 제공하도록 한다(한국사회복지교육협의회, 사회복지학 교과목 지침, 2020).

(1) 실습과정에서 드러난 학생의 강점과 약점을 점검하고, 사회복지사로서의 역량을 강화할 수 있도록 지도한다.
(2) 현장에서의 경험 즉 사회복지실천방법 및 기술을 정리하여 학교에서 배운 지식과 통합할 수 있도록 지도한다.
(3) 실습현장에서 직·간접적으로 경험한 사회복지실천과정이 다양한 클라이언트체계에 미치는 영향에 대해 탐색하도록 지도한다.
(4) 사회복지조직으로서의 실습기관의 조직, 정책, 행정적 절차 및 기능과 역할에 대해 이해하도록 지도한다.
(5) 기관이 속한 지역사회 욕구를 파악하고 이를 기반으로 서비스를 수행하고 있는지에 대해 분석, 평가할 수 있도록 지도하고 지역사회기관간의 연계활동에 대해 이해할 수 있도록 지도한다.
(6) 실습내용을 사회복지정책, 사회복지법규 및 제도와 연계하여 이해하도록 지도한다.
(7) 사회복지실천현장에서 직면하는 윤리적 딜레마에 대한 토의를 통해 대안을 도출할 수 있도록 지도한다.
(8) 사회복지사로서의 전문적 자아 인식 및 전문적 정체성을 수립할 수 있도록 지도한다.

(9) 실습생이 자신의 실습과정에 대한 자기반성적 고찰을 통해 반영적 실천을 경험하도록 지도한다.

3 실습생이 직면할 수 있는 문제점과 대처방안

실습 진행과정 동안 실습생들이 부딪히는 문제들은 다양하다. 실습생 스스로의 지각과 결석, 실습시간의 조정, 실습생의 업무내용, 적절한 실습지도의 부재, 실습생의 안전과 실수 등의 문제가 발생하게 된다. 이러한 문제들은 실습과정 중에 발생해 실습생의 학습경험을 방해하기도 하나 문제해결에 따라 값진 학습경험이 되기도 한다. 실습생이 실습 도중에 직면할 수 있는 일반적인 문제점과 대처방안은 다음과 같다(정효신 외, 2020).

1) 실습생의 지각과 결석

실습생 개인적인 상황으로 인한 지각과 결석은 있어서는 안 될 기본 행동 중의 하나이다. 그러나 경우에 따라서 질병이나 사고, 가족의 사고나 사망 등 피할 수 없는 사정으로 인하여 결석이나 지각을 하게 될 때 가장 먼저 해야 할 일은 기관의 실습지도자와 연락하는 것이고, 통화하기 힘들 때에는 반드시 기관관계자에게 메모를 남겨 놓아야 한다. 그래야만 기관에서는 필요한 조치를 취할 수 있기 때문이다. 기본적인 시간 엄수와 약속은 실습생의 태도를 평가하는 데 있어 매우 중요한 요소로 인식되고 있고, 성실성은 실습생이 지녀야 할 가장 중요한 덕목 중의 하나이다. 어떠한 경우이든 결석으로 인한 실습시간의 부족은 무조건 시간 보충을 하여야 하고 실습시간 160시간에 법적으로 문제가 발생하지 않도록 반드시 조치하여야 한다.

2) 실습시간의 조정

기관의 사정에 따라서는 실습생이 업무시간 외의 시간을 기관에서 보내야 하는 경우가 있을 수 있다. 예를 들면, 캠프 준비를 위한 밤샘 작업, 다른 직원의 휴가나 결근 등으로 인한 과외업무 등이 대표적이다. 실습생이 규정된 시간 외에 더 많은 시간을 실습에 투자했을 때에는 기관에 따라서 실습일 중의 적절한 날을 선택하여 어느 정도의 휴가를 갖도록 하거나 실습의 종결을 앞당길 수도 있으나 이러한 결정은 실습기관과 실습지도자와의 충분한 협의를 거쳐 이루어져야 한다.

3) 실습생의 업무내용

사회복지현장실습은 실습생이 예비 사회복지사로서 실습기관의 업무를 있는 그대로 경험하고 클라이언트에게 직접 서비스를 제공해 보는 것이다. 그럼에도 기관이 실습지도계획서와 다르게 실습기간 내내 직접 서비스보다는 교육만 실시하거나 부족한 일손을 메우기 위한 보조인력 수준의 업무수행만이 진행되는 경우도 있을 수 있다. 과다업무나 부족한 업무는 실습생의 의욕과 동기를 저해하는 요인이며 실습생의 소진을 일으킬 수도 있다. 실습기간 동안 업무가 지나치게 많거나 부족할 경우, 이에 대해 실습지도자와 논의하고 이후에도 개선이 되지 않으면 학교 실습지도교수에게 보고한다.

4) 적절한 실습지도의 부재

기관의 실습지도자는 현장실습기간 동안 실습생에게 슈퍼비전을 제공해야 할 책임과 권한이 있다. 그러나 실습지도자의 업무과다나 실습에 대한 관심 부족 혹은 개인적 사정 등으로 인하여 실습생에 대한 슈퍼비전이 불성실하게 이루어지는 경우가 발생할 수 있다. 실습지도자의 부재 시에는 관련 직원의 실습지도로 대체할 수 있어야 한다. 실습지도자의 불성실이나 무관심으로 인해 실습지도가 이어지지 않을 경우, 실습생은 실습지도자에게 정기적인 슈퍼비전을 요청할 수 있고 계속 이러한 상황이 지속되면 학교 실습지도교수에게 보고한다. 실습기관에서 적절한 실습 슈퍼비전을 기대할 수 없을 경우, 학교 실습지도교수는 해당 학생에 대한 실습지도를 해야 한다.

5) 실습기관 변경

사회복지현장실습은 학교와 산업체인 기관 간의 계약으로 이루어지므로 실습기관 변경은 매우 드물게 발생할 수 있다. 실습기관의 변경은 기관의 문제, 실습지도자의 문제 또는 실습생 개인의 문제 등으로 인하여 더 이상 해당 기관에서 실습을 수행하기 어려운 경우에 직면하게 된다. 이때 실습생은 실습담당교수에게 먼저 이 상황을 보고해야 하며 담당교수는 실습기관 조정을 위한 노력을 해야 한다. 실습생이 기관을 변경하게 되는 상황은 다음과 같다.

① 실습생이 여러 차례 요구했음에도 불구하고 적절한 정도의 실습지도를 받지 못했을 때
② 실습생이 실습기관에서 할 일이 거의 없거나 주어진 업무가 단순보조업무로서 여러 차례 좀 더 책임 있는 일을 맡겨 달라는 요구를 했음에도 변화가 없을 때
③ 실습생이 성적 희롱을 당하고 있거나 위험상황이 있다고 느낄 때
④ 실습생과 실습지도자 간에 심각한 성격 차이 등으로 실습지도자가 실습생을 믿지 못하게 되었을 때
⑤ 비윤리적이거나 불법적인 실무활동이 빈번하게 일어나는 기관에서 실습하게 되었을 때

6) 실습생의 안전

사회복지사의 안전은 사회복지서비스를 수행함에 있어 무엇보다 우선한다. 그러므로 실습기관은 실습생에 대해서도 안전한 환경을 보장해야 한다. 기관 안·밖에서의 업무에서도 안전을 보장할 수 있어야 한다. 운전이 미숙한 실습생에게 외출 시 운전을 맡기는 경우가 있는데 이에 대한 점검이 필요하다. 가정방문 시 실습생 2명이 함께 한다거나, 난폭한 클라이언트의 행동에 대해 실습생 혼자만 감당하게 하지 않는다거나, 보안 벨을 준비하여 유사시에 벨을 눌러 도움을 청할 수 있게 하는 등 기관은 정책적으로 지침을 마련해야 한다. 실습생은 실습기관의 안전수칙을 철저하게 준수하여야 한다.

7) 실습 도중에 발생한 실수

실습생의 업무수행상 실수는 대개 그럴 수 있는 일로 여겨질 수 있으며 비교적 관대한 반응을 얻는 편이다. 그렇다고 해서 실수를 절대로 낮게 평가해서는 안 된다. 예를 들어 클라이언트와의 상담 동안 중요한 정보에 대해 알아보는 것을 잊었다거나 서류에 클라이언트의 서명이 필요한데 이를 잊었을 경우, 조금 불편하기는 해도 전화로 다시 물어보거나

클라이언트와의 다음 면접에서 알아볼 수 있는 것이다. 그러나 실습생의 실수가 심각한 경우가 있을 수 있다. 예를 들면 클라이언트와 상담을 하는 동안 알게 된 개인정보를 클라이언트가 알리고 싶지 않은 사람에게 말을 해버렸거나 클라이언트 개인 파일을 잃어버렸을 경우, 클라이언트의 기본권리, 클라이언트의 건강관리를 해치는 경우에 따라 이로 인해 클라이언트에게 정신적, 육체적, 경제적 해를 입히게 될 수도 있다. 이러한 중요한 실수를 하게 되었다면, 이를 비밀로 하면 안 되며 즉시 실습지도자와 상의하여 해결방법을 찾아야 할 것이다. 실습생은 실수를 바로바로 인정하고 최대한 빨리 해결해야 한다.

4 대학에서의 실습평가

대학에서의 실습평가는 실습현장과 함께 진행하는 것으로 중간평가와 학기말평가가 있다(한국사회복지교육협의회, 2020).

1) 평가시기

(1) 학기 중 실습 시 평가: 중간, 학기말
(2) 방학 중 실습 시 평가: 실습기간 중 중반기, 실습기간 중 종결 시기

2) 평가주체

학생, 기관의 실습지도자, 대학의 실습지도교수 등 3자 공동

3) 성적

기관실습 종료 후 기관의 실습지도자가 부여한 평가점수와 실습지도교수가 부여한 평가점수를 합산하여 대학의 실습지도교수가 최종 성적을 부여한다.

| 준비·초기·중간단계의 실습보고서 작성방법 및 작성 예시 |

| 종결·평가단계의 실습보고서 작성방법 및 작성 예시 |

주요 실습보고서 작성방법 및 작성 예시

III

제8장

준비 · 초기 · 중간단계의 실습보고서 작성방법 및 작성 예시

1 실습신청서와 실습생 프로파일 작성방법 및 작성 예시

1) 실습신청서와 실습생 프로파일 작성방법

현장실습 전 준비단계에서 실습생이 가장 먼저 작성해야 하는 문서는 '실습신청서'와 '실습생 프로파일'이다. 이들 표준양식은 본서 [부록 1]의 교육기관용 서식에서 확인할 수 있다.

교육기관은 실습희망기관에 〈표 8-1〉의 예시와 같이 '사회복지현장실습 신청의뢰서'의 공문을 발송하게 된다. 이 때 붙임 서류로 〈표 8-2〉의 '실습신청서'와 〈표 8-3〉의 '실습생 프로파일'을 첨부하여 실습신청 의뢰를 하게 된다. 따라서 실습생은 의뢰 공문을 발송하기 전에 실습신청서와 실습생 프로파일을 작성하여 실습지도교수나 실습지도조교에게 제출해야 한다.

실습신청서의 작성방법은 실습생의 인적사항을 기술하고 실습생 자신의 실습부서, 실습내용, 실습지도자 등의 현황을 기술한 후 실습기관에 구체적인 실습내용을 의뢰하기 위한 목적으로 기록한다. 따라서 실습신청서는 실습생 자신에 대한 정확한 정보를 기입하고 연락 가능한 이메일이나 휴대폰 번호를 기입하여 유사시에 원활한 연락이 이루어지도록 해야 한다. 실습신청서 작성 시에는 「교육기본법」 제16조 제2항에 따라, 사회복지현장실습관련 학사업무 처리를 위하여 개인정보를 제공할 것에 동의하고 신청인란에 날인해야 한다.

실습생 프로파일의 작성방법은 실습을 신청할 때 실습기관으로부터 실습생으로서 선택받을 수 있도록 자신을 표현하고 알리는 목적으로 기록해야 한다. 서식의 맨 앞에 있는 공란에는 반명함판사진을 반드시 부착하고, 인적사항의 모든 내용은 사실에 근거하여 기록해야 한다. 이수 전공과목은 이수과목이 누락되지 않도록 체크를 해야 한다. 경력란에는 취업, 실습, 자원봉사 경험으로 나누어 구분하여 작성하며 최근에 한 실습이나 자원봉사 경험 중 주요사항만을 취사선택하여 쓰도록 한다. 사회복지 전공 동기와 실습기관 선택 이유도 본인의 느낌이나 생각을 근거로 공감할 수 있도록 구체적으로 작성하며, 실습하고 싶은 분야와 실습목표 및 자신의 강점 및 약점이 서로 조화를 이룰 수 있도록 하여야 한다. 예를 들어, 실습분야가 아동복지인데 약점으로 아동과의 관계형성이 잘 되지 않는다고 기입한다면 아동복지 분야에서 실습하기 어렵다. 또한 자신의 강점과 특기 등에 대해 과장하여 쓰지 않는 게 좋다. 실습기관 선택 이유는 항목을 나누어 쓰고 명확하게 자신의 생각을 밝히는 것이 좋고, 실습을 통해 성취하고자 하는 목표는 현장에서 배울 수 있는 점을 최대한 부각해야 한다. 〈표 8-3〉의 '실습생 프로파일' 작성 예시를 참고하면 많은 도움이 될 것이다.

표 8-1 **사회복지현장실습 신청의뢰서(공문발송 예시)**

○○○대학교(원) ○○대학 사회복지학과

수신자
(경 유)
제 목 사회복지현장실습 의뢰

1. 사회복지현장실습 지도를 위해 수고해 주시는 귀 실습기관에 감사드립니다.
2. 사회복지현장실습을 수강하는 우리 학과 학생의 현장실습 신청을 아래와 같이 의뢰하오니 '실습의뢰에 대한 회신'(실습기관 서식 4)을 요청하오며 실습지도계획서, 실습지도자 프로파일, 개인정보수집이용제공 동의서, 실습기관 선정확인서, 실습협약서를 함께 보내주시면 감사하겠습니다.

- 아 래 -

가. 학 생 명 : (학생연락처:)
나. 실 습 기 간 :
다. 실습지도교수 :
라. 실습담당조교 :
(연락처: 사회복지학과 ☎ , E-mail:)

별첨 : 실습신청서 및 실습생 프로파일 각 1부. 끝.

○○○대학교(원) ○○대학 사회복지학과장(직인)

시행 처리과 - 일련번호(시행일자) 접수 처리과명 - 일련번호(접수일자)
우 주소 / 홈페이지 주소
전화( ) 전송( ) / 기안자의 공식 전자우편주소 / 공개구분

표 8-2 실습신청서

실 습 신 청 서

○ 실습기관:

1. 실습생 인적사항

이 름		생년월일			
소 속		학 과		학 년	
현주소					
휴대폰번호					
E-Mail					

2. 실습 의뢰 내용

실습 부서	
실습 분야	
실습내용	
실습기간	시작예정일: 종료예정일: 매주 ( )일간, 희망실습요일:
직접실습시간	총 시간

* 교육기본법 제16조 2항에 따라, 사회복지현장실습관련 학사업무 처리를 위하여 개인정보를 제공할 것에 동의합니다. ( ) 동의, ( ) 비동의
* 상기 내용으로 귀 기관에 실습신청을 의뢰하며 실습생 프로파일을 동봉합니다.

신청인(학생명): (인)

실습지도교수: (인)

표 8-3 실습생 프로파일(작성 예시)

※ 아래 예시 내용은 본인 및 실습기관의 특성에 알맞게 수정하시기 바랍니다.

실습생 프로파일

1. 인적사항

(사진)	실습생명		성 별		생년월일	
	소속					
	주소					
	전화번호	핸드폰:				
	E-mail					

2. 이수 전공과목

교과목명	이수 완료	현재 이수	교과목명	이수 완료	현재 이수	교과목명	이수 완료	현재 이수
사회복지개론	○		청소년심리 및 상담		○	사회복지 실천기술론	○	
인간행동과 사회환경	○		사회문제론	○		사회복지조사론	○	
사회복지정책론	○		장애인복지론		○	사회복지행정론	○	
사회복지법제와 실천		○	청소년프로그램 개발과 평가	○		지역사회복지론	○	
사회복지실천론	○		사회복지현장실습		○	청소년복지론		
청소년문제와 보호	○		건강가정론	○		가족복지론	○	
청소년문화	○		가족과 젠더	○		청소년활동	○	
자원봉사론	○		노인복지론	○		청소년지도방법론	○	
청소년 프로그램 개발과 평가	○		가족상담 및 가족치료		○	청소년육성제도론		○
프로그램개발과 평가		○	상담이론			발달심리		

3. 경력

구분(취업, 실습, 봉사)	기관	기간	내용

4. 사회복지를 전공하게 된 동기

노인인구의 급격한 증가현상과 부모님의 부양문제로 인해 노인복지에 관심이 많아져서 사회복지를 공부하게 되었습니다. 대학교에서 사회복지 공부를 통해 사회복지사 국가자격증을 취득하여 노인복지 분야에서 취업이나 창업하여 일하고 싶어서 사회복지를 전공하게 되었습니다.

5. 실습기관 선택 이유

- 사회복지를 공부하면서 노인복지분야의 시설운영에 관심이 생겼으며, 사회복지현장실습을 통하여 현장실무를 중점적으로 배우고 싶습니다.
- 현장실무 전반의 흐름을 공부하고, 노인복지서비스 대상자인 클라이언트의 발굴과 고객관리 서비스도 현장실습을 통하여 체득하고 싶습니다.
- 현재 거주지에서 가까운 귀 사회복지시설이 현장실습하기에 가장 적합할 것으로 판단되어 선택하게 되었습니다.

6. 실습을 통해서 성취하고자 하는 목표

사회복지사가 갖추어야 할 자세 및 지식과 기술은 무엇인지 학교에서 이론상으로 배웠습니다. 하지만 이러한 이론적 학습이 실질적으로 사회복지현장에서 어떻게 적용이 되는지, 이론을 현장에 적용할 때 어떠한 어려움이 있는지 등을 통해 사회복지사의 전문적인 역할을 직접 경험하면서 배우고 싶습니다. 또한 노인복지서비스의 전반적인 과정과 시스템에 관련된 서류들을 이용하는 방법과 행정처리 절차도 배우고 싶습니다. 또한 노인복지서비스의 다양한 프로그램과 지원시스템을 현장에서 배워 취업이나 창업 후 활용하고 싶습니다.

7. 실습을 마친 후 목표달성 정도를 파악할 수 있는 기준

- 현장에서 근무하고 있는 선임 사회복지사의 모습을 보면서 서비스 제공 과정별 상황대처 방법을 이해하고 사회복지사로서의 역할을 파악할 수 있도록 하겠습니다.
- 실습이 끝난 후 이루어지는 실습평가를 통해 사회복지사의 측면에서 나의 강점과 보완할 점을 파악할 수 있도록 하겠습니다.
- 실습일지를 작성하면서 이론과 현장의 차이점을 파악하고, 이론으로만 알고 있었던 지식과 기술들이 서비스 실천현장에서는 어떻게 적용되는지 파악할 수 있도록 하겠습니다.
- 현장실습을 하는 동안 클라이언트를 대상으로 하는 프로그램이나 사례관리 등이 어떻게 진행되는지 파악할 수 있도록 하겠습니다.

8. 사회복지를 실천하는 데 있어 자신의 강점과 약점

1) 사회복지 지식 및 기술의 측면	2) 개인적인 특성 측면
강점: 대학에서 사회복지관련 과목을 공부하면서 사회복지서비스에 대한 깊은 이해와 관심을 가지고 있으며, 아동부터 노인까지 모든 연령대의 클라이언트와 다양한 문제에 대하여 원활하게 대화를 할 수 있습니다.	강점: 사회생활에 대한 경험이 많이 있고, 상대방의 이야기를 주의 깊게 듣고 공감하기 때문에 편안한 생각을 가지도록 하며, 맡은 바 일은 최선을 대해서 책임지고 끝까지 잘 완수합니다.

약점: 사회복지에서는 클라이언트의 상황에 대하여 객관적으로 볼 수 있어야 하는데, 정이 많아서 그런지 가끔은 지나친 감정이입으로 인해 상황에 너무 깊이 몰입하게 되는 경우가 있습니다.	약점: 정이 많아서 우선순위를 쉽게 정하지 못하고, 잠시 망설이는 경향이 있습니다.

9. 취미 및 특기

- 취미:
- 특기:

10. 실습기관, 실습지도자 및 실습지도교수에게 바라는 점

- 대상자접수, 욕구조사, 대상자선정, 사례회의, 서비스 제공계획 수립, 서비스 제공 및 점검, 종결의 순으로 진행되는 사례관리 과정이 현장에서 어떤 식으로 실행되는지 배우고 싶습니다.
- 실습기관 중 현장에서 진행되는 노인복지 관련 서비스의 계획과정과 진행과정을 알고 싶습니다.
- 노인복지시설 운영 · 관리에 필요한 다양한 지식과 기술을 배우고 싶습니다.
- 현장실습기간 동안 최선을 다해 노력하겠습니다. 예비사회복지사로 부족한 점이 있더라도 넓은 아량으로 이해해 주시고, 많은 지도편달을 부탁드립니다.

2) 실습기관의 수락 회신공문

실습희망기관은 실습신청 의뢰 공문에 첨부된 각 실습생의 실습신청서와 실습생 프로파일을 검토한 후 〈표 8-4〉의 '실습의뢰에 대한 회신' 공문에 〈표 8-5〉의 '개인정보수집이용제공 동의서', 〈표 8-6〉의 '실습지도계획서', 〈표 8-7〉의 '실습지도자 프로파일', 〈표 8-8〉의 '사회복지현장실습기관 선정 확인서', 〈표 8-9〉의 '현장실습협약서'를 첨부하여 우편이나 이메일로 교육기관에 회신함으로써 실습신청 의뢰에 대한 실습수락을 하게 된다.

실습이 수락되면 해당 실습생은 실습기관에 사전방문 또는 유선접촉을 통해 기관의 실습교육관련 지침과 계획(실습비 금액 및 납부방법, 실습인원, 기자재 사용규정, 사전준비사항, 실습일정 및 내용 등)을 확인한 뒤 실습을 준비해야 한다. 실습기관에 따라서는 실습수락 회신공문을 실습생에게 직접 인편으로 전달하는 경우가 있는데, 이 경우에 실습생은 회신공문의 첨부 서류가 누락되지 않도록 잘 확인해야 하고, 누락된 서류가 있으면 실습지도자에게 요청하여 받은 후 대학의 실습지도교수나 실습지도조교에게 회신공문과 첨부 서류 일체를 전달해야 한다.

표 8-4 실습의뢰에 대한 회신

실습의뢰에 대한 회신

귀 대학의 실습생의 실습의뢰를 수락합니다.

<table>
<tr><td rowspan="2">실습생 이름</td><td rowspan="2"></td><td>소속 대학</td><td></td></tr>
<tr><td>연락처</td><td></td></tr>
<tr><td>기관명</td><td colspan="3"></td></tr>
<tr><td>기관주소</td><td></td><td>연락처</td><td>전화:
팩스:</td></tr>
<tr><td rowspan="2">실습지도자</td><td rowspan="2">직위:
성명:</td><td>핸드폰</td><td></td></tr>
<tr><td>E-mail</td><td></td></tr>
</table>

<table>
<tr><td>실습기간
(총 시간)</td><td>시작예정일: 종료예정일:
매주 ( )일간, 실습요일:</td></tr>
<tr><td>필요서류</td><td></td></tr>
<tr><td>실습을 위한 기타 준비사항</td><td></td></tr>
<tr><td>대학교에 대한 의견</td><td></td></tr>
</table>

첨부: 1. 개인정보수집이용제공 동의서[2] 1부(실습생 각자 전원).
2. 실습지도계획서 1부.
3. 실습지도자 프로파일 1부.
4. 사회복지현장실습기관 선정 확인서 1부.
5. 현장실습협약서 2부. 끝.

실습지도자: (인)

실습기관: (직인)

2) 학점인정 등에 관한 법률 시행령 제19조의 2(고유 식별정보의 처리)에 따라 개인정보수집이용제공 동의서 추가

표 8-5 개인정보수집이용제공 동의서

개인정보수집이용제공 동의서

대 학 명:		학과명:
실습생성명:		생년월일:
실습기관명:		전화:
실습기관주소:		팩스:
실습지도자명:		핸드폰: 이메일:
실 습 일 정:	□평일 / □주말 매주( )요일	년 월 일 요일 ~ 년 월 일 요일 1일 ( )시간 × ( )일 = 총 ( )시간

본 기관은 위 학생의 사회복지현장실습에 따른 개인정보수집이용제공에 동의합니다.

〈개인정보수집이용제공 동의서〉
※ 개인정보보호법에 따라 개인정보 수집 · 이용에 대한 내용을 알려드리오니 동의하여 주시기 바랍니다.
[법률근거] 학점인정 등에 관한 법률 시행령 제19조의 2(고유식별정보의 처리)
[수집 · 이용 항목] 실습기관 정보, 실습지도자 자격증, 실습지도자 경력 등 개인정보
[수집 · 이용 목적] 실습기관 및 지도자 자격사항 등 확인
[이용 및 보유기간] 5년
[동의거부 및 불이익] 위의 개인정보 수집 · 이용에 관한 내용에 동의하지 않는 경우에는 실습진행에 제한이 있을 수 있습니다.

□ 동의함 □ 동의하지 않음

20 년 월 일

(기관명) 직인

○○대학교 사회복지학과 학과장 귀하

표 8-6 실습지도계획서

(※ 기관의 특성에 맞추어 서식 변경이 가능합니다.)

실습지도계획서

○ 실습지도자:

1. **실습목적:**
2. **실습목표:**
3. **실습분야:**
4. **실습기간:**
5. **총 실습시간:**
6. **실습대상:**
7. **교육계획**

단위시간	내용	담당	비고

8. **실습지도방법**
   - 개별실습지도 계획:
   - 집단실습지도 계획:
   - 기타 계획:
9. **실습일정**

주	월/일	시간	실습내용	담당	과제물

10. **실습생의 책임과 과제**
11. **참고도서**

표 8-7 실습지도자 프로파일

실습지도자 프로파일

1. 인적사항

성 명		성 별	
기관명/부서		직 책	
담당 업무		전 화	
이 메 일		팩 스	
최종학력		최종학력의 전공	
사회복지사 자격번호		사회복지 총 실무경험기간	년 개월

2. 실습지도 및 실습분야 관련 주요 교육배경

교육명	주관단체	기간	수료/자격여부

3. 사회복지분야 근무경력

기관명	기간	직책	담당업무

4. 본인의 전공분야(현재 자신의 관심분야, 실천모델, 실천기술과 기법)

5. 실습지도자로서의 자신의 특성(강 · 약점)

6. 실습생에게 바라는 점

표 8-8 사회복지현장실습기관 선정 확인서

관리번호 제 호

사회복지현장실습기관 선정 확인서

1. 명 칭:
   * 사업자등록번호:
2. 대 표 자:
3. 소 재 지:
4. 실 습 지 도 자:
5. 유 효 기 간:

위 기관은 「사회복지사업법 시행규칙」 제3조 제2항에 따라 사회복지현장실습의 기관실습 실시기관으로 선정되었음을 확인합니다.

년 월 일

한국사회복지사협회장 직인

210mm×297mm[백상지(150g/㎡)]

표 8-9 현장실습협약서(예시)

현장실습협약서

제1조(목적) 이 현장실습 교육 협약서는 (이하 "실습기관" 이라 한다)과 현장실습생(이하 "학생"이라 한다)과 ○○대학교(이하 "대학"이라 한다) 상호간의 현장실습 교육에 관한 필요한 사항을 정하고, 이를 성실하게 준수할 것을 약정함을 그 목적으로 한다.

제2조(협약의 효력 및 기간) 본 협약의 효력은 협약체결일로부터 발생하며 협약기간은 협약체결일로부터 1년으로 한다. 단, "실습기관" 또는 "대학"이 이의를 제기하지 않을 경우 자동 갱신되는 것으로 한다.

제3조(교육 방법 및 내용) 교육은 "실습기관"과 "대학"이 협의하여 작성한 현장실습 수행계획에 따라 실시하며, "대학"은 실습계획, 준수사항, 관련법 등을 포함한 사전교육을 실시하고 수강신청 처리한다.

제4조(실습기관의 의무) "실습기관"은 교육이 내실 있게 실시될 수 있도록 다음 각 호의 사항을 준수하여야 한다.

1. "학생"의 전공과 희망을 고려하여 배치하고 교육에 필요한 시설, 장비 등을 제공하여 다양하고 폭넓은 현장 경험을 쌓을 수 있도록 최선의 기회를 제공한다.
2. 교육을 지도할 자격을 갖춘 실습지도자를 배치하여 "학생"의 실습을 성실하게 지도한다.
3. "대학"의 현장방문지도 및 협약이행여부 등을 확인하고자 할 경우 이에 협조한다.

제5조(대학의 의무) "대학"은 "학생"에 대하여 다음 각 호의 사항을 주지시켜야 한다.

1. 현장실습 과제를 성실하고 근면하게 수행하도록 교육한다.
2. 현장실습 교육기간 중 "실습기관"의 사규 및 안전관리규정 등 제반 수칙을 준수하도록 한다.
3. 실습기관의 장비가 파손되거나 분실되지 않도록 주의 깊게 사용하도록 교육한다.
4. 실습교육 도중 알게 된 "실습기관"의 기밀을 누설하지 않도록 한다.

제6조(교육 기준시간) 실습교육 기준시간은 1일 8시간, 1주 40시간, 4주를 기준으로 연속으로 운영함을 원칙으로 한다. 단, 정부의 사회복지현장실습 완화기준에 따른 실습시간 조정 및 학생의 특성에 따라 주말실습 등으로 달라질 수 있다.

제7조(실습비) "실습기관"은 "학생"에게 실습비를 받을 수 있다. 실습비는 보건복지부장관이 실습기관 선정 시에 고시한 금액을 원칙으로 하되, 변동사항이 있을 경우 "대학" 및 "학생"과 합의하여 조정할 수 있다.

제8조(보험의 부담 등) "실습기관"은 "학생"이 실습교육에 의해 상해를 입은 경우 "학생" 또는 "대학"에서 가입한 상해보험에 의한 보상금 청구 절차 이행에 필요한 서류의 제출 등 적극 협조하여야 한다.

제9조(교육의 평가) "실습기관"은 "대학"이 정한 기준에 따라 "학생"의 교육 및 출근 상황 등에 대한 실습기관 평가서를 교육 종료 즉시 "대학"에 제출하며 "대학"은 기준에 따라 학점을 부여한다.

제10조(제경비 지원) 교육기간 동안 발생하는 제 경비는 "실습기관" 및 "학생" 부담을 원칙으로 한다.

제11조(교육 협약의 해지) "실습기관"과 "대학"은 교육기간 동안에 협약을 해지해야 할 부득이한 사유가 있을 때에는 "학생"을 포함한 협약 당사간의 협의에 의해 해지할 수 있으며, 이 경우 협약해지일 10일 전까지 협약 당사자에게 그 사실을 통보하여야 한다.

제12조(기타) 이 협약서에 명기되지 아니한 사항에 대하여는 대학생 현장실습 운영규정 및 상호 협의를 준용한다.

본 협약서는 2부를 작성하여 기명날인 후 "실습기관", "대학"이 각 1부씩 보관한다.
(단, "학생"은 "대학"에서 제공하는 협약서 사본을 보관한다.)

20○○년 월 일

실습기관
- 기관명:
- 주 소:
- 대표자: (인)

학 생 • 실습기관의 현장실습 수락 명단으로 갈음

대 학 • ○○대학교 총장 (인)

2 실습일지 작성방법 및 작성 예시

실습일지는 매일의 실습내용 및 과정을 기록하고 평가하는 것으로 실습이 어떤 내용으로 어떻게 진행되었는지 구체적으로 살펴볼 수 있는 가장 중요한 기록이다. 학교마다 다소 간의 차이는 있겠지만 보고서의 평가점수 비중이 가장 큰 부분이기도 하다. 따라서 실습생은 실습일지를 작성할 때 최대한 자세하고 구체적이며 역동적이고 생동감 있게 실습내용을 기록할 수 있어야 한다. 또한 필요하다면 실습활동의 주요한 장면을 사진 촬영하여 실습일지에 첨부할 수도 있다. 단, 실습일지를 위해 대상자의 동의를 구하지 않고 사진을 촬영하거나 대상자의 얼굴 등 신변이 노출되는 실수가 없도록 해야 한다(유진희, 2020).

1) 실습일지 작성의 주요 목적

① 실습과정을 매일 기록함으로써 실습의 과정을 분석하고 평가한다. 실습생은 매일의 일정에 따른 활동경험을 기록함으로써 자신의 활동을 점검하고 보완하며 실습 목표 달성을 위해 어떤 구체적인 노력을 해야 하는지 스스로를 평가할 수 있게 된다(신민선 외, 2019).

② 실습생과 실습지도자가 실습업무를 수행함에 있어 상호 간 질문이나 제언 등을 나누는 소통의 도구로서의 역할을 한다. 또한 실습지도자는 실습일지를 통해 실습생의 업무수행능력 및 반응 정도와 학습 효과 등을 파악할 수 있다. 그리고 실습생은 실습일지를 통해 기관 업무 수행의 문제점에 대한 발전적 제언을 함으로써 기관 운영에 대해 직 · 간접적인 기여를 할 수 있다(임상록, 2009).

③ 실습생 스스로 자신의 장점과 단점을 인식하고 보완하여 실습업무 수행의 효율적 향상을 도모한다. 실습일지를 작성하면서 실습생 스스로 장점과 단점을 객관적으로 인식하여 학습에 있어서의 향상을 도모할 수 있다(신민선 외, 2019).

2) 실습일지 작성의 기본 원칙

실습일지 작성의 기본 원칙은 다음과 같다(유진희 외, 2020).

(1) 매일 작성

실습일지는 매일 매일의 기록이며 자기 점검 및 평가를 위한 공문서이기 때문에 빠짐없이 매일 작성하는 것이 중요하다. 학창 시절 일기를 밀려 써봤던 사람들은 더욱 공감이 될 것이다. 밀린 일기는 사실성과 구체성이 결여되어 있으며 진실성 있는 기록이 될 수 없다.

(2) 사실에 근거해 작성

실습일지는 내용상 거짓이 없어야 한다. 자신이 수행한 실습내용이 아닌 업무를 허위로 기록했다거나 자신이 수행한 실습업무의 실수를 감추기 위해 혹은 미화하거나 과장하여 기록하는 것은 사회복지사 윤리정신에 위배되기 때문이다.

(3) 구체적, 객관적, 논리적으로 작성하고 문어체로 작성

실습일지는 쉽고 간결한 문장으로 작성하되 실습한 내용은 구체적으로 상세히 작성해야 한다. 많은 실습생들이 실습일지를 간단한 메모 형식으로 쓰는 실수를 흔히 하는데 간결한 문장을 사용하는 것과 내용을 빈약하게 쓰는 것을 혼돈하지 말아야 한다.

(4) 감상적인 기록이 되지 않도록 주의

실습일지는 개인 일기가 아니므로 실습생 개인의 감정이나 주관적 의견, 느낌 등은 되도록 지양하고 실습과정에서 자신이 배운 점과 느낀 점 등은 실습생 소감란에 기록한다.

(5) 가능한 전문용어를 사용하여 기록하며 약어나 속어는 사용하지 않기

각종 기관명을 쓸 때에도 고유 명칭을 사용하여야 하며 약어 사용은 하지 않아야 한다. 실습일지는 공식문서이므로 인터넷 용어나 속어 등은 사용하지 않도록 주의한다.

(6) 클라이언트에 대한 개인 정보가 노출되지 않도록 하기

클라이언트에 대한 비밀보장을 위해 클라이언트 이름을 머리글자로 표기하거나 가명을 이용하고 이 때 괄호 안에 가명이라고 명시한다.

(7) 비심판적인 태도에 근거하여 중립적이고 공손한 문체를 사용

실습 중 다양한 문제점이나 불만사항 등에 직면할 때도 있다. 이에 대한 어려움을 지적하거나 제안할 때 비심판적인 태도를 유지하며 중립적이고 공손한 문체로 기술하도록 한다. 또한 자신이 직면했던 문제점에 대한 대안을 함께 제시하는 것이 바람직하다.

(8) 부정적인 것보다 긍정적인 내용의 발전 진행적으로 기록

자신이 실습 도중 깨닫게 된 부정적인 사실을 기록할 때 그 사실만을 기록하지 말고 그에 대한 긍정적인 변화, 성장하고자 하는 방향성이 느껴지도록 기록한다.

3) 실습일지 작성 시 유의할 점

실습일지 작성 시 유의할 점은 다음과 같다(유진희 외, 2020).

실습일지를 작성할 시 종종 사진을 첨부하게 된다. 그런데 사진 시 클라이언트에게 동의를 구하지 않고 촬영을 하거나 촬영을 거부하는 클라이언트의 의사를 무시하면서 사진을 무리하게 촬영하는 실습생이 있다. 클라이언트의 인권과 의사가 충분히 보호되고 존중되고 있는 상황에서 사진이 촬영되어야 함을 명심해야 한다. 촬영을 꺼려하는 클라이언트는 사진에 나오지 않게 배려해야 하며 설령 사진 촬영을 허락했다 해도 과제를 제출할 때 클라이언트의 얼굴을 모자이크 처리하거나 스티커로 가린 후 제출해야 한다. 또한 실습일정을 정리할 때 일과표 작성 시 시간 표기를 일관성 있게 작성하도록 한다. 예를 들어 09:00, 13:00로 표기법을 통일하거나 혹은 오전 9시, 오후 1시로 표기법을 통일한다. 시작 시간과 끝나는 시간은 정확히 표기한다. 9시 시작인데 8시 50분 도착했다고 8시 50분으로 표기하면 안 된다. 본래 시작하기로 한 시간과 끝나기로 한 시간을 기록하도록 한다. 단, 지각했다면 이 역시 사실대로 기록하고 추후 지각한 만큼 보충을 해야 하며 지역아동센터의 경우, 11시 혹은 12시 출근인 경우가 많은데 실습생이 실제로 출근한 시간으로 기록해야 한다. 실습시간은 1일 최대 8시간을 넘을 수 없으며 최소 4시간 이상을 실습해야 한다. 점심식사 및 저녁식사 시간은 제외하나 식사 시간이 포함될 경우 그에 합당한 사유를 구체적으로 표기해야 한다. 예를 들어, 식사 보조 및 개인위생 지도 등 실습생이 식사를 한 것이 아니라 대상자의 식사를 보조했다는 사유 등이 기록되어야 한다.

4) 실습일지 작성방법

실습일지는 실습일정 및 진행내용, 실습생 의견, 실습지도자의 슈퍼비전이나 코멘트와 같은 총평으로 구성된다. 실습일정 및 진행내용은 시간대별로 일정을 기록하는 시계열적 나열 방법을 사용하여 간략하게 실습내용을 기록한다. 실습생 의견은 실습일과를 통해 배운 점들을 기록하되 자세하고 구체적이며 생동감 있게 표현함으로써 누가 읽어도 해당 실습생이 어떤 일과를 보냈을지 그림이 그려질 수 있도록 작성하는 것이 바람직하다. 그러나 주관적인 감정이나 구어체를 사용하여 일기 형태로 기록하지 않도록 주의해야 한다. 실습한 내용을 사실적으로 논리적으로 정리하며 관찰했던 것과 체험했던 것, 그리고 느꼈던 것을 빠짐없이 자세하게 기입한다. 또한 실습일지는 공문서이므로 전문용어를 사용하여 정확하게 기입한다. 또한 실습생 의견에는 실습 중 직면하게 된 문제점 혹은 불만사항 등의 제언을 기록할 수 있으며 이런 경우 비심판적인 태도에 근거하여 긍정적인 자세로 기록한 후 구체적인 대안을 함께 제시하도록 한다. 실습생은 실습일지를 매일 작성하며, 익일 복지관에 출근하여 바로 실습지도자에게 제출해야 한다. 실습일지는 공식적인 실습지도 시간 전에 실습지도자에게 제출하고 실습지도자는 실습일지 내용에 대한 총평을 제공한다.

실습일지의 작성은 한국사회복지사협회에서 제시하는 〈표 8-10〉의 실습일지 작성지도 예시를 참고하면 도움이 될 것이다. 실습일지 항목별 작성방법은 다음과 같다.

- 실습지도자: 실습지도자의 이름을 기재
- 확인: 실습지도자가 검토 후 서명
- 실습일과 회차: 실습일자, 요일, (실습 ○회차)
- 오늘의 목표: 실습일 당일에 수행할 과제를 중심으로 1일 목표를 한 줄로 기재함.
- 실습 진행내용: 일반적으로 1시간 단위 일정으로 활동제목과 세부내용을 상세히 기재, 통일성 있는 시간표기(예: 09:00~10:00), 주요 일정과 함께 담당자도 같이 기재함.
- 실습생 의견
  - 실습내용을 토대로 배운 점, 의문사항, 건의사항 등을 자유롭고 다양하게 기재함.
  - 진행된 실습일정에 대해 실습생이 생각하고 느꼈던 점들을 되짚어 보면서 개조식으로 조목조목 기록함.
  - 매일 충실히 기록한 내용의 변화를 실습생이 스스로 관찰할 수 있도록 함.
- 실습지도자 의견: 실습생이 작성한 일일실습 내용과 실습소감을 검토한 후, 실습생

개인의 수준에 맞는 맞춤 슈퍼비전을 제시함. 실습생의 실습활동 수행 중에 관찰한 내용 등을 토대로 잘못 이해한 부분은 관점을 바로잡아주고, 생각지 못한 부분에 대해서는 언급을 통해 새로운 배움이 될 수 있도록 실습지도자의 의견을 제시하면서 지도하게 됨. 실습지도자 의견란은 일일평가 시 실습지도자의 슈퍼비전 내용을 실습생이 작성하는 것이 일반적이나, 공란으로 두게 하고 실습일지를 제출하게 되면 실습지도자가 직접 수기로 작성해 주는 경우도 있음.

표 8-10 실습일지 작성지도 예시[3]

실 습 일 지

1. **실습생명:** ○○○

2. **실 습 일:** ○○○○○년 ○월 ○일 (○요일) / 실습 ○○회차

3. **오늘의 목표:** 실습일 당일에 수행할 과제를 중심으로 한 1일 목표를 한 줄로 기재하도록 함

4. **진행내용(시간, 내용 등을 중심으로 기록)**

〈작성예시〉

09:00~10:00 실습 오리엔테이션 (담당: ○○○ 선생님)
10:00~11:00 교육: 기관소개 및 동영상 상영 (담당: ○○○ 선생님)
11:00~12:00 독거 노인 도시락 배달 동행 (담당: ○○○ 선생님)
12:00~13:00 점심시간
…
17:00~18:00 일일 실습평가회 (담당: 실습지도자 ○○○ 선생님)

〈작성방법〉

- 일반적으로는 1시간 단위 일정으로 상세히 기재토록 함
- 통일성 있는 시간표기방식 지도
- 주요일정과 함께 담당자도 같이 기재토록 지도

5. **실습생 의견(배운 점, 의문사항, 건의 등 포함)**

〈작성예시〉

- 실습 첫날이라 긴장을 했지만, 실습 오리엔테이션을 통해 실습 전반에 대한 유의사항을 듣고 실습생들의 자세를 익힘으로써 긴장감을 해소하였다.
- 독거노인 도시락 배달이 처음이라 어떤 대상분들인지 궁금하였는데, 자원봉사자님과 함께 동행하여 안부를 전하고 도시락도 전달하니 사업의 의미를 이해할 수 있었다.

〈작성방법〉

- 진행된 실습일정에 대해 실습생이 생각하고 느꼈던 점들을 되짚어 보면서 개조식으로 조목조목 기록하도록 지도
- 배운 점, 의문사항, 건의사항 등을 구애없이 자유롭고 다양하게 기재하도록 하되, 매일 충실히 기록한 내용의 변화를 실습생이 스스로 관찰할 수 있도록 함

6. **실습지도자 의견**

- 실습생이 작성한 일일실습내용과 실습소감을 검토한 후, 실습생 개인의 수준에 맞는 맞춤 슈퍼비전을 제시함. 잘못 이해한 부분은 관점을 바로잡아주고, 생각지 못한 부분에 대해서는 언급을 통해 새로운 배움이 될 수 있도록 지도함

3) 표준실습교육매뉴얼_노인이용시설(한국사회복지사협회, 2013). p.57.

5) 실습일지 작성 예시

실습생이 직접 작성한 실습일지 작성 예시는 〈표 8-11〉과 같다.

표 8-11 실습일지 작성 예시

실습일지

<table>
<tr><td>실습일</td><td>2021.8.19.(목)
(실습 3회차)</td><td>실습생</td><td>○○○</td><td>실습지도자</td><td>○○○ (인)</td></tr>
<tr><td>실습목표</td><td colspan="5">사회복지기관의 프로포절 이해</td></tr>
<tr><td rowspan="8">실습진행</td><td>시 간</td><td colspan="4">진 행 내 용</td></tr>
<tr><td>09:00 ~ 10:00</td><td colspan="4">방역, 실습지도자 교육</td></tr>
<tr><td>10:00 ~ 11:00</td><td colspan="4">학습보조</td></tr>
<tr><td>11:00 ~ 12:00</td><td colspan="4">논술교육 참관수업(1~3학년)</td></tr>
<tr><td>12:00 ~ 13:00</td><td colspan="4">점심시간</td></tr>
<tr><td>13:00 ~ 15:00</td><td colspan="4">놀이학습 보조, 간식만들기 도움</td></tr>
<tr><td>15:00 ~ 17:30</td><td colspan="4">청소년비전 프로젝트 수업 참관</td></tr>
<tr><td>17:30 ~ 18:00</td><td colspan="4">교실 정돈 및 청소</td></tr>
<tr><td>실습내용
(주요실습)</td><td colspan="5">◉ 09:00 ~ 10:00 실습지도자 교육
〈사회복지기관의 프로포절 이해 및 아동일과 보조〉
사회복지기관들이 수행하고자 하는 프로그램의 내용을 설명하는 사업제안서이다. 경쟁력을 높여 서비스의 질을 개선하고 기금배분의 투명성을 확보하기 위해 대부분의 기금주들이 기본적으로 요구하는 서류이다. 사업명을 정할 때 서비스의 대상, 목적, 방법, 사업을 포함할 수 있는 내용으로 사업명을 작성하여야 한다. 사업내용, 기관과의 연계협력 전략, 예산편성, 사업의 필요성, 산출목표 및 성과목표 등을 기록한다.

◉ 10:00 ~ 11:00 학습보조
아동들과 자율놀이시간에 학습보조로 브루마블게임, 도미노, 젠더 등을 하며 친밀감을 형성하였다.

◉ 11:00 ~ 12:00 논술수업 참관(1~3학년)
1~3학년의 논술수업에 참관하였다. 사회영역의 안내문에 관한 내용으로 서로 토론하며 문제를 푸는 시간이었는데 집중을 잘 못하거나 이해를 못하는 아동들에게 지도 선생님을 도와 본문내용을 체크해주며 문제를 풀 수 있도록 도움을 주었다.</td></tr>
</table>

점심식사

실습내용 (주요실습)	◉ 13:00 ~ 15:00 학습보조, 간식 만들기 학습보조로 책읽기와 놀이교육에 참여하고 책꽂이 정리, 놀잇감 정리를 하였다. 간식으로 샌드위치를 만들었는데 다른 선생님들을 도와 햄과 치즈, 양상추를 곁들인 맛있는 샌드위치를 만들어 아동들에게 나눠주었다. ◉ 15:00 ~ 17:30 청소년비전 프로젝트 수업참관 영상으로 하는 청소년비전 프로젝트 수업에 참관하여 아동들이 장애물을 회피하여 이동하는 이동체를 만드는 것을 보니 우리나라 청소년들이 미래의 과학자로서 꿈을 키워나가는 현장을 보는 듯했다. ◉ 17:30 ~ 18:00 수업을 마친 교실 정리정돈 수업을 마친 교실들을 청소하고 정리정돈 하면서 일과를 마쳤다.
실습소감 및 의견 (건의사항 등)	아이들과 자유로이 놀이를 하는 시간에 도미노쌓기를 하면서 기발하고 재미있는 아이들의 생각에 감탄을 했다. 단순히 길게 늘어뜨리거나 곡선을 주는 것만을 생각했는데 아이들은 쌓고 늘어뜨리고 대단히 창의적인 방법으로 도미노에 생명을 불어넣고 있었다. 도미노 한 가지를 가지고 여러 가지 게임이 파생되어 나오고 스스로 게임을 창작하거나 규칙을 만들고 변형해서 놀이를 만들어 노는 것을 보며 나 스스로 아이가 되어 함께 동화되었다. 또 놀이 중에 룰을 어기거나 의견이 맞지 않으면 다툼도 일어나지만 그 안에서 스스로 배려하고 인정하는 방법을 배우고 있는 아이들이 대견했다.
실습지도자 조언	소규모 사회복지 기관에서는 제안서를 잘 작성하여 기관에 필요한 기능보강이나 프로그램 등을 운영하여야 됩니다. 제안서에 대해 더 공부하시고 현장에서 필요한 프로포절을 작성하고 신청하여 선정되는 성취감도 느끼는 역량 있는 사회복지사가 되시기를 바랍니다.

3 기관분석보고서 작성방법 및 작성 예시

1) 기관분석보고서 작성방법

실습생은 기관분석보고서 작성을 통해 자신이 실습하는 기관에 대한 지식과 정보를 얻고 실습현장에 대한 깊이 있는 이해를 하게 된다. 기관분석보고서를 작성하기 위해서는 기관의 행정 및 업무 전반에 대해 파악해야 하고 기관이 위치한 지역사회의 특성과 그에 따른 기관의 사업 내용에 대한 포괄적인 이해가 선행되어야 한다. 실습생은 실습 시작 전에 수집했던 다양한 정보와 기관에서 제공한 자료를 토대로 기관분석보고서를 작성하되 기관의 홈페이지, 홍보물, 프로그램 안내지, 기관에서 발행한 각종 보고서 등을 다각적으로 활용할 수 있다.

표 8-12 기관분석보고서

실습기관분석보고서

실습생명		기관명	
기관주소	(전화:)		
기관소개자	(부서: 직책:)		

1. 기관의 역사

(1) 기관 설립동기 및 설립목적

(2) 기관 사업의 역사적 변천

(3) 기관 역사에 대한 실습생의 평가

2. 기관의 목적

3. 기관의 주요사업 및 프로그램

(1) 클라이언트 및 대상 지역

(2) 주요사업

(3) 서비스 전달체계

(4) 기관의 대상층 및 주요사업에 대한 실습생의 평가

4. 기관의 행정사항

(1) 기관의 조직구조

(2) 예산, 후원 및 지원 사항

(3) 기관의 행정구조와 예산 사용 및 후원에 대한 실습생의 평가

5. 기관이 속한 지역사회, 물리적 환경의 특징

(1) 지역사회

(2) 물리적 환경(시설, 공간 등)

6. 사회복지기관으로서 지역 내 타기관들과의 연계

(1) 관계유형 및 내용

(2) 기관의 타기관과의 관계유지에 대한 실습생의 평가

7. 기관의 특별한 면이나 전반적인 사항에 대한 인상이나 느낌

출처: 한국사회복지사협회(2017).

실습기관분석보고서는 기관 또는 학교에 따라 다른 양식을 사용할 수 있으나, 한국사회복지사협회가 제시하는 〈표 8-12〉의 기관분석보고서 표준서식에서와 같이 각 항목별 공통사항으로 '실습생의 평가나 느낌'을 작성할 때는 객관적이고 정확한 정보를 바탕으로 명

료하고 구체적으로 기술해야 한다. 지극히 주관적이거나 감정적인 평가가 되지 않도록 주의하고, 논리적으로 분석한 내용을 바탕으로 현실적으로 가능한 제안을 제시해야 한다.

기관분석보고서의 각 항목별 구체적인 작성방법은 다음과 같다.

(1) 기관의 역사 및 목적

기관의 역사 및 목적은 기관의 설립동기, 미션과 비전, 기관 사업의 역사적 변천 등을 서술한다. 먼저 기관 미션과 비전을 정리해야 하는데 이는 조직에서 가장 먼저 세우는 것으로서 조직의 존재 이유와 나아가야 할 방향을 제시해준다. 미션과 비전이 정리되면 기관의 목적은 사업 수행을 위한 기본방향을 설정한 부분을 조사하여 정리한다. 기관 사업의 역사적 변천은 시계열적 나열방법으로 정리하는 것이 바람직하다. 시대적 흐름에 따라 기관 사업의 변화된 모습이 보여질 수 있도록 서술하되 도표나 그림을 활용하면 도움이 된다.

(2) 기관의 주요사업 및 프로그램

기관의 주요 사업 및 프로그램에 대해 분석할 때에는 다음과 같은 사항을 고려한다. 주요 클라이언트 대상이 누구이며 서비스 대상 지역은 어디까지인지, 기관이 선호하는 서비스 전달방식이나 업무방식이 존재하는지, 지역적 특성과 여건 그리고 주요 클라이언트 대상의 특성과 여건 그리고 주요 클라이언트 대상의 특성과 욕구를 반영한 특성화된 프로그램이 존재하는지, 다른 기관과 차별화된 사업은 무엇인지 그리고 서비스 전달체계는 어떻게 구성되었는지를 파악하는 것이 중요하다(이경아, 서홍란, 2011).

(3) 기관의 행정사항

기관의 조직구조는 인력에 대한 구성표를 조직도라는 그림을 활용하여 도표화함으로써 수행되고 있는 사업과 그 사업을 수행하는 인력구조와의 연계성이 드러날 수 있도록 서술한다.

예산, 후원 및 지원 사항은 기관의 재정을 파악하는 것이 중요하다. 재정이 확보되어야 서비스를 할 수 있기 때문이다. 기관에서는 부족한 재정을 보완하기 위해 어떤 노력을 하고 있는지 구체적으로 파악해야 한다. 예산은 기관의 사업을 수행하고 성과를 내기 위해 필요한 재정을 기획하는 것으로 세입과 세출로 나누어 수행된다(황성철 외, 2010). 사회복지기관의 재정 구성은 크게 유형별로 분류해보면 정부보조금, 기부금, 이용료 수입금, 그 외 기타수입으로 나눌 수 있기 때문에 이에 맞추어 파악하면 된다. 가끔 실습기관에서 재정사항에 대한 상세한 정보를 제공하지 않는 경우가 발생하면 실습생이 가장 작성하기 힘든 항목이 예산, 후원 및 지원 사항이 될 수 있다. 이 경우 예산은 전체적인 수입 총계와 지출 총계 정도만 기록하고 후원금 사용부분을 상세히 기록하는 것으로 대체하는 방법도 있다. 지역사회자원과 후원자 관리 등을 어떻게 운영하고 있는지를 파악한다. 사회복지사로 자원개발 및 관리는 부족한 사회복지재정을 보완하기 위해 꼭 요구되는 기술이기 때문에 물적 · 인적 자원에 대한 사회복지사 선생님들의 노하우를 전수받도록 노력한다. 만약 실습기관의 자원개발이나 후원자개발이 미비하다면 이 부분에 대한 현실적 대안을 제시하도록 한다.

(4) 기관이 속한 지역사회, 물리적 환경의 특징과 지역 내 타기관들과의 연계

최근에는 지역사회 변화의 흐름이 빠르고 그 영향력이 크기 때문에 기관이 속한 지역의 지역진단 및 욕구분석이 중요하게 강조되고 있다. 기관 내부의 조직 분석 이외에 그 기관이 속한 지역의 특성과 현황을 파악하는 것은 사회복지 실습현장을 깊이 있게 이해하는데 첫 걸음이 된다. 지역현황 파악을 위해 지역탐방과 지역조사를 할 수 있으며 지역의 인구사회학적 특성, 지역의 사회경제학적 특성을 파악하고 지역의 특성을 활용한 조직의 네트워크 정도를 파악해야 한다. 사회복지기관은 각 기관이 충실하게 서비스를 수행하는 것도 중요하지만 기관 간에 유기적 협력관계를 통해 시너지 효과를 기대할 수 있다. 이는 기관이 사업을 수행하는 데 있어서 얼마만큼 지역의 자원을 효율적으로 활용하고 있는가를 파악할 수 있는 중요한 자료가 될 수 있다. 이를 통해 실습생은 기존 서비스 계층의 잠재적 욕구를 발굴할 수 있고 혹은 잠재적 서비스 계층의 새로운 욕구를 확인할 수도 있다(강병로, 2008).

기관이 속한 지역사회, 물리적 환경의 특징은 지역사회환경, 지역주민의 인구사회학적 특징, 대중교통 편의성, 접근 용이성 등을 기술한다. 기관이 위치한 지역적 특성과 접근성에 대해 파악하는 것이 중요하다. 이러한 지역사회 개요와 기관에서 운영하는 서비스 간에는 어떠한 연관성이 존재하는지, 지역사회의 변화와 발전의 영향으로 기관도 어떠한 변화를 겪고 있는지 기술하면 된다.

지역 내 타기관들과의 연계는 실습기관이 타기관들과 어떤 관계를 형성하고 그 관계의 질은 어떠하며 이를 통해 클라이언트들은 어떤 이익을 얻을 수 있는지 분석하여 기술하면 된다.

(5) 기관의 특별한 면이나 전반적인 사항에 대한 인상이나 느낌

기관분석보고서를 작성하면서 기관의 내·외부 환경 분석을 마치고 나면 실습생은 자신이 실습하는 사회복지 조직의 특성과 타기관과의 차이점을 알게 될 것이다. 이에 대해 인상 깊었던 점을 정리하고 이를 바탕으로 필요하거나 보완해야 할 사회복지 서비스에 대한 제언을 제시하면 된다.

2) 기관분석보고서 작성 예시

기관분석보고서 작성은 〈표 8-13〉의 기관분석보고서 작성 예시를 참고하면 많은 도움을 받을 수 있다.

표 8-13 기관분석보고서 작성 예시

실습기관분석보고서

실습생명	○○○	기관명	○○○○기관
기관주소	경기도 ○○시		(전화: 031-500-3000)
기관소개자	○○○(부서: 재활지원팀 직책: 팀장)		

1. 기관의 역사

(1) 기관 설립동기 및 설립목적

- 기독교 정신에 의한 사랑의 실천을 위하여 사회복지사업법 제2조의 규정에 의한 사회복지사업을 실천함을 목적으로 합니다.

  ○○○재단은 전쟁이 끝난 후로서 모든 사람의 생활이 몹시 궁핍하여 끼니를 잇기조차 어려웠으며 길거리로 버려진 장애아동과 부모를 잃은 장애아동들이 잠잘 곳과 먹을 곳을 찾아 방황하며 내일의 희망을 포기한 상태로 버려졌던 시기였던 어려웠던 시절, 평생을 검소하고 근면한 생활로 믿음에 대한 선교와 가난한 이웃을 위하여 헌신적인 수고를 아끼지 않으신 ○○○ 전도사께서 자신의 사재를 출연하여 설립하였습니다.

  ○○○ 전도사님은 서울 상도동 교회 일을 하시면서 거리를 떠도는 불우한 장애아동들을 한명씩 집으로 데려오셔서 보살피기 시작한 것이 계기가 되었으며, 지속적으로 늘어나는 많은 장애아동들을 보호하기 위하여 사재를 출연하여 ○○영아원을 만드시고 본격적으로 아이들을

보살피기 시작하였습니다.

(2) 기관 사업의 역사적 변천

- 1997.12.26. ○○○○기관 시설 허가 (제1호 ○○군 사회 65140-9654호)
- 1998.02.20. 한국장애인복지시설협회 회원 가입
- 1998.04.23. 건물 착공신고
- 1999.04.01. ○○○○기관 개원
- 2002.10.22. 공공시설 입지 승인 (○○시 도건58350-1215)
- 2004.07.19. 직원숙소 및 부대시설 사용 승인 (○○시 건축과 6397호)
- 2007.12.10. 생활시설 신축 및 재활 프로그램실 건물 준공
- 2008.03.13. 정원변경 (50명 ⇒ 100명)
- 2009.11.05. 정원변경 (100명 ⇒ 80명)

(3) 기관 역사에 대한 실습생의 평가

- ○○○ 전도사님의 기독교정신으로 진정으로 불우한 장애아동들을 보살피고자 하는 마음 하나로 시작한 사랑 실천이 보이는 기관으로, 작은 규모에서 시작하여 하나씩 단계적으로 성장하여 지금의 모습을 이뤄낸 역사가 느껴집니다.
- 그동안 얼마나 크고 작은 어려움들이 많았으리라는 짐작만으로도 묵묵히 길을 걸어온 기관의 발자취에 감명을 받았습니다. 그렇기에 장애인복지시설로서 워낙 유명해지고 많은 자원봉사자들과 후원단체가 끊이지 않는 역사를 이끌어 낸 것이 아닐까 생각합니다.

2. 기관의 목적

- 장애를 가진 상태에서 부모의 보호를 받지 못하는 장애아동을 보호하고 가르쳐서 즐거운 환경에서 건강한 삶이 되도록 하는 역할을 잘 감당하기를 원하는 목적으로 기관 설립.

3. 기관의 주요사업 및 프로그램

(1) 클라이언트 및 대상 지역

- 전국에 지적장애인으로서 국민기초수급자를 우선 대상자로 대상연령은 만 3세부터 18세미만의 중증장애인.

(2) 주요사업

- 사회재활 프로그램: 물리, 언어치료, 의료재활 상담 등
- 사회적응 프로그램: 직업지원, 일상생활기술지원 향상, 특별활동, 진로탐색, 성교육 등
- 역량강화 프로그램: 야외체험, 나들이, 문화공연 등
- 공동생활 지원: 일상생활 지원, 공동체의식 함양 등

(3) 서비스 전달체계

- 사회복지 전달체계는 보건복지부나 여성가족부 - 경기도 - ○○시 - ○○○재단에서 ○○○○을 통하여 복지서비스가 전달(민관 혼합체계로 이뤄지는 장애인복지서비스).
- 후원금은 각종 공모사업 신청으로 지원받거나 일반 단체, 개인의 후원금과 각종 단체, 기관과의 연계활동으로 서비스가 이루어지고 있음.

(4) 기관의 대상층 및 주요사업에 대한 실습생의 평가

- 이곳에 거주하는 장애아동들은 전국에 지적장애인으로서 국민기초수급자를 우선 대상자로 대상연령은 만 3세부터 18세 미만의 중증장애인들이다.
- ○○○○기관은 ○○시 외곽지역 산중턱에 위치하여 앞에 강이 흐르고 있어 경치가 매우 뛰어나고 항상 맑은 공기와 자연의 소리를 들으며 생활할 수 있는 쾌적한 환경이라 거주하는 불편한 아이들에게 생활 속에서 이루어지고 있는 각종 프로그램과 사회복지사님들의 노력은 아이들에게 휴식과 사랑을 느낄 수 있는 편안한 안식처가 되어주고 있다고 생각된다.
- 또한 사회재활, 적응 프로그램 등 함께 생활하여 공동체 의식과 가족이라는 믿음을 갖게 해주는 시설의 복지서비스로 인해 정서적인 안정과 삶의 의욕을 되찾는 모습을 볼 수 있으며, 그 아이들의 미래가 좀 더 밝아지리라는 생각을 한다.

4. 기관의 행정사항

(1) 기관의 조직구조

인원	직 책												계
	원장	사무국장	사회재활교사	영양사	물리치료사	간호사	사무원	생활재활교사	운전원	취사원	세탁원	촉탁의	
계	1	1	1	1	1	1	1	23	1	2	1	1	35명

(2) 예산, 후원 및 지원 사항

- 사회복지 예산인 운영비 및 프로그램비 등 일부는 보건복지부나 여성가족부의 예산으로 ○○시에서 지원받고 있으며 턱없이 부족한 열악한 재정 여건 속에서도 아이들에게 보다 나은 서비스 제공을 위해 다양한 공모사업과 지역사회 및 기업과의 연계 등 후원을 통해 원활히 운영되고 있음.

세 입				세 출			
구 분	내 역			구 분	내 역		
	2021년(결산)	2022년(결산)	2023년(예산)		2021년(결산)	2022(결산)	2023년(예산)
합 계	1,932,598,129	2,031,988,695	2,353,214,821	합 계	1,932,598,129	2,031,988,695	2,353,214,821
전기이월금	72,123,260	106,695,164	165,617,529	사 무 비	1,411,078,832	1,478,662,524	1,756,029,150
이용자 부담금수입	2,068,680	6,909,610	20,940,000	재산조성비	130,700,060	92,044,664	141,595,164
정부보조금	1,662,789,700	1,662,983,260	1,919,495,907	사 업 비	271,650,473	278,739,378	419,972,511
법인전입금	14,680,000	23,200,000	16,800,000	후원금지출	10,613,000	12,480,000	15,000,000
과년도지출	1,860,600			과년도지출		4,444,600	5,492,378
후원금	104,172,352	199,261,703	190,861,385	차기이월금	106,695,164	165,617,529	
기타수입	41,206,507	32,938,958	39,000,000	잡지출	10,613,000		1,200,000

(3) 기관의 행정구조와 예산 사용 및 후원에 대한 실습생의 평가

- 많은 장애아동과 다양한 장애를 가진 아이들을 케어하기는 규모가 큰 기관이기는 하지만 효율적인 운영을 위해 행정업무와 케어, 기타 업무 인력과 예산을 적절히 배분하여 장애아동들을 케어하는 데 소홀함이 없어 보였음.

- 현재 정부지원 예산으로는 부족할 수밖에 없는 상황에서 장애아동들의 정서함양 등 다양한 경험을 위해 자원봉사자 연계 및 각종 프로그램 공모 신청 등에 열의를 다하여 우수한 시설로 인정받아 많은 후원을 이끌어내고 있는 노력하는 기관으로 장애아동들을 위해 최선을 다하고 있다고 평가되었음.

5. 기관이 속한 지역사회, 물리적 환경의 특징

(1) 지역사회

○ 지리적 특성

- 총면적은 95.89㎢로 포천 시에서 2번째로 넓으며 임야가 75%를 차지하는 한편, 지리적 여건(덕령산, 칠월리고개)으로 인하여 크게 3개 권역(내북, 외북, 남청산)으로 구분됨.
- 동쪽으로는 화현면, 군내면과 접해있고, 서쪽으로는 연천군, 동두천시, 남쪽으로는 신읍동, 북쪽으로는 창수면, 영중면과 경계함.

○ 자연적 특성

- 서쪽에 종현산(鐘懸山), 왕방산(王方山), 국사봉의 연봉이 뻗어있고 그 여맥이 면내로 내려와 구릉을 형성하고 있으며, 남부 저지대에는 포천천이 흐르고 서부저지대에는 영평천의 지류인 외북천이 흐름.

○ 기타 사항

- 금동리, 덕둔리 등 남청산 지역을 중심으로 잣, 한봉, 축산업 등이 발달해 있으며, 신평공단 등에 67개의 업체가 입주해 있음.
- 주요 문화유적으로는 인조대왕의 왕자인 인평대군 묘(경기도 기념물 제130호), 선조 때의 명상 이덕형과 조경을 배향한 용연서원, 신라 말 대학자인 최치원을 배향한 청성사, 위정척사의 표본이었던 최익현을 배향한 채산사, 독립운동가 최면식 공적비 등이 있음.
- 그 외 성여완 묘, 성석린 묘, 만세교의 태봉, 6 · 25전적지가 있으며, 기타 시설로는 신평리에 ○○시 하수종말처리장, 분뇨처리장이 있으며, 만세교리에 ○○시 자원재활용센터, ○○시 자원회수시설이 있음.

(2) 물리적 환경(시설, 공간 등)

- 신북면(新北面)은 경기도 ○○시의 면이다. ○○시청에서 북쪽 5km부근에 면소재지가 있다. 총면적은 95.89㎢로 포천 시에서 이동면에 이어 2번째로 넓으며 인구는 소흘읍, ○○동 다음으로 많은데, 대부분 내북지역인 기지리, 가채리, 신평리, 만세교리에 인구가 집중되어있다.
- 면소재지는 기지리이다. 지리적 여건(덕령산, 칠월리고개)으로 인하여 크게 3개 권역 (내북, 외북, 남청산)으로 구분된다. 교통여건은 43번국도가 남북으로 곧게 뻗어있고 인근 대학교와 의정부, 일동, 운천으로 연결되는 버스노선도 많아 도로망, 대중교통망 모두 매우 우수하다. 2017년에는 ○○○○고속도로가 완공되어 구 신북대교 앞 교차로 남쪽 500m 인근에 종점인 신북IC가 설치되어 있다.

6. 사회복지기관으로서 지역 내 타기관들과의 연계

(1) 관계유형 및 내용

- ○○대학교: 체육대회 후원
- 북부청 가족봉사단: 장애아동과 함께하는 체육대회 및 자장면 나눔 봉사 활동
- 보건의약단체 사회공헌협의회: 대한의사협회 등 14개 보건의약단체로 구성, 사회공헌활동
- ○○시 사랑의열매 나눔봉사단: 정기적인 봉사활동으로 말벗되어 주기, 김장 나눔 봉사 등

- 부부등지봉사단: 정기적인 노력봉사활동
- ○○대학교 봉사동아리 "로고스" 봉사단: 프로그램 진행 등 아이들과 함께하는 시간 갖기
- 개인봉사자 강○○: 이동건강 검진 차 방문으로 메디컬체크 실시
- ○○의과대학 봉사동아리 "차울림": 자원봉사 및 물품후원
- 육군 ○○○부대, ○○부대 등: 잡초제거, 청소, 빨래 등 쾌적한 환경 만들기 지원
- ○○이마트: 짜장면, 탕수육 등 맛난 음식제공

(2) 기관의 타기관과의 관계유지에 대한 실습생의 평가

- 타기관과의 원활한 연계로 일시적인 봉사나 후원이 아닌 지속적인 유대관계를 유지함으로써 장애아동들의 정서 함양에도 많은 효과가 있는 것으로 보였으며,
- 자원봉사자들은 모든 직원들이 장애아동·청소년들에게 성심 성의껏 진심으로 지도하고 생활하는 모습을 보면서 뿌듯함을 느끼는 것 같았고, 직원들이나 자원봉사자들 모두 진정한 사회복지 증진을 위해 노력하는 모습을 볼 수 있었습니다.

7. 기관의 특별한 면이나 전반적인 사항에 대한 인상이나 느낌

- 장애아동·청소년들이 어려운 여건에서도 행복하기를 바라는 마음으로 늘 사랑으로 보호하여 건강하고 안전하게 생활하고 공부하며 기술을 익힐 수 있는 전문적인 사회복지실천기관이라고 판단되어 큰 감동을 받았습니다.
- 직업재활 프로그램의 상시 운영으로 기술을 습득하여 장애청소년들이 각종 자격증을 취득하도록 하여 스스로 살아갈 수 있도록 지원하고자 노력하며 그 결실을 기쁨으로 여기는 기관으로 판단되어 졸업 후 이곳에서 사회복지사로 일하고 싶다는 생각이 들었습니다.
- 뜨거운 사랑과 믿음으로 장애아동·청소년들이 행복한 세상이 되기만을 바라는 마음으로 묵묵히 노력하시는 직원들과 자원봉사자들의 모습을 보면서 "아직도 이런 분들이 계시기에 세상이 밝구나."하는 생각과 함께 감사함을 느꼈습니다.

4 실습중간평가서 작성방법 및 작성 예시

1) 실습중간평가서 작성방법

실습평가는 실습계획서에 세웠던 실습교육에 대한 목표들을 어느 정도 달성했는지 평가하는 것이다. 실습평가를 통하여 초기에 설정했던 목표와 종결시점에서 어떤 차이가 있는가를 비교하여 실습생의 발전 정도를 평가할 수 있으며 실습중간평가서는 실습생의 학습동기를 강화시키는 역할을 한다. 실습중간평가는 학기 중이나 방학 중 모두 실습기간 중반이 되는 시점에 진행하게 되며, 실습생이 작성한 실습중간평가서(실습생용 서식 24)의 내용을 토대로 진행하게 된다.

실습생은 실습중간평가서를 작성하고, 총괄 실습지도자와 영역별 실습지도자가 참석하여, 실습생 전원이 함께 실습중간평가회의를 진행한다. 평가회의는 실습생이 본인의 실습중간평가서를 각자 발표하고, 발표직후 각 실습지도자들이 발표한 내용을 토대로 슈퍼비전을 제시하는 순서로 이루어진다. 이때, 발표한 실습평가 내용에 대하여 '실습생 간 동료 슈퍼비전'도 가능하지만 실습중간단계 진입한 시기이기 때문에 동료 간 슈퍼비전은 제한적으로 적용하고 있다.

실습중간평가서의 내용은 실습목표와 관련된 실습내용 및 역할에 대한 평가, 실습에 임한 자세 및 노력, 실습을 통해 배운 점, 앞으로 더 필요한 지식과 기술, 실습에서 어려웠던 점, 기관 및 실습지도자에게 건의할 점 등으로 작성방법은 다음과 같다(정효신 외, 2020).

(1) 실습목표와 관련된 실습내용 및 역할에 대한 평가

① 중간평가일 전까지 본인이 수행하였었던 실습내용 및 역할에 대해 간략히 작성하고, 본인의 실습에 대해 자기평가를 하여 작성하면 된다.

② 앞으로의 계획란에는 남은 실습기간 동안에 어떻게 실습을 진행할지에 대해 작성하면 된다. 역할에 대한 평가는 전문적 발달 측면의 목표, 즉 사회복지사로서의 정체감 형성, 개인적 전문적 성장, 자아인식, 가치 및 철학, 윤리적 사명감 등이다.

③ 행정적 측면의 목표, 즉 기관운영, 전체 프로그램, 조직, 관리, 기관 구조 파악 등이다.

④ 지역사회, 정책적 측면의 목표, 즉 지역사회에 관한 지식, 지역사회복지서비스 전달체계의 지식, 사회복지정책 등이다.

⑤ 기본적 대인관계기술 측면의 목표, 즉 대인관계적 의사소통기술, 슈퍼바이저 및 동료, 직원들과의 관계기술 등이다.

⑥ 클라이언트체계 개입기술 측면의 목표 즉 계획, 실행, 평가기술, 인간행동과 다양성 지식의 적용, 면접 및 사정기술, 실천기술, 의뢰, 사례관리, 옹호기술, 자원 동원 등이다.

(2) 실습에 임한 자세 및 노력

본인이 사실적으로 실습에 임하는 자세와 실습에 대해 노력했던 모든 점들을 기록해야 한다. 본인이 작성하는 평가이기 때문에 과장하여 작성하거나 하지 않았던 점들을 작성해서는 안 된다.

(3) 실습을 통해 배운 점

실습을 통하여 본인이 배운 점들을 솔직하게 작성한다. 또한 현장실습 교육을 통해 사회복지를 이해하는 데 도움이 되는 것들을 구체적으로 작성하는 것이 기록의 핵심이다.

(4) 앞으로 더 필요한 지식과 기술

그동안 사회복지학을 공부하면서 배운 사회복지 지식과 기술을 예비 사회복지사로서 실습에 어떻게 적용할 것인지 서술하면 된다. 사회복지는 굉장히 포괄적인 학문으로 다양한 법, 정책들도 알아야 한다. 우리나라는 해마다 사회복지에 관련된 정책들이 바뀌고 있기 때문에 반드시 최근 법규정이나 정책들을 확인할 필요가 있다.

(5) 실습에서 어려웠던 점

실습을 진행하면서 본인 스스로 어렵게 생각했던 서비스, 프로그램, 대화, 행정, 컴퓨터 등 여러 실습내용 중 어려웠던 점을 작성하면 된다.

(6) 기관 및 실습지도자에게 건의할 점

실습기관의 실습운영 및 실습지도, 실습일정에 건의사항이 있다면 건의하여 슈퍼바이저와 협의를 통해 양질의 실습지도를 받는 것이 좋다. 실습 진행 중 실습기관과 대상자, 실습기관과 정책에 관련된 문제, 실습기관의 윤리, 가치, 도덕 등에 대한 내용들도 건의하면 된다.

2) 실습중간평가서 작성 예시

〈표 8-14〉의 실습중간평가서 작성 예시의 내용을 참고하면 중간평가서 작성에 좋은 참고가 될 것이다.

표 8-14 실습중간평가서 작성 예시

사회복지실습 중간평가서

실습일시	2021. 7. 13.(화) ~ 2021. 7. 23(금)	실습생	○○○
학교/학과명	○○대학교/사회복지학과	실습지도자	○○○

1. 실습내용과 실습평가서에 의한 자체평가

1) 수행한 실습내용 및 역할의 요약

1,2주차 동안 기억에 남았던 활동

- 시원한 여름나기 가정방문을 통해 직접 이용자의 가정으로 방문하여 선풍기, 여름용 침구류, 음료 류 등을 전달하였다. 내가 거주하는 지역에 아직도 이렇게 열악한 주거환경에서 생활하시는 분들이 많다는 사실을 알았고 가정방문을 통해 이용자의 욕구를 파악하여 그에 맞는 지원을 하는 것이 중요하다고 느꼈다.
- 지역사회환경 분석의 이해를 통해 ○○의 인구학적 특성, 욕구, 지역자원, 거주시설, 이용시설 등의 자료를 파악해 보았다. 그리고 자료를 해석하여 ○○시에서 진행하고 있는 사업 하나를 선정하여 이 사업이 왜 ○○시에 필요한 사업인지 해석하는 시간을 가졌다. 나는 중증장애인 주택개조사업에 대해 조사했다. 조사를 하면서 필요한 데이터 자료를 남양주 시청, 경기도 데이터 드림, 통계청 등의 사이트에서 직접 찾는 법을 배울 수 있었고 데이터 자료를 해석하는 방법을 알 수 있어서 좋았다. 또한, 자신이 찾은 데이터 자료가 대표성이 있는지 설득력이 있는지도 파악해야 한다는 것을 알았다.
- 장애복지의 이슈를 통해 장애인 전용 주차구역, 코로나19로 인한 장애와 관련된 사회 문제에 대해 이야기해보는 시간을 가졌다. 특히 장애인 전용 주차구역에 대한 이슈는 1년 동안 주차장에서 일을 하면서 실제로 장애인 전용 주차구역에 주차를 하는 차량을 많이 보았고 그로 인해 갈등이 생기는 현상도 직접 목격해 보았기 때문에 더욱 관심을 가지고 프로그램에 임했다.
- 장애인식개선 교육 시간에 영화 "미 비포 유"를 시청하고 토론하는 시간을 가졌습니다. 영화 시청 후, 장애인에 대한 인식 개선 및 장애인 존엄사 제도에 대해 이야기를 나누었다. 후천적으로 장애를 가지게 된 사람들이 느끼는 박탈감은 굉장히 크다는 사실을 다시금 느꼈고 이들이 다시 사회에 적응하여 살기 위해 장애인들이 편하게 생활할 수 있는 사회적 환경 개선 및 인식개선이 필요하다고 생각했다.

2. 실습을 통해 배운 점 및 실습목표성취도에 대한 평가

1) 실습목표설정 및 전반적인 달성에 대한 평가

목표의 측면	실습목표	목표성취 전략들	평가방법	진행사항
실습지도에 대한 태도	1. 자신의 가치관을 적립하고 역량을 강화한다.	실습을 통해 복지현장을 경험해보고 나의 적성이 복지 관련 업무에 적합한지 스스로를 분석해보고 자신의 강점과 약점을 파악해본다.	실습을 진행하면서 사회복지사로서 실습생 자신의 장점과 단점을 파악해보고 자신의 장점을 현장에서 활용할 방안, 단점을 보완할 방안을 각각 2개씩 작성해본다.	자신이 사회복지사로서 가지고 있는 장점과 단점을 찾아보았다. 자신이 사회복지사로서 가지고 있는 장점과 단점을 찾아보았다. 추후 자신의 장점을 현장에 어떤 방식으로 녹

				여낼지 단점은 어떤 방식으로 보완할지에 대한 방안을 2가지씩 작성해볼 예정이다.
전문적 태도와 관계 형성	2. 장애인분야에 관한 흐름을 이해한다.	장애 관련 이슈 2개를 찾아본다.	장애 관련 이슈 두 가지를 찾아보고 그 이슈에 관한 기사를 찾아 읽어 보고 스크랩 하여 개인 블로그에 업로드한다.	장애인전용주차구역 관련 이슈에 대한 기사 3개를 읽어 보고 스크랩하여 블로그에 업로드를 진행했다. 중간평가 이후 장애 관련 이슈를 한 가지 더 조사한다. 그리고 관련된 기사를 스크랩하여 블로그에 업로드를 진행할 예정이다.
정책 및 행정 분야	3. 장애인복지제도에 대해 이해한다.	장애인복지제도 5개를 조사하고 파악한다.	장애인복지제도 건강지원분야 정책 5가지를 수급요건, 혜택, 신청방법을 조사한다.	건강지원 분야 장애인복지제도를 조사하여 엑셀 파일로 정리 및 PPT를 작성하여 발표를 진행했다.
개인에 대한 개입	4. 클라이언트의 강점을 파악할 수 있다.	현재 코로나 상황으로 실제 클라이언트와 상담을 진행하는 것에 어려움이 있다. 그러므로 실습생들 간 상담을 통해 타인의 강점과 특성을 파악하는 훈련을 해본다.	동료 실습생들과의 상담을 통해 타인의 강점과 특성을 파악해보고 상담일지를 작성해본다.	추후 직접 상담에 참여할 기회가 생기면 목표를 수정하여 진행할 예정이다.

2) 실습목표 성취 정도 느낀 점, 달성에 평가 및 진행되는 목표 앞으로 어떻게 계획해서 진행할지

1. 자신이 사회복지사로서 가지고 있는 성격의 장점과 단점을 찾아보았다. 타인의 이야기를 들어주는 것을 좋아하고 항상 침착한다는 것이 장점이다. 단점은 나의 의견을 남들에게 어필하는 것을 어려워하는 성격 즉, 소심한 성격이 단점이라고 할 수 있다. 장점은 추후 현장에 어떤 방식으로 활용할지 단점은 어떤 방식으로 보완할지에 대한 방안을 각각 2가지씩 파악할 예정이다.
2. 장애인전용주차구역에 대한 기사 3개(장애인 주차구역 위반 증가, 장애인구역 불법주차 신고 보복, 장애인 주차 ICT기술 도입)를 읽어 보고 블로그에 스크랩하는 활동을 하며 현재 장애인 주차구역 위반 신고로 인한 직접적인 보복, 장애인 혐오 발언, 욕설 및 폭언, 협박성 메시지 등 단순한 주차문제를 넘어서 사회문제가 되고 있다고 느꼈다. 이러한 점을 해결하기 위해 현재 부과되고 있는 과태료(10만원) 인상 및 가중처벌, ICT 기술을 활용한 무인주차단속기의 전국 확대 등의 방안이 필요하다고 느꼈고 그 밖에도 장애인전용주차구역에 대한 이슈에 대해 더 자세히 이해할 수 있었다.(주차표지 장애인 당사자에게 발행, 장애인 미선탑 차량 과태료 부과 등) 중간평가 이후에 장애 관련 이슈를 하나 더 찾아보고 그 이슈에 관한 기사를 스크랩할 예정이다.
3. 건강지원 부분 장애인복지정책을 지원내용, 지원대상, 신청방법, 문의처 등을 조사해보고 정책을 엑셀파일로 정리 및 발표를 진행하였다. 복지정책에 관한 내용을 찾는 방법 및 실습생들이 조사한 정책의 내용도 발표를 통해 서로 공유하는 시간을 가짐으로써 여러 장애 관련 정책

들을 파악할 수 있었다. 현재 사회서비스를 필요로 하는 사람에게 일종의 이용권을 발급해서 서비스를 발을 수 있는 바우처 형식의 정책이 많다는 사실을 알았다.

4. 현재 코로나 상황으로 실제로 상담을 진행하는 것에 어려움이 있다. 그러므로 실습생들 간 상담을 통해 타인의 강점과 특성을 파악하는 훈련 진행이라는 목표를 세웠다. 추후 직접 상담에 참여할 수 있는 기회가 생기면 직접 상담에 참여해보고 상담일지를 작성해보는 것으로 목표를 수정하여 진행할 예정이다.

3. 실습하면서 어려웠던 부분(고민되는 부분)

- 소심한 성격으로 발표를 진행함에 있어서 어려움을 느꼈다. 항상 발표와는 거리를 두는 편이었는데, 실습을 하면서 자신이 조사한 내용 들을 발표해야 하는 것이 어려웠다. 중간발표 전 자신의 발표내용을 녹음해보고 반복해서 연습하는 노력을 하였다.

4. 남은 실습기간을 통해서 배워야 할 점 또는 배우고 싶은 부분

- 상황이 가능하다면 상담을 하는 과정을 직접 보고 클라이언트에 욕구 및 강점을 파악하는 상담 기술에 대해 배우고 싶다.
- 실습에 참여하며 프레젠테이션 능력을 향상시키고 싶다.

5. 실습지도자에게 하고 싶은 말 및 바라는 부분

- 코로나로 인해 직접 프로그램에 참여해보기 힘든 상황이라 기관의 프로그램을 참여하는 이용자를 만나지 못한다는 점이 아쉬웠다. 하지만 방과 후 주간활동 프로그램과 1인1악기 프로그램을 직접 참관할 기회가 생겨서 좋았다. 코로나 상황이라 프로그램에 실습생을 참관시키는 것은 매우 조심스러운 일이지만 실습생들이 직접 이용자와 대면할 경험을 제공해준 것에 대해 감사하게 생각한다. 기관실습에 아주 만족하고 특별한 건의사항은 없다.

제9장

종결 · 평가단계의 실습보고서 작성방법 및 작성 예시

1 실습종결평가서 작성방법

실습종결평가는 실습을 종결한 후 실습생이 실습과정 등을 되돌아보며 스스로 평가하는 것으로, 예비 사회복지사로서의 역할, 또는 프로그램 진행상의 문제점, 시설이나 학교에 건의사항을 기록하는 것이다. 종결 및 평가단계의 주요 업무는 실습생들이 실습결과를 통합하고 정리하는 것이다. 슈퍼바이저와 실습생은 실습을 통해서 수행한 업무와 지식 및 기술 향상에 대해서 논의하고 이것이 어떻게 이루어졌는가를 분명히 정리하도록 한다. 이때 슈퍼바이저는 실습생이 미래를 위해 준비할 수 있도록 관련된 슈퍼비전을 주어야 한다. 다른 주요 과업은 실습생과 실습에 대한 최종평가다. 실습평가는 단순히 실습평가서만을 작성하는 수준이 아니라 실습생과 슈퍼바이저, 부서 차원, 기관 차원 등에서 공식적으로 이루어져야 한다. 실습평가 시에는 실습생들의 업무와 학습에 초점을 두고 평가를 해야 하고 실습생들의 실습지도에 대한 피드백을 수렴하도록 한다. 종결평가서는 실습목표의 달성평가뿐만 아니라 더 나아가 예비사회복지사로서의 정체성 확립에 대한 정도, 사회복지사로서의 향후 진로에 대해서도 설계할 수 있는 기회가 된다(유진희 외, 2020).

실습종결평가서는 실습생 자신이 수행한 실습과정의 전반을 평가하는 데에 그 목적이 있다. 실습생 스스로 실습내용에 대해 총평한 내용을 토대로 실습지도자, 동료 실습생 등과 더불어 실습생의 역할과 실습에 임한 자세, 실습내용, 실습을 통해 향상된 전문적 지식과 기술 등에 대해 최종평가회의를 진행한다. 실습종결평가서의 구성내용은 〈표 9-1〉의 실습종결평가서 서식과 같이 실습일정에 대한 평가, 실습내용 및 역할에 대한 평가, 실습목표에 대한 평가, 서비스 실천과정에 대한 평가, 자원 활용에 대한 평가, 실습에 임하는 자세에 대한 평가, 전문적 태도에 대한 평가 등 포괄적인 내용을 포함하고 있다.

표 9-1 실습종결평가서 서식

실습종결평가서

실습생명		기관명	
실습기간		실습지도자	
실습평가일		실습지도교수	

1. 실습일정에 대한 평가

2. 실습내용 및 역할에 대한 평가

3. 실습목표에 대한 평가

1) 구체적이고 적절한 목표 설정 여부

2) 목표의 달성 여부

4. 서비스 실천과정에 대한 평가 / 정책 및 행정 실습에 대한 평가

1) 문제 파악 및 자료수집 능력 / 문제 인식 능력

2) 문제 사정 능력 / 문제 분석 능력

3) 개입 기술 / 문제해결을 위한 대안제시능력

4) 면접 기술 / 기존지식과 정보의 사용능력

5) 기록 기술 / 기록 기술

6) 클라이언트와의 전문적인 관계 형성 / 유관 기관 및 관련된 사람들과 전문적인 관계 형성

5. 실습생의 자원 활용에 대한 평가(인적, 물적 자원)

1) 기관 외의 자원 활용

2) 실습과 관련된 참고서적의 활용

6. 실습에 임하는 자세에 대한 평가

1) 업무관리

(1) 시간 준수, 과제제출

(2) 주어진 일에 대한 업무조절 능력

2) 직원과의 관계(실습지도자, 타직원, 타 전문직 직원)

3) 다른 실습생과의 관계

4) 실습에 있어서의 적극성 및 자발성

7. 전문적 태도에 대한 평가

1) 사회복지사로서 실습생 자신의 장·단점에 대한 인식

2) 전문가로서 윤리 및 가치관의 이행

8. 실습지도 활용 정도에 대한 평가
1) 실습생 자신의 실습지도 활용정도에 대한 평가
(1) 기관 실습지도
(2) 대학 실습지도
2) 실습지도 자체에 대한 평가
(1) 기관 실습지도
(2) 대학 실습지도

9. 기관 이해도에 대한 평가
1) 실습생의 과업과 관련된 기관의 목적, 정책, 행정 절차에 대한 이해
2) 실습생으로서의 기관내의 권한과 한계에 대한 인식

10. 실습기간 중 가장 유익했던 내용

11. 실습기간 중 가장 안 좋았던 내용

12. 실습기관, 실습지도자, 대학에 대한 건의사항

13. 기타 하고 싶은 말

출처: 한국사회복지사협회(2017).

실습종결평가서의 구체적인 작성방법은 다음과 같다.

1) 실습일정, 실습목표와 내용 및 역할에 대한 평가

현재까지 경험한 실습의 경험을 검토하는 부분이다. 이 부분에서 실습지도자는 실습생이 실습일정과 내용에 대한 이해정도를 평가할 수 있으며, 사회복지실습생이 아닌, 사회복지사로서의 역할에 초점을 맞춰서 평가하게 된다. 따라서 실습생은 일정에 따라 어떤 목표와 내용으로 실습이 진행되었는지 정리하고 각 일정에 따른 실습생의 역할을 정리, 평가해 봄으로써 실습기간 동안 느꼈던 성취감과 만족감을 회상하고 클라이언트와의 상호작용을 돌이켜보면서 작성하도록 한다.

2) 실습목표에 대한 평가

실습초기에 설정한 실습생의 개별적인 실습목표가 적절하게 설정되었다고 판단되는지,

실습목표는 어느 정도 달성이 되었는지에 대해서 항목별로 실습생 스스로 세부적이고 구체적으로 평가해보고, 미충족된 부분이 있다면 그 원인을 명확히 제시하는 것이 좋다.

3) 서비스 실천과정에 대한 평가(혹은 정책 및 행정실습에 대한 평가)

전문가로서 실습생 자신이 수행한 사회복지서비스 실천의 전 과정을 단계별로 평가한다. 접수면접부터 종결까지 클라이언트를 위해 개입했던 서비스 실천과정에서 발생했던 상호작용과 역동, 실습생 자신의 개입 등을 서술하고 평가해야 한다.

실습생의 업무 역량에 대한 평가로, 문제파악 및 자료수집 능력(문제인식능력), 분석능력(문제사정능력), 개입기술, 면접기술, 기록기술, 클라이언트와의 전문적인 관계 및 네트워크와 관련된 평가를 하면 된다. 능력에 대한 평가인 만큼 평가가 부정적이기보다는 〈표 9-2〉와 같이 강점중심으로, 발전 지향적으로 되도록 작성하는 것이 좋다.

표 9-2 서비스 실천과정에 대한 평가 작성 예시

서비스 실천과정 중 사례관리 실천에 대한 과정을 평가해 보도록 하겠다. ① 준비단계에서 사례관리를 하기 전 사례관리론의 이론적 내용을 다시 한 번 상기하며 내용을 확인하였고 전문가로서의 자세와 준비를 하려고 노력했다. ② 면접의 처음 과정에서 대상자와의 라포 형성이 잘될 수 있도록 우선순위를 두었고 자연스러운 대화 주제를 통해서 대상자의 면접 동기를 최대화시키려고 하였다. ③ 대상자의 정보를 수집하는 과정에서 가계도와 생태도를 사용하여 기록지를 작성하였고 가족관계뿐 아니라 사회관계까지 폭넓은 정보가 수집될 수 있도록 노력하였다. ④ 대상자가 원하는 서비스 목표를 정하기 위하여 변화하고자 하는 점 등을 질문하였고 모호한 답변에 대하서는 추가질문을 하며 서비스 목표를 구체화시키도록 하였다.

출처: 한국사회복지사협회(2017).

4) 실습생의 자원 활용에 대한 평가(인적, 물적 자원)

실습생이 실습을 수행하기 위해 활용했던 자원을 인적 자원과 물적 자원으로 나누어 평가한다. 인적 자원으로는 실습생 주변의 인적 네트워크를 떠올려보며 실습에 도움을 주었던 사람들을 평가한다. 여기에는 슈퍼바이저의 실습지도 및 대학에서의 실습교육 혹은 세미나 등이 포함된다. 물적 자원으로는 실습을 수행하기 위해 활용한 서적, 장비 등 다양한 기자재 및 도구, 금전적 자원 등을 정리하고 평가해야 한다.

실습과정에서 문제 해결이나 서비스의 질적인 수행을 위해 실습생 기관 외의 자원 활용이나 전공서적 활용 등에 대해 평가하며, 〈표 9-3〉과 같이 사회복지에서의 자원에 대한 정의와 활용에 대한 필요성을 강조할 필요가 있다.

표 9-3 실습생이 자원 활용에 대한 평가 작성 예시

① 기관 외의 자원 활용: 과제를 수행하기 위해 동료 실습생들과 브레인스토밍 기업ㅂ을 활용한 자유로운 토론을 많이 하였다. 동료들을 통해 배울 수 있을 뿐 아니라 공통의 문제를 해결해 나가는 문제해결능력 또한 향상시킬 수 있었다. 또한 어르신과의 라포 형성을 위해 기존에 근무해왔던 요양보호사 선생님이나 슈퍼바이저의 노하우를 옆에서 지켜보며 모델링하려고 노력하였다. 나보다 경험이 많은 직원들의 근무 태도를 통해 많은 것을 배울 수 있었다. ② 실습과 관련된 참고 서적의 활용: 아동복지론 교재를 다시 한 번 보면서 아동에 대한 특성을 공부하고 복습하였다. 그 밖에 인터네 및 논문 등의 다양한 참고서적을 활용하기도 했고, 관련 영상을 찾아보면서 특정한 이슈에 대해 이해하려고 노력하였다.

출처: 한국사회복지사협회(2017).

5) 실습에 임하는 자세에 대한 평가

업무관리, 직원과의 관계, 동료 실습생과의 관계, 실습에서의 적극성 및 자발성을 긍정적인 측면에서 적극적으로 표현하는 것이 좋다.

6) 전문적 태도에 대한 평가

실습생이 클라이언트와의 상호작용에서, 슈퍼바이저와의 관계에서, 동료 실습생과의 교류에서 전문가로서 어떠한 자세와 태도를 가지고 이들을 대하였는지 평가한다. 전문적 태도 중 실습생이 특별히 유용하게 사용했던 태도나 역할이 있었다면 이를 명시하고 그에 따른 상황을 묘사하면서 평가하는 방법도 바람직하다. 예를 들어, 아동들 간의 마찰이 있었을 때 중재자로서의 역할을 했다면 그 역할을 할 때 실습생은 중재자로서 어떠한 태도를 취하였는가를 평가하는 것이다. 실습은 사회복지현장을 보고, 배우고, 실천해보는 과정이기 때문에 사회복지의 지식이 증가하고 효과적인 실천기술이 향상되며 전문가로서의 가치가 명료화되는 경험을 하게 될 것이다. 따라서 습득한 지식과 기술, 가치를 실습 이전과 구체적으로 비교함으로써 성취한 전문적 태도를 평가한다(오혜경, 2015). 사회복지사로서 실습생 자신의 장·단점에 대한 인식, 전문가로서 윤리 및 가치관의 이행 등을 적극적으로 표현해야 한다.

7) 실습지도 활용 정도에 대한 평가

실습생 스스로 실습지도자와 실습지도교수를 어느 정도 자원으로 활용하였는지, 각각의 슈퍼비전을 어느 정도 반영을 하였는지에 대해 객관적으로 평가하는 것이 좋다.

8) 기관 이해도에 대한 평가

실습생의 과업과 관련된 기관의 목적, 행정 절차에 대한 이해를 평가하고, 실습생으로서의 기관 내의 권한과 한계에 대한 인식이나 느낀 점을 객관적으로 평가하면 된다.

9) 실습기간 중 가장 유익했던 내용과 가장 안 좋았던 내용

실습경험에 대한 긍정적 혹은 부정적 경험에 대해 회상하고 정리한다. 이 부분은 특히, 실습의 긍정적인 경험만 강조하는 등 피상적인 수준에만 머무르지 않도록 주의해야 하고(서진환, 2001), 안 좋았던 경험을 공유하는 자세에 있어서 실습생과 기관, 슈퍼바이저는 개방적이고 수용적인 자세를 가져야 한다. 덧붙여 안 좋았던 내용을 서술한 후에는 이에 대한 대안으로써 실습기관, 실습지도자, 대학에 대한 건의사항을 포함시킨다(유진희 외, 2020).

10) 실습기관, 실습지도자, 대학에 대한 건의사항

실습과정 전반에 대한 느낌과 경험을 토대로 자유롭게 의견을 제시하되, 감정적이거나 부정적인 표현보다는 논리적이고 발전적인 입장에서 건의하는 것이 좋다.

2 실습종결평가서 및 종결평가 발표자료 작성 예시

실습종결평가서 작성 예시는 〈표 9-4〉와 같다.

표 9-4 실습종결평가서 작성 예시

실습평가서(종결)

실습생명	○○○	기관명	○○시북부장애인복지관
실습기간	2021. 7. 13(화) ~2021. 8. 9(월)	실습지도자	○○○
실습평가일	2021. 8. 9(월)	실습지도교수	○○○

1. 실습일정에 대한 평가

○○시북부장애인복지관에서 한 달간 실습을 진행하면서 체계적인 실습 일정을 통해 기관에 대해 자세히 배울 수 있었다. 적절한 날에 실습 일정이 배치되어 있어 본 기관의 실습이 얼마나 실습생 교육을 위해 신경 쓰고 있는지 느낄 수 있었다. 실습 첫 주에서 8개의 팀의 팀장님들이 각 팀의 소개 및 진행하는 사업에 관해 설명해주는 것을 들으며 기관에서 각 팀마다 진행하고 있는 사업에 대해 더욱 자세하게 이해할 수 있었으며 추후 진행되는 일정들을 수행하기에도 수월하다고 느꼈다.

직접 프로그램 계획서를 작성함으로써 사회복지사의 일을 체험할 수 있었고, 팀장님들의 피드백을 통해 부족한 점들을 수정하여 완성도 있는 계획서를 만들 수 있었다. 코로나 상황이지만 일정 중간중간 실습생들이 이용자와 직접 대면할 수 있게 시원한 여름나기 가정방문, 낮주간활동 참관, 사례지원 가정방문, 늘해랑 프로그램 참관 등을 통해 사회복지사의 업무뿐만 아니라 실습생 스스로 사회복지사의 꿈을 다질 수 있는 시간이 적절하게 배치되어 더욱 열심히 실습을 진행할 수 있었다고 생각한다.

2. 실습내용 및 역할에 대한 평가

[1,2주차 동안 기억에 남았던 활동]

1. 시원한 여름나기 가정방문

시원한 여름나기 가정방문을 통해 직접 이용자의 가정으로 방문하여 선풍기, 여름용 침구류, 음료류 등을 전달하였다. 내가 거주하는 지역에 아직도 이렇게 열악한 주거환경에서 생활하시는 분들이 많다는 사실을 알았고 가정방문을 통해 이용자의 욕구를 파악하여 그에 맞는 지원을 하는 것이 중요하다고 느꼈다.

2. 지역사회현황조사

지역사회현황조사를 통해 ○○의 인구학적 특성, 욕구, 지역자원, 거주시설, 이용시설 등의 자료를 파악해 보았다. 그리고 자료를 해석하여 ○○에서 진행하고 있는 사업 하나를 선정하여 이 사업이 왜 ○○에 필요한 사업인지 해석하는 시간을 가졌다. 나는 중증장애인주택개조사업에 대해 조사했다. 조사를 하면서 필요한 데이터 자료를 남양주 시청, 경기도 데이터 드림, 통계청 등의 사이트에서 직접 찾는 법을 배울 수 있었고 데이터 자료를 해석하는 방법을 알 수 있어서 좋았다. 또한, 자신이 찾은 데이터 자료가 대표성이 있는지 설득력이 있는지도 파악해야 한다는 것을 알았다.

3. 장애복지의 이슈

장애복지의 이슈를 통해 장애인 전용 주차구역, 코로나19로 인한 장애와 관련된 사회 문제에 대해 이야기해보는 시간을 가졌다. 특히 장애인 전용 주차구역에 대한 이슈는 1년 동안 주차장에서 일을 하면서 실제로 장애인 전용 주차구역에 주차를 하는 차량을 많이 보았고 그로 인해 갈등이 생기는 현상도 직접 목격해 보았기 때문에 더욱 관심을 가지고 프로그램에 임했다.

4. 장애인식개선 교육

장애인식개선 교육 시간에 영화 "미 비포 유"를 시청하고 토론하는 시간을 가졌습니다. 영화 시청 후, 장애인에 대한 인식 개선 및 장애인 존엄사 제도에 대해 이야기를 나누었다. 후천적으로 장애를 가지게 된 사람들이 느끼는 박탈감은 굉장히 크다는 사실을 다시금 느꼈고 이들이 다시 사회에 적응하여 살기 위해 장애인들이 편하게 생활할 수 있는 사회적 환경 개선 및 인식개선이 필요하다고 생각했다.

[3, 4주차 동안 기억에 남았던 활동]

1. 장애의 사회적 관점과 장애운동의 의미

장애의 사회적 관점과 장애운동의 의미 시간을 통하여 내가 가지고 있던 장애인에 대한 관점이 많이 달라졌다. 평소에 장애는 신체 및 정신적 손상으로 보고 장애인은 보호받아야 하는 존재(도움이 필요한 존재)라고 생각했다. 하지만 그로스라는 사회학자의 뉴잉글랜드 해안가의 외딴 섬인 Marth's Vineyard(마서의 포도원)에 연구를 보고 장애는 개인의 비극이라기보다 사회적 제약이라고 느꼈다. 사회가 장애에 대한 편견을 가지고 그들을 대하기 때문에 사회가 그들을 장애인으로 만든다는 생각을 가지게 되었다. 비장애인에 맞춘 시스템을 장애인에 맞춰 도입시키려 하기에 장애가 되는 것이다. 따라서 장애에 관한 사회적·물리적 환경개선이 중요하다고 느꼈다.

2. 프로그램 기획 및 진행

프로포절 기획회의 모둠활동을 통하여 늘해랑 프로그램에서 직접 진행할 프로그램을 기획해보고 사업 계획서를 작성하였다. 나는 이유림 실습생과 발달장애 아동의 에너지 발산 및 사회성 향상을 위한 신체활동 프로그램 "작은 운동회"를 기획해보고 사업 계획서를 작성해보았다. 사업 필요성에 대해 작성할 때 그 필요성에 대한 근거를 논문과 설문조사 등에서 내용을 찾아 설득력 있게 스토리텔링을 해야 한다는 것을 알았다. 또한, 목적과 목표를 설정할 때는 목표가 이루어지면 자연스럽게 목적이 달성될 수 있게끔 설정을 해야 한다는 것을 알았다. 따라서 목표는 목적보다 다 자세하고 세밀하게 작성되어야 한다.

늘해랑 프로그램에서 진행할 신체활동 "작은 운동회"를 이유림 실습생과 계획하고 진행하였다. 초등부 이용자가 집중력이 낮고 돌발행동을 보이는 상황이 자주 있어 프로그램을 계획 한대로 진행할 수 있을지 걱정이 많았다. 하지만, 준비한 프로그램을 모두 따라 주었고 성공적으로 프로그램을 마칠 수 있었다. 프로그램을 기획하고 진행해 보면서 이용자의 특성을 파악하여 이용자가 진행하기 적합한 프로그램을 기획하는 것이 중요하다고 느꼈다.

3. 늘해랑 프로그램 참관

늘해랑 프로그램에 직접 활동 보조로 참관해보면서 초등부/중·고등부 발달장애 이용자들과 직접 만나보고 관계를 형성할 수 있었다. 활동을 진행하는 것에 있어서 이용자들에게 무조건 도움을 주는 것보다는 스스로 할 수 있는 환경을 만들어주는 것이 더 중요하다고 느꼈고 프로그램 활동 보조를 하면서 이용자들과 관계를 형성하는 방법도 배울 수 있었다.

4. 사례지원 가정방문

사례지원 가정방문시간을 통해 진접읍에 거주하고 있는 이용자의 가정에 직접 방문하여 상담하는 것을 참관하였다. 가정에 방문하여 상담을 진행하면서 이용자와 이용자의 어머니의 현재의 상황과 필요한 지원 등을 파악하였고 상담기록서를 작성하면서 그들의 강점이 무엇인지 고민해보았다. 이용자의 강점을 파악하고 역량을 강화하여 재능과 자원을 개발하는 것도 중요하지만 그들이 가지고 있는 현재의 문제를 파악하여 이에 맞는 제도나 서비스를 연계하는 것도 중요한 부분이라고 느꼈다.

3. 실습목표에 대한 평가

1) 구체적이고 적절한 목표 설정 여부

목표의 측면	실습목표	목표성취 전략들	평가방법	진행사항
실습지도에 대한 태도	1. 자신의 가치관을 적립하고 역량을 강화한다.	실습을 통해 복지현장을 경험해보고 나의 적성이 복지 관련 업무에 적합한지 스스로를 분석해보고 자신의 강점과 약점을 파악해본다.	실습을 진행하면서 사회복지사로서 실습생 자신의 장점과 단점을 파악해보고 자신의 장점을 현장에서 활용할 방안, 단점을 보완할 방안을 작성해본다.	중간평가에서 자신의 성격의 장·단점을 파악하였다. 종결평가에서는 장점은 현장에서 어떤 방식으로 활용할지 단점은 어떤 방식으로 보완 및 극복할지 작성하였다.
전문적 태도와 관계 형성	2. 장애인분야에 관한 흐름을 이해한다.	장애 관련 이슈 2개를 찾아본다.	장애 관련 이슈 두 가지를 찾아보고 그 이슈에 관한 기사를 찾아 읽어보고 스크랩 하여 개인 블로그에 업로드한다.	중간평가에서 장애인주차관련 이슈에 대한 기사3개를 스크랩하여 블로그에 기재하였다. 종결평가에서는 장애아동 교육권 보장에 대한 내용의 기사를 스크랩하여 블로그에 업로드하였다.
정책 및 행정 분야	3. 장애인복지제도에 대해 이해한다.	장애인복지제도 5개를 조사하고 파악한다.	장애인복지제도 건강지원분야 정책 5가지를 수급요건, 혜택, 신청방법을 조사한다.	건강지원 분야 장애인복지제도를 조사하여 엑셀 파일로 정리 및 ppt를 작성하여 발표를 진행했다.
개인에 대한 개입	4. 클라이언트의 강점을 파악할 수 있다.	현재 코로나 상황으로 실제 클라이언트와 상담을 진행하는 것에 어려움이 있다. 그러므로 실습생들 간 상담을 통해 타인의 강점과 특성을 파악하는 훈련을 해본다.	동료 실습생들과의 상담을 통해 타인의 강점과 특성을 파악해보고 상담기록서를 작성해본다.	직접 클라이언트의 가정에 방문하여 상담에 참관할 기회가 생겨 직접 상담에 참여하여 상담일지를 작성해보는 것으로 목표를 수정하여 진행하였다.

2) 목표의 달성 여부

○ 목표 1. 자신의 가치관을 적립하고 역량을 강화한다. (사회복지사로서 성격 장 · 단점 파악)

장점	- 타인의 이야기를 들어주는 것을 좋아함. 침착한 성격임.
단점	- 나의 의견을 타인에게 어필하는 것을 어려워함. (소심한 성격)

사회복지 관련 업무를 진행하는 것에 있어 가지고 있는 장점은 타인의 이야기를 들어주는 것을 좋아하고 매사에 침착하다는 것이 장점이다. 타인의 이야기를 들어주는 것을 좋아하는 장점은 현장에서 클라이언트와의 상담을 진행할 시 경청하는 자세를 통해 공감과 필요한 반응을 함으로써 클라이언트와의 초기 관계 형성에 도움이 될 수 있다고 생각한다. 침착한 성격은 기관에서 돌발상황

발생할 시 당황하지 않고 차분하게 대처할 수 있다는 점에서 장점을 현장에 녹여낼 수 있다고 생각한다.

나의 의견을 남들에게 어필하는 것을 어려워한다. 즉, 소심한 성격이 단점이라고 할 수 있다. 사회복지는 사람을 만나는 직업이기에 이러한 성격은 고쳐야 한다고 생각한다. 대학에 입학하고 이러한 소심한 성격을 고치기 위해 캠페인 팀에 들어가 활동해보고 군대 또한 사람 앞에 나서야 하는 특기를 선택하여 갔다. 이러한 노력으로 전보다는 많이 나의 의견을 표출하고 외향적인 성격으로 바뀌었다. 그러나 아직 많이 내성적이다. 따라서 앞으로도 복지시설에서 꾸준히 자원봉사를 하며 사람들과 만남으로써 타인에게 먼저 다가갈 수 있는 성격이 되도록 노력할 예정이다.

○ **목표 2. 장애인분야에 관한 흐름을 이해한다.**

장애인권교육시간에 장애아동 특수학급 설치거부에 관한 내용을 듣고 이에 대한 기사 2개를 찾아보고 스크랩을 진행하였다. 첫 번째 기사는 서울시 은평구와 서대문구에 거주하는 장애학생들의 학부모들이 인근 고등학교에 특수학급이 없어 가까운 거리의 학교에 통학을 위해 인근 고등학교에 특수학급을 설치해줄 것을 학교 측과 서울시 교육청에 요청하였으나 거절당했다는 내용의 기사이다. 두 번째 기사는 서울시에서 특수학급 설치를 거부하는 학교가 나오면 매년 학급감축 계획 수립 시 '우선 감축 대상'에 놓기로 한다는 내용의 기사이다. 즉, 특수학급을 설치하지 않으면 일반학급을 줄이겠다는 이야기다.

「헌법」 제31조는 모든 국민은 능력에 따라 균등하게 교육받을 권리가 있다고 규정하고 있고, 「장애인복지법」 제18조는 모든 교육기관은 교육대상 장애인의 입학 및 수학 등에 있어서 장애의 종류별 및 정도에 적합한 편의를 제공하기 위하여 시설의 장비 등 필요한 조치를 강구해야 한다고 규정하고 있다. 또한 교육기본법 제4조는 모든 국민은 신체적 조건을 이유로 교육에서 차별받지 않는다고 규정하고 있고, 「특수교육진흥법」제15조는 일반학교의 장은 특수교육대상자 또는 그의 보호자가 통합교육을 요구하는 경우에는 특별한 사유가 없는 한 이에 응하여야 한다고 규정하고 있다.

교육받을 권리는 장애인이 비장애인과 같이 진정한 사회인으로 성장하고 발전하기 위한 필수적인 권리이다. 특히 장애인에게 교육은 자주적인 생활 능력을 기르고 사회참여를 돕는 중요한 통로라는 점에서 장애인 교육권을 보장해야 한다고 생각한다. 따라서 장애학생이 입학하는 학교는 필수적으로 특수학급을 설치해야 하고 이를 거부할시 일반 학급을 감축하는 등의 방안을 강화해야 한다.

○ **목표 3. 장애인복지제도에 대해 이해한다.**

건강지원 부분 장애인복지정책을 지원내용, 지원대상, 신청방법, 문의처 등을 조사해보고 정책을 엑셀파일로 정리 및 발표를 진행하였다. 복지정책에 관한 내용을 찾는 방법 및 실습생들이 조사한 정책의 내용도 발표를 통해 서로 공유하는 시간을 가짐으로써 여러 장애 관련 정책들을 파악할 수 있었다. 현재 사회서비스를 필요로 하는 사람에게 일종의 이용권을 발급해서 서비스를 받을 수 있는 바우처 형식의 정책이 많다는 사실을 알았다.

○ **목표 4. 클라이언트의 강점을 파악할 수 있다.**

이용자 어머니의 강점	이용자의 강점
자녀의 장애를 빠르게 수용하여 그에 맞는 지원을 제공하려는 자세(장애수용도↑)	자신이 좋아하는 일, 하고 싶은 일이 무엇인지 명확히 알고 있다는 점

○○동에 거주하고 있는 이용자의 가정에 직접 방문하여 이용자와 이용자의 어머니와 상담을 진행하고 상담기록서를 작성하였다. 상담을 진행하면서 이용자와 이용자의 어머니의 현재 상황과 원

하는 지원 등을 파악하였고 상담기록서를 작성하면서 그들의 강점이 무엇인지 고민해 보았다.

이용자는 올해 4월 지적장애로 등록하였다. 이용자는 올해 4월 지적장애인으로 등록하여 아직 장애 판정을 받은 지 얼마 안 되었다. 이에 이용자의 어머니는 자녀의 장애를 빠르게 받아들이고 지적장애 자녀를 양육하는 데 있어서 필요한 교육과 상담을 원한다고 말하며 자녀의 장애를 빠르게 수용하려 하였다. 이용자는 자신이 글쓰기를 좋아하며 작가가 되는 게 꿈이라고 하였다. 정리하자면, 어머니의 강점은 자녀의 장애를 빠르게 수용하여 그에 맞는 지원을 제공하려 하는 자세이고 이용자의 강점은 자신이 좋아하는 일, 하고 싶은 일이 무엇인지 명확히 알고 있다는 점이다.

상담에 실제로 참여해보면서 이용자의 강점을 파악하고 역량을 강화하여 재능과 자원을 개발하는 것도 중요하지만 그들이 가지고 있는 현재의 문제를 파악하여 이에 맞는 제도나 서비스를 연계하는 것도 중요한 부분이라고 느꼈다.

4. 서비스 실천과정에 대한 평가 / 정책 및 행정 실습에 대한 평가

구분	내용
문제 파악 및 자료 수집 능력/ 문제 인식 능력	장애인복지정책을 조사하기 위하여 복지로, ○○청, 사회서비스 전자바우처 사이트를 통해 정보를 수집하였다. ○○시의 인구학적 특성, 욕구조사, 이용시설, 거주시설 등 ○○시의 지역사회현황을 조사하기 위해 남양주 시청, 통계청, 경기데이터드림, KOSIS 국가통계포털 사이트를 통해 데이터 자료를 검색하고 필요한 자료를 수집하였다. 늘해랑 프로그램에서 진행할 프로그램의 필요성 제시를 위하여 설문조사 자료(코로나 사태로 인한 생활패턴 세부영역별 변화 정도[제공=전국장애인부모연대])와 논문(김수정, 「통합학급에서의 구조화된 집단놀이 활동이 지적장애아동의 사회성 발달 및 또래관계 형성에 미치는 효과), 교제(인정 · 최해경, 『인간행동과 사회환경』, 나남출판(2017), pp.94-95)를 활용하여 근거 자료를 수집하였다. 위와 같은 활동으로 필요한 데이터 자료를 수집하는 방법을 배웠고 그 자료를 해석하여 설득력 있는 근거를 제시하는 법을 알았다.
클라이언트와의 전문적인 관계 형성/유관 기관 및 관련된 사람들과 전문적인 관계 형성	늘해랑 프로그램 초등부/중 · 고등부 활동 보조로 참여하여 이용자들과 관계를 형성하였다. 전문적 지식과 경험이 부족하다 보니 이용자들의 전문적인 관계를 형성하여 객관적으로 상황을 판단하기보다는 감정적인 유대 관계 형성에서 그쳤다고 생각한다. 추후 자원봉사를 꾸준히 진행하면서 이용자와 대면하는 경험을 많이 쌓아 전문적인 관계를 형성할 수 있는 기술을 배양하고자 한다.
기록 기술/기록 기술	실습일지 및 상담기록서와 같은 과제물은 활동 당일 기억이 생생한 상태에서 기록해야 더 좋은 결과물이 나온다고 생각하여 당일에 바로 작성하고자 노력하였다. 사례지원 가정방문을 통해 직접 이용자의 가정에 방문하여 상담을 참관하고 상담기록서를 작성하였다. 상담기록서를 작성할 때는 본인의 주관이 들어가지 않게 최대한 객관적으로 기록해야 하지만 상담기록서를 작성하면서 나의 주관이 들어가는 부분이 많았다. 따라서 상담을 통해 얻은 자료를 객관적으로 정리하는 훈련이 필요할 것 같다.

5. 실습생의 자원 활용에 대한 평가(인적, 물적 자원)

1) 기관 외의 자원 활용

- 장애인 관련 정책을 조사하면서 복지로, ○○시청, 사회서비스 전자바우처 사이트를 통해 정책을 조사하였다.
- ○○시 인구학적 특성을 파악하기 위해 남양주 시청, 통계청, 경기데이터드림, KOSIS 국가통계포털 사이트를 통해 통계 데이터 자료를 탐색하였다.
- 중증장애인주택개조사업의 필요성을 제시하기 위하여 국토교통부 2019년 주거실태조사,

2019 ○○통계연보의 자료를 해석하였다.

- 발달장애 아동의 에너지 발산 및 사회성 향상을 위한 신체활동 프로그램 계획서 작성 중 "코로나로 인해 에너지발산 및 조절이 어려운 발달장애 아동들이 신체활동을 통해 에너지를 발산한다."라는 필요성의 근거를 뒷받침하기 위해 전국장애인부모연대에서 발달장애자녀를 둔 부모를 대상으로 한 설문조사 자료(코로나 사태로 인한 생활패턴 세부영역별 변화 정도[제공=전국장애인부모연대])를 해석하였다.

2) 실습과 관련된 참고서적의 활용

- 발달장애 아동의 에너지 발산 및 사회성 향상을 위한 신체활동 프로그램 계획서 작성 중 "또래와의 상호작용 기회가 적은 발달장애 아동이 또래들과의 집단놀이 활동을 수행함으로써 사회성을 향상한다."라는 필요성의 근거를 뒷받침하기 위하여 논문(김수정, 「통합학급에서의 구조화된 집단놀이 활동이 지적장애아동의 사회성 발달 및 또래관계 형성에 미치는 효과.」 국내석사학위논문 대구교육대학교 교육대학원, 2019)과 학교 수업에서 사용한 교제(이인정 · 최해경, 『인간행동과 사회환경』, 나남출판(2017), pp.94~95)를 활용하였다.

6. 실습에 임하는 자세에 대한 평가

1) 업무관리

(1) 시간 준수, 과제 제출

주어진 과제를 시간 내에 제출하기 위하여 일의 순서를 매기며 과제를 진행하였다. 처음 일지를 작성하였을 때에는 작성하는 것이 익숙하지 않아 많은 시간을 들여 작성하였으나, 실습이 진행될수록 일지 작성 시간이 줄어 빠르게 제출할 수 있었다. 초반에는 교육 중간 비는 시간을 이용하지 못했지만 후반부에는 중간에 비는 시간을 활용하여 보다 효율적으로 과제를 수행할 수 있었다.

(2) 주어진 일에 대한 업무조절 능력

실습을 진행하면서 지역사회현황 조사, 장애인 정책 조사, 프로포절 기획회의 등 팀별로 진행되는 과제가 많았다. 서로 의견을 조율하는 점에 있어 개인 과제보다 소요 되는 시간은 길었다. 하지만, 그 안에서 서로의 역할을 분담하고 책임감 있게 각자의 역할을 수행함으로써 보다 효율적으로 과제를 수행할 수 있었고 더 높은 퀄리티의 과제를 완성할 수 있었다.

구분	내용
직원 및 실습지도자와의 관계	실습지도자가 중간평가 및 최종평가, 사업계획서에 대한 슈퍼비전을 자주 해주어 본 실습생의 부족한 점에 대하여 바로바로 수정할 수 있었으며, 지도자의 응원, 지지와 격려로 관계를 쌓을 수 있었다. 또한, 각 담당 사업 및 프로그램에 대한 교육 시간을 통해, 대부분의 직원을 만날 수 있었다. 낯가리는 성격으로 인해 좀 더 친근하게 다가가지 못한 점이 아쉬웠지만, 실습생의 실습 활동에 대한 칭찬과 지지, 피드백을 꼼꼼하게 해주어 한층 더 성장할 수 있었던 것 같다.
다른 실습생과의 관계	○○시장애인복지관에서 함께 한 4명의 실습생은 매일 8시간씩 같이 있다 보니, 처음엔 어색하기도 하였지만, 곧 친해졌다. 특히 중간평가 발표, 사업계획서 발표 전 서로의 발표를 피드백해주면서 관계가 많이 쌓였다고 느꼈다. 서로 배려하며 의견을 나누고, 생활한 덕에 큰 문제 없이 지낼 수 있었다. 힘든 실습 일정에서 실습생들 덕분에 더욱 훌륭하게 실습을 끝낼 수 있었다고 생각한다.
적극성 및 자발성	팀별 과제를 수행할 때 기획 단계에서 적극적인 태도로 임하고, 팀원과 서로 의견을 주고받으며 피드백을 적극적으로 수용하였다. 또한 다른 조의 발표를 듣고 피드백을 주기도 하였다.

7. 전문적 태도에 대한 평가

1) 사회복지사로서 실습생 자신의 장 · 단점에 대한 인식

- 내가 가진 사회복지사로서의 장점은 타인의 이야기를 들어주는 것을 좋아하고 침착한 성격이라는 것이다. 단점은 나의 의견을 타인에게 어필하는 것을 어려워하는 성격 즉, 소심한 성격이다.
- 타인의 이야기를 들어주는 것을 좋아하는 장점은 현장에서 클라이언트와의 상담을 진행할 시 경청하는 자세를 통해 공감과 필요한 반응을 함으로써 클라이언트와의 초기 관계 형성에 도움이 될 수 있다고 생각한다. 침착한 성격은 기관에서 돌발상황 발생할 시 당황하지 않고 차분하게 대처할 수 있다는 점에서 장점을 현장에 녹여낼 수 있다고 생각한다.
- 나의 의견을 타인에게 어필하는 것을 어려워하는 성격 즉, 소심한 성격이라는 단점이다. 이러한 점은 사회복지는 사람을 만나는 직업이기에 이러한 성격은 고쳐야 한다고 생각한다. 대학에 입학하고 이러한 소심한 성격을 고치기 위해 캠페인 팀에 들어가 활동해보고 군대 또한 사람 앞에 나서야 하는 특기를 선택하여 갔다. 이러한 노력으로 전보다는 많이 나의 의견을 표출하고 외향적인 성격으로 바뀌었다. 그러나 아직 많이 내성적이다. 따라서 앞으로도 복지시설에서 꾸준히 자원봉사를 하며 사람들과 만남으로써 타인에게 먼저 다가갈 수 있는 성격이 되도록 계속해서 노력할 예정이다.

8. 실습지도 활용 정도에 대한 평가

1) 실습생 자신의 실습지도 활용 정도에 대한 평가

- 지역사회현황 조사를 통해 통계 자료를 찾아 직접 해석해봄으로써 대표성이 있는 자료를 설득력 있는 근거로 제시할 수 있는 방법에 대해 알 수 있었다. 이러한 점을 배우고 늘해랑 프로그램에서 진행할 사업계획서를 작성할 때 설문조사를 토대로 한 데이터 자료를 기반으로 하여 설득력 있는 필요성을 제시할 수 있었다. 이러한 활동을 통해 대표성이 있는 자료를 찾아 설득력 있는 근거를 드는 방법을 알게 되었고 이는 복지관이 아니어도 다양한 업무를 볼 때 활용 가능하다고 생각되어 굉장히 유익한 시간이었다.

2) 실습지도 자체에 대한 평가

- 코로나 체계적인 실습 일정과 팀별 사업소개를 통해 복지관에서의 사회복지사의 업무에 대해 자세히 배울 수 있었다. 또한, 코로나 4단계 상황임에도 시원한 여름나기 가정방문, 사례지원 가정방문, 늘해랑 프로그램 참관 등 이용자와 직접 대면할 수 있는 경험을 쌓을 수 있어 좋았다.
- 코로나로 인해 직접 프로그램에 투입되기 어려운 상황이었지만 기관에서 실습생에게 해줄 수 있는 최대한의 교육과 경험을 제공해주려 한 점이 매우 감사했다.

9. 기관 이해도에 대한 평가

1) 기관 시설에 대한 느낀 점

- 실습 첫날 ○○시북부장애인복지관 라운딩을 해보면서 정말 규모가 크고 시설이 잘 갖추어진 기관이라고 생각이 들었다. 올해 개관한 신설 기관이다 보니 여러 가지 측면을 신경 쓴 것이 보였다.
- 우선 문에 턱이 없는 설계로 휠체어를 사용하거나 걸음걸이가 불편한 이용자가 편하게 출입할 수 있는 설계가 좋았다. 그리고 기둥이 있는 벽의 바닥 부분을 질감을 다르게 하게 시각장애가 있는 이용자가 충돌할 수 있는 위험을 사전에 방지한 설계도 아주 좋았다. 이러한 점은 기관을 이용하는 이용자를 위한 세심한 배려가 기관의 시설에서 나타나고 있는 것이라 느꼈다.

- 또한, 비상사태시 한 층씩 안전하게 내려갈 수 있는 완강기 "내리고"와 투척형 소화기가 많이 구비되어있었으며 QR코드를 통해 아직 탈출하지 못한 이용자를 파악할 수 있는 피난 안내도 시스템을 갖추고 있었다. 이러한 시설 구비는 이용자와 직원의 안전을 생각한 설계이므로 매우 인상 깊었다.

10. 실습기간 중 가장 유익했던 내용

실습하면서 가장 유익했던 내용은 장애인식개선교육, 장애의 사회적 관점과 장애운동의 의미 교육이다. 위 교육을 통해 장애가 무엇인지 이해하고 장애에 대한 나의 관점을 바꿀 수 있는 시간이었다. 나는 장애란 신체적, 정신적으로 손상이 있어 일반적인 삶을 살아가는 데 있어 불편함이 있는 것, 즉 장애인은 도움이 필요한 사람이라고만 생각했다. 하지만 이러한 교육을 통해 장애란 사회적 환경이 만드는 것이란 생각을 하게 되었다. 예를 들어, 건물을 만들 때 문 앞에 턱을 만들어 놓기 때문에 그 턱을 넘지 못하는 사람은 장애가 생기는 것이다. 즉, 비장애인이 만든 시스템에 장애인을 도입시키려 하는 사회적 환경이 장애를 만든다고 생각하게 되었다. 따라서 장애에 관한 사회적·물리적 환경개선이 중요하다고 느꼈다. 이러한 교육을 통해 장애에 대해 바른 이해를 할 수 있었기에 유익했던 시간이라고 생각한다.

11. 실습기관, 실습지도자, 대한 건의사항

코로나 4단계 상황임에도 불구하고 160시간을 대면 진행 및 시원한 여름나기 가정방문, 사례지원 가정방문, 늘해랑 프로그램 참관, 보호작업장 실습 등 이용자와 만날 기회를 제공해 준 점에 있어 현재 시국에 기관이 실습생에게 지원해줄 수 있는 모든 현장 교육을 지원해주었다고 생각한다. 그러므로 건의사항은 없다.

12. 기타 하고 싶은 말

나에게 있어서 다른 사람들 앞에 서서 말하는 것은 굉장히 어려운 일이라고 생각했다. 그래서 항상 학교에서 수업을 들을 때도 발표가 없는 수업을 골라 듣는 등 발표를 하는 것을 회피해왔다. 하지만 실습은 내가 조사한 내용을 발표하고 나의 의견을 말해야 하는 날들의 연속이었다. 잘 할 수 있을까 하는 걱정과 함께 이번 기회에 부족함을 채우자는 마음으로 적극적으로 임했다. 물론 다른 실습생에 비해 잘하지는 못했지만 나름대로 생각을 정리하여 발표하고, 다른 실습생들의 생각을 들으며, 한 달을 지내니, 실습을 진행하기 전보다 생각을 정리하여 말하는 기술이 늘었다고 느꼈다. ○○시북부장애인복지관에서의 실습은 사회복지관 현장에서의 경험뿐만 아니라 나의 부족한 점을 채울 수 있는 좋은 기회였다고 생각한다. 한 달 동안 실습생들을 위해 고생한 슈퍼바이저와 직원들에게 감사하다고 전하고 싶다.

3 실습종결평가 발표자료 예시

실습종결평가 발표자료 작성 예시는 〈표 9-5〉와 같다.

표 9-5 실습종결평가 발표자료

종결평가 발표

○○○

목차

1. 실습내용 및 역할에 대한 평가
-3,4주차에 기억에 남았던 활동

2. 실습목표에 대한 평가

3. 서비스 실천 과정에 대한 평가 및 정책 및 행정 실습에 대한 평가

4. 최종평가를 마치며
- 실습지도 활용 정도에 대한 평가, 가장 유의했던 내용, 건의사항 및 기타 하고 싶은 말

3,4 주차 동안 기억에 남았던 활동

장애의 사회적 관점과 장애운동의 의미

사회가 장애에 대한 편견을 가지고 그들을 대하기 때문에 사회가 그들을 장애인으로 만든다는 생각을 가지게 됨.

→ 사회적/물리적 환경 개선이 필요함

프로그램 기획 및 진행

늘해랑 프로그램에서 진행할 프로그램의 기획하고 계획서를 작성함.
→ 필요성을 작성할 때 논문과 설문조사를 근거로 설득력 있는 스토리텔링을 해야함.
프로그램을 기획 및 진행함.
→ 이용자의 특성을 파악하여 이용자가 진행하기 적합한 프로그램을 기획하는 것이 중요하다고 느낌.

늘해랑 프로그램 참관

늘해랑 프로그램에 직접 활동 보조로 참관함.
→ 무조건 도움을 주는 것보다는 스스로 할 수 있는 환경을 만들어 주는 것이 중요하다고 느낌,

사례지원 가정방문

이용자의 가정에 직접 방문하여 상담하는 것을 참관함.

→ 이용자의 강점을 파악하고 역량을 강화하여 재능과 자원을 개발하는 것도 중요하지만 이용자가 가지고 있는 현재의 문제를 파악하여 이에 맞는 제도나 서비스를 연계하는 것도 중요한 부분이라고 느낌.

프로그램 기획 및 진행 "작은 운동회"

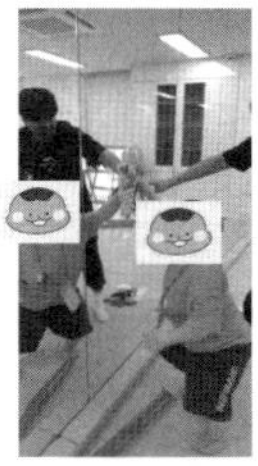

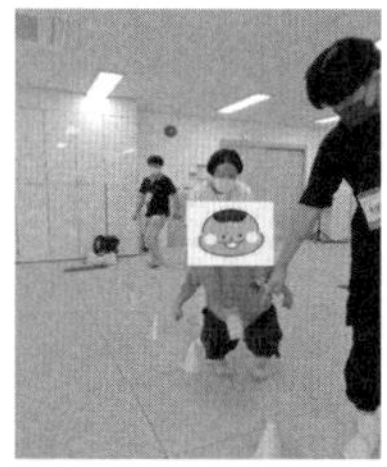

실습목표에 대한 평가

1. 자신을 되돌아 보고 나의 적성이 복지 관련 업무에 적합한지 스스로를 분석해보고 자신의 강점과 약점을 파악해본다.

- 사회복지사로서 실습생 자신의 성격상 장점과 단점을 파악해보고 자신의 장점을 현장에서 활용할 방안, 단점을 보완할 방안을 작성해본다.

장점	단점
타인의 이야기를 들어주는 것을 좋아하고 항상 침착한 성격	자신의 의견을 남들에게 어필하는 것을 어려워하는 성격(소심한 성격)

- 장점 →경청하는 자세로 공감과 필요한 반응을 함으로써 이용자와 초기 관계 형성에 도움이 될 수 있음. 돌발상황 발생시 당황하지 않고 차분하게 대처할 수 있음.
- 단점 →사회복지는 사람을 대하는 직업이기에 이러한 단점을 극복하려 노력하고 있고 앞으로도 계속해서 노력할 것.

실습목표에 대한 평가

2. 장애인 분야에 관한 흐름을 이해한다.

장애 관련 이슈 두 가지를 찾아 관련된 기사를 찾아 읽어보고 스크랩하여 블로그에 업로드 한다.

- 장애아동 특수학급 설치거부에 관한 기사를 2개 찾아보고 스크랩하여 블로그에 업로드함.
- 교육받을 권리는 장애인이 비장애인과 같이 진정한 사회인으로 성장하고 발전하기 위한 필수적인 권리이므로 보장 되어야함.

실습목표에 대한 평가

3. 장애인복지제도에 대해 이해한다.

- 건강지원분야 장애관련복지정책 5가지를 수급 요건, 혜택, 신청방법 등을 조사한다.

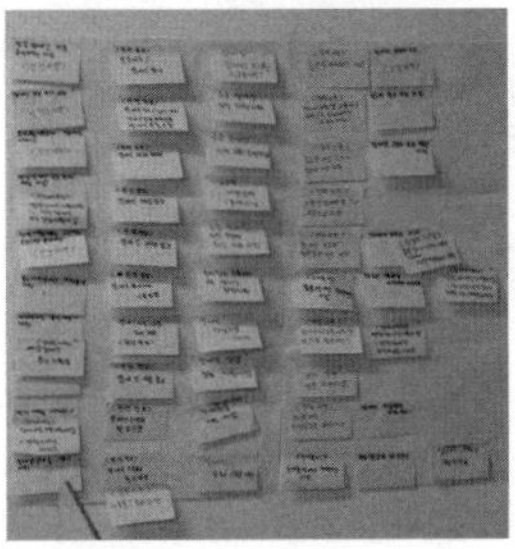

실습목표에 대한 평가

4. 클라이언트의 강점을 파악할 수 있다.

- 이용자의 가정에 직접 방문하여 이용자와 이용자의 어머니와 상담을 진행하고 상담기록서를 작성함.
- 상담기록서를 작성해보고 이용자와 이용자 어머니의 강점을 파악함.

이용자 어머니의 강점	이용자의 강점
자녀의 장애를 빠르게 수용하여 그에 맞는 지원을 제공하려는 자세 (장애수용도↑)	자신이 좋아하는 일, 하고 싶은 일이 무엇인지 명확히 알고 있다는 점

- 이용자의 강점을 파악하고 역량을 강화하여 재능과 자원을 개발하는 것도 중요하지만 그들이 가지고 있는 현재의 문제를 파악하여 이에 맞는 제도나 서비스를 연계하는 것도 중요한 부분이라고 느낌.

문제 파악 및 자료수집 능력/문제 인식 능력

장애인 복지정책 조사

복지로, 00시청, 사회서비스 전자바우처 사이트를 통해 정보를 수집함.

지역사회현황조사

00시의 인구학적 특성, 욕구조사, 이용시설, 거주시설 등 00시의 지역사회현황을 조사하기 위해 00시청, 통계청, 경기데이터드림, KOSIS 국가통계포털 사이트를 통해 데이터 자료를 검색하고 필요한 자료를 수집함.

프로그램 계획서 작성

프로그램의 필요성 제시를 위해 다음과 같은 자료를 수집 및 해석함.

- 설문조사 자료(코로나 사태로 인한 생활패턴 세부영역별 변화 정도)
- 논문(김수정, 「통합학급에서의 구조화된 집단놀이 활동이 지적장애아동의 사회성 발달 및 또래관계 형성에 미치는 효과)
- 교재(이인정 · 최해경, 『인간행동과 사회환경』,나남출판(2017),94~95p.)

느낀점

위와 같은 활동으로 필요한 데이터 자료를 수집하는 방법을 배웠고 그 자료를 해석하여 설득력 있는 근거를 제시하는 법을 알게됨.

CT와의 전문적인 관계 형성

늘해랑 프로그램 초등부/중·고등부 활동 보조로 참여하여 이용자들과 관계를 형성함.

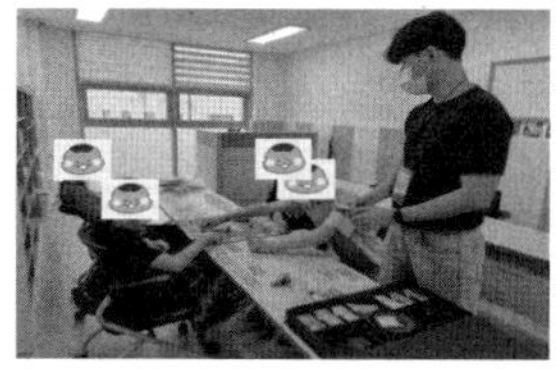

→ 전문적 지식과 경험이 부족하다 보니 이용자들의 전문적인 관계를 형성하여 객관적으로 상황을 판단하기보다는 감정적인 유대 관계 형성에서 그쳤다고 생각함.

기록기술

- 실습일지 및 상담기록서와 같은 과제물은 활동 당일 기억이 생생한 상태에서 기록해야 더 좋은 결과물이 나온다고 생각하여 당일에 바로 작성하고자 노력함.
- 사례지원 가정방문을 통해 직접 이용자의 가정에 방문하여 상담을 참관하고 상담기록서를 작성함. 상담기록서를 작성할 때는 본인의 주관이 들어가지 않게 최대한 객관적으로 기록해야 하지만 상담기록서를 작성하면서 나의 주관이 들어가는 부분이 많았음. 따라서 상담을 통해 얻은 자료를 객관적으로 정리하는 훈련이 필요할 것 같다고 느낌.

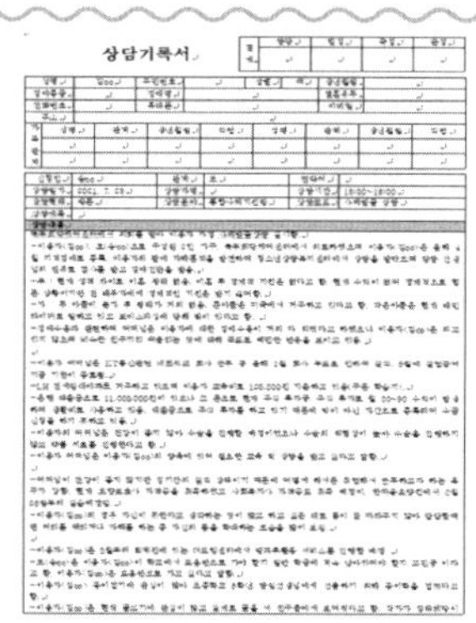
상담기록서

종결평가를 마치며

1. 실습 기간 중 가장 유의했던 내용

2. 실습기관, 실습 지도자에 대한 건의사항

3. 기타 하고 싶은 말

| 사회복지실천의 기술과 원칙 |

| 사회복지 프로그램 개발과 프로포절 작성법 |

현장실습에 필요한 지식과 실천기술

IV

제10장

사회복지실천의 기술과 원칙

1 사회복지실천기술

사회복지실천기술은 사회복지정책에 의하여 공급되는 여러 가지 사회복지 자원이나 서비스가 사회복지전문가를 매개로 하여, 생활상의 어려움에 처해 있는 사회복지대상자, 즉 개인, 집단, 지역사회 등에게 효과적으로 대처하는 전문적 원조활동이다. 사회복지실천기술은 사회복지대상자들이 가지고 있는 최선의 가능성과 진정한 삶의 발견을 위하여 기대와 성장에 가치를 두고 있는 서비스 체계이며, 보편타당한 전문가적 입장에서 인간과 사회생활에서의 가치실현을 추구하기 위한 과학적 방법으로 대인서비스 원조기술의 진수이다. 따라서 사회복지실천기술(skill for social work practice)은 "하나의 예술(art)인 동시에 과학(science)"이다.

사회복지실천기술의 구성요소, 유형, 개입방법은 다음과 같다(임정문 외, 2021).

1) 사회복지실천기술의 구성요소

(1) 가치

사회복지사는 사회복지전문직의 가치에 투철해야 한다. 자신의 개인적인 가치나 신념을 분명히 인식하고, 클라이언트에게 전문적인 도움을 주는 전문가로서의 역할을 수행해야 한다. 전문가가 사명감을 갖는다는 것은 자신의 가치를 사회복지전문직의 가치에 접근시키는 논리적인 결단이다.

원조과정에 있어서 사회복지사가 클라이언트에 대한 원조과정에 있어서 갖추어야 사회복지실천기술의 3가지 구성요소는 ① 사회복지전문가로서의 가치, ② 개별, 집단, 지역사회 원조기술 등을 포함하는 통합적인 기술, ③ 인간의 심리와 행동 및 사회현상에 대한 폭넓은 지식이다.

(2) 기술

사회복지실천기술은 일반적으로 개별원조기술, 집단원조기술, 지역원조기술 등을 포함하는 통합적인 실천기술을 의미한다. 이러한 원조기술의 이론에 근거하여 현장에서 활용할 수 있는 능력을 갖추기 위해서는 실제적인 실천경험을 가져야 하며, 끊임없는 교육과 훈련을 통하여 기술을 습득해야 한다.

(3) 지식

사회복지실천기술을 수행하기 위해서는 인간의 본질과 사회현상에 대한 이해를 위해 사회학 · 인류학 · 정치학 · 경제학 등 사회과학적 지식을 비롯하여 자연과학적 지식도 요구된다. 사회복지실천기술은 사회복지의 원조기술로써 다른 학문들을 활용하며, 다양한 지식을 겸비한 사회복지사는 전문가로서의 위상을 확립하는 데 매우 중요하다.

2) 사회복지실천기술의 유형

사회복지실천기술의 유형에는 (1) 원조기술, (2) 관여기술, (3) 관찰기술, (4) 의사소통기술의 네 가지가 있다.

(1) 원조기술

사회복지사가 클라이언트를 원조한다는 것은 계획되고 목적된 하나의 과정이다. 클라이언트가 가지고 있는 문제의 원인을 밝혀내고, 궁극적으로 문제를 해결하기 위해서는 원조기술(helping skill)의 습득이 중요하다. 원조과정에서 필요한 기초적 기술은 ① 대상자를 있는 그대로 수용(accept), ② 대상자를 독립적인 개인으로 취급, ③ 대상자의 자기결정권(self-determination)을 존중, ④ 대상자 각자의 보조에 맞추어 활동하는 것이다.

(2) 관여기술

사회복지사는 서비스를 원조하기 위한 계약과정(engagement process)을 형성하기 위하여 클라이언트의 상황에 대한 부정적 요소들을 제거하고, 개방적이며 정직하고, 비심판적(non-judgemental)이며 현실적(realistic)으로 신뢰성(dependable) 있게 관여해야 한다. 사회복지사에게는 클라이언트의 모든 사소한 면들에 관한 이해와 배려를 하고, 계약과정에 대한 저항을 최소화하는 관여기술(engagement skill)이 요구된다. 사회복지사의 관여기술 기본원칙은 ① 클라이언트에 대한 이해와 인내, ② 클라이언트의 가치관과 생활형태 등에 대한 수용이다.

(3) 관찰기술

사회복지사가 자기 개발해야 할 중요한 실천기술 중의 하나가 관찰기술이다. 관찰기술은 단순히 보는 것(seeing)이 아니라, 클라이언트가 이야기하는 것과 동시에 이야기하지 않는 것과 언행에 숨겨진 의미도 해석해야 한다. 클라이언트의 신체적 표현, 몸의 긴장, 얼굴의 변화, 땀 흘리는 것, 떠는 것, 흥분하는 모습, 낙담하는 모습 등도 통찰력을 가지고 이해해야 한다.

관찰기술은 항상 목표 지향적(goal-directed)이어야 하며, 관찰되는 사람에게 큰 영향을 미치고 있다는 사실을 반드시 인식하고 있어야 한다. 사회복지사는 이러한 관찰기술을 통하여 조사, 진단, 치료의 과정을 구체화하고 과학화해야 한다.

(4) 의사소통기술

사회복지실천기술은 관계성의 기술이기 때문에, 의사소통기술은 사회복지실천기술의 핵심이다. 사회복지사는 클라이언트와 상호간의 생각, 정보, 감정 등을 전달하고 돕는 상황에서 의사소통기술을 가장 중요한 도구로 활용하게 된다.

의사소통기술은 클라이언트의 성격 내지 일반적 관심에 상응해서 이해되어야 하며, 이는 언어와 비언어적인 의사소통의 방법들에 의해 이루어질 수 있다. 비언어적인 의사소통의 방법에는 관찰기술을 통해서 파악된 클라이언트의 감정도 포함된다.

3) 사회복지실천기술의 세 가지 개입방법

사회복지실천기술의 세 가지 개입방법에는 (1) 개인중심의 개입, (2) 집단중심의 개입, (3) 지역사회중심의 개입이 있다.

(1) 개인중심의 개입

개인중심의 개입방법은 사회복지사가 원조기술을 활용하여 서비스를 개별적으로 제공하는 방법으로 기존의 개별사회사업(case work)에 해당하는 사회복지실천기술로서, 최근에는 개별실천기술이라는 용어로 사용되고 있다. 개별실천기술은 현실적인 문제에 대응하기 위하여 개인이나 가족을 대상으로 그들의 입장에서 환경을 조성하고, 사회복지서비스를 통하여 당면과제의 극복을 가능하게 하는 원조기술의 과정이다.

(2) 집단중심의 개입

집단중심의 개입방법은 사회복지사가 집단의 영향력을 의도적으로 활용하여 당면한 문제를 해결하는 집단원조의 개입기술로 기존의 집단사회사업(social group work)에 해당하는 사회복지실천기술로서 최근에는 집단실천기술이라는 용어로 사용되고 있다.

집단실천기술은 사회복지사가 클라이언트를 의도적인 집단경험을 하게 하여 사람들 간의 원조관계를 형성하고, 타인과의 이해나 신뢰 속에서 자신의 행동이나 태도를 개선할 수 있도록 원조하는 방법이다.

(3) 지역사회중심의 개입

지역사회중심의 개입방법은 사회복지사가 지역 내에 생활하는 주민이나 사회복지대상자가 직면하고 있는 지역사회의 문제를 조직적으로 해결하고자 하는 실천적인 기술로서 기존의 지역사회조직(community organization)에 해당하는 실천방법으로 최근에는 지역사회실천기술이라는 용어로 사용되고 있다.

지역사회실천기술은 사회복지사가 지역사회가 직면하고 있는 문제를 해결하고 주민들의 복지를 증진하기 위하여, 주민들의 생활에 필요한 사회자원을 동원·개발하고, 지역사회의 성장을 저해하는 여러 가지 요인을 조직적으로 제거하는 전문적인 실천방법이다.

2 비에스텍의 사회복지실천기술 7대 원칙

관계(relationship)는 사회복지사와 클라이언트 중 어느 쪽의 일방적인 노력에 의해서 이루어지는 것이 아니라, 서로에 대한 신뢰와 믿음을 바탕으로 이루어내는 서로 간의 파트너십에 의해서 유지되는 것이다. 따라서 사회복지실천의 관계에 있어서 어떤 부분이 잘못되어 관계가 안 좋아질 경우 이런 모든 측면들을 검토해야만 한다. 효과적으로 사회복지를 실천하기 위해서는 항상 자기 자신을 이러한 관계형성의 중심에 두고 관계 그 자체의 성질을 자각하고 깨닫고 있어야 한다. 사회복지사가 클라이언트와 좋은 관계를 발전시키는 것이야말로 실천 노력에서 필수적인 요소라고 할 수 있다. 사회복지실천의 관계는 사회복지사와 클라이언트 간의 감정이나 태도의 역동적인 상호작용으로 궁극적인 목적은 클라이언트가 자신과 사회 환경 간에 보다 효율적인 적응을 하도록 도와주는 데 있다.

비에스텍(Biestek, 1957)의 개별사회사업 관계형성 7대 원칙은 현재 사회복지실천기술 7대 원칙으로 현장 사회복지사들에게 널리 활용되고 있다. [그림 10-1]과 같이 사회복지실천기술 7대 원칙은 개별화, 의도적 감정표현, 통제된 정서적 관여, 수용, 비심판적 태도, 자기결정, 비밀보장이다(임정문 외, 2021).

출처: Biestek, 1957

그림 10-1 비에스텍의 개별사회사업 관계형성 7대 원칙

1) 개별화의 원칙

개인을 개별적인 존재로 파악하고 그에 따른 융통성 있는 도움을 제공하는 것을 '개별화'라고 한다. 인간은 누구나 독특한 인격과 능력을 지니고 있으므로 아무리 비슷한 성격을 지닌 사람들이라고 할지라도 그들이 처한 상황이나 곤란을 겪고 있는 문제들은 각기 다르다. 개인을 도와주기 위해서는 각자가 가지고 있는 문제의 성격을 개별적으로 파악하여, 다른 사람에게 사용했던 것과는 다른 원리와 방법을 활용해야 한다.

2) 의도적인 감정표현의 원칙

클라이언트는 자신이 가지고 있는 감정 특히, 부정적 감정을 표현하려는 욕구를 지니고 있다. 사회복지사는 클라이언트의 문제해결을 위해 의도적으로 감정을 표현하도록 자극하거나 격려하여야 한다.

3) 통제된 정서적 관여의 원칙

사회복지사는 클라이언트가 지금 어떤 감정을 느끼고 있으며, 그 감정은 클라이언트가 갖고 있는 문제와 어떻게 관련되어 있는지를 민감하게 파악하고 이해한 후, 문제해결을 위해 클라이언트의 감정에 호응하여 적절한 반응을 보이면서 정서적으로 관여해야 한다. 이를 위해서는 클라이언트의 태도, 말의 속도, 말의 어조, 안색, 자세, 복장, 손 움직임 등을 자세히 관찰하여 클라이언트가 갖고 있는 감정을 민감하게 파악해야 한다.

4) 수용의 원칙

사회복지사는 클라이언트가 갖고 있고 나타내고 있는 그대로 이해하고 받아들여야 한다. 실제 있는 그대로의 모든 사실을 이해하고 받아들이는 것을 '수용'이라고 한다. 사회복지사는 클라이언트의 문제를 있는 그대로 파악하여야 현실적으로 효과 있는 치료계획을 세울 수가 있다.

5) 비심판적 태도의 원칙

도움을 청하기 위해 찾아온 클라이언트는 대부분 사회복지사가 자신에 대하여 인생의 실패자, 무능력자 등으로 심판적 판단을 내리지 않을까 두려워하기 때문에 비심판적인 태도가 필요하다. 클라이언트가 자기방어적 태도를 취하게 되면 자신의 문제를 객관적으로 바라볼 수 없고, 자유롭게 표현하지 않기 때문에 관계형성도 잘 안되고, 오히려 문제해결에 장애요소가 된다.

6) 자기결정의 원칙

인간은 누구나 자신이 선택한 생활을 영위할 권리와 자유를 가지고 있다. 클라이언트가 스스로 결정할 수 있는 권리를 '자기결정권'이라고 한다. 사회복지사는 클라이언트의 문제를 해결해 주는 과정에서 스스로 결정할 수 있도록 도와주고, 권리를 존중하며, 스스로 결정을 내릴 수 있는 잠재적 능력을 발휘하도록 자극해 주어야 한다.

7) 비밀보장의 원칙

사회복지사는 클라이언트로부터 얻은 모든 정보에 대해 비밀을 보장해 줄 의무가 있다. 같은 기관이나 다른 기관에 있는 사회복지사에게 업무상 비밀을 밝혀야 할 경우, 그 비밀을 공유하게 된 모든 사회복지사와 함께 비밀보장의 의무를 져야 한다.

3 사회복지실천과정에서의 윤리적 딜레마와 결정원칙

사회복지윤리의 개념과 실천 및 사회복지실천의 윤리적 딜레마와 결정원칙, 실습생이 겪게 될 윤리적 딜레마의 대처방안은 다음과 같다(임정문 외, 2020).

1) 사회복지윤리의 개념

일반적으로 윤리란 인간의 행위와 도덕적 의사결정에 관련되는 철학의 한 분야이다. 사회복지사 윤리강령은 사회복지사의 서비스 실천이 도덕적으로 바른 방법이어야 함을 인식하도록 돕기 위한 것이며, 사회복지실천의 과정이 윤리적 결정의 과정임을 인식하고 사회복지사로서 어떻게 바르게 행동하는가를 배우도록 돕는 기준이 된다. 즉, 사회복지사 윤리강령은 사회복지사가 어떻게 자신의 가치를 행동에 옮기는가에 관한 지침을 제공하며, '어떻게 행동해야 하는가'에 관한 구체적인 지시를 하는 것이다.

2) 사회복지윤리의 실천

개인의 문화적 경험과 배경은 의사결정에 영향을 미치게 되므로 사회복지실천에서도 사회복지사가 가지고 있는 가치가 의식적 · 무의식적 차원에서 클라이언트를 돕는 과정에 윤리적 문제를 야기할 수 있다. 따라서 사회복지실천에서 일어나는 사회복지사의 모든 의사결정은 윤리적 이슈가 동반될 수 있으며, 사회복지실천은 본질적으로 윤리적 실천이 될 수밖에 없다. 전문적 지위를 추구하는 모든 전문직은 전문가 윤리강령을 통하여 전문직의 실천과 관련되는 윤리원칙과 행동원칙 등을 명문화하고 있다.

사회복지사 윤리강령은 사회복지사 윤리강령은 사회복지전문직의 윤리행위를 이끌어주고, 사회복지사의 기능을 수행하는 데 원칙을 제시해주며, 사회복지실천의 평가기준을 제시해 주고 있다. 즉, 사회복지사 윤리강령은 사회복지사가 사회복지전문직의 구성원으로서 사회적 기대에 부응하는 실천을 하도록 안내하는 지침이 되는 것이다.

3) 사회복지실천의 윤리적 딜레마

사회복지실천 상황에서는 두 가지 이상의 윤리적 의무가 있지만, 한 가지를 위반하지 않고서는 다른 것을 지킬 수 없는 상황이 필연적으로 발생한다. 이러한 경우 사회복지사는 사회복지실천 전문직의 가치, 사회복지사의 개인적 가치, 사회적 가치 사이에서 갈등하는데, 이러한 가치 갈등은 다양한 윤리적 딜레마[1]를 파생시킨다. 윤리적 딜레마의 상황은 다음과 같다.

1) 윤리적 딜레마(ethical dilemma)란 두 가지 혹은 그 이상의 도덕원칙 또는 의무가 동등하고 유용하다고 여겨지지만, 동

(1) 클라이언트의 자기결정권

클라이언트가 스스로 선택하고 결정할 수 있도록 클라이언트의 권리와 욕구를 인정하는 사회복지 윤리원칙이다. 사회복지사는 자신의 전문적 지식과 경험, 기술에 근거하여 자신의 생각이나 이념을 클라이언트에게 강요할 수 없고, 클라이언트가 스스로 가장 최선이라고 생각하는 것을 선택할 수 있다는 권리이다. 자기결정원칙은 온정주의와 관련되어 복잡한 이슈를 야기할 수 있다. 클라이언트의 이익을 위해 클라이언트의 바람을 제한하거나 자유를 방해하는 결과를 가져올 수 있기 때문이다. 이때 클라이언트의 나이가 너무 어리거나 정신연령이 낮아서 스스로 결정할 수 있는 능력이 없을 때, 클라이언트가 결정한 것이 다른 사람이나 기관·사회에 해를 입힐 가능성이 높다고 판단될 때, 사회복지사는 어느 범위까지 클라이언트의 자기결정권을 한정해야 할 것인지 윤리적 딜레마에 처하게 된다.

(2) 비밀보장

사회복지사가 클라이언트의 동의 없이 클라이언트에 대한 정보를 누설하지 않는다는 윤리원칙이다. 대다수의 경우 클라이언트와 나눈 정보는 비밀보장이 지켜져야 한다. 그러나 클라이언트가 자신 또는 타인을 해할 위험이 있을 경우, 아동이나 노인학대가 일어났을 경우 등 사회복지사는 비밀을 지킬 수 없다고 판단되는 상황에 부딪힐 수 있다. 사회복지사는 법정으로부터 클라이언트의 정보를 공개하라는 명령을 받을 수 있는데 이러한 경우 윤리적 갈등을 겪을 수 있다. 또한 슈퍼비전이나 전문가 회의 등에서 전문적인 이유로 공개할 수 있는데 이러한 경우에는 클라이언트 개인의 권리를 최대한 존중하면서 사전에 동의를 받아야 한다.

(3) 진실을 말할 의무

진실을 말할 의무란 사회복지사는 클라이언트에게 정직하게 실천내용을 보고할 책임이 있다는 것이다. 여기에는 제안한 서비스나 정보 유출의 의미와 특성에 대해, 발생할 수 있는 위험과 혜택에 대해, 클라이언트 자신이나 친척에게 미칠지도 모르는 영향에 대해, 그리고 가능한 대안과 예상되는 비용에 대해 클라이언트가 충분하게 알고 있어야 한다. 어떤 사람이 비밀로 클라이언트에 관해 말하거나 행동했을 때, 그 사실을 클라이언트에게 알려주는

시에 이 원칙들은 서로 모순되는 상황이다. 개인은 이런 경우 그 상황에서 최선의 것을 선택해야 한다는 것을 의미한다.

것이 좋은지, 만약 알려준다면 그 사람의 비밀보장은 어떻게 되는지 등과 관련이 있다. 진실을 말하지 않거나 잘못된 정보를 제공하는 일은 없어야 한다. 그러나 때로 진실한 정보가 클라이언트에게 해가 된다고 판단될 때 사회복지사는 윤리적 갈등에 직면하게 된다.

(4) 제한된 자원의 공정한 분배의 문제

공평하게 자원을 분배해야 하는 상황에서 사회복지사가 한정된 자원을 똑같이 제공해야 하는 형평성 기준을 찾는 것은 매우 어려운 과제이며 윤리적 갈등을 경험할 수 있다.

(5) 상충되는 의무와 기대의 문제

클라이언트, 동료, 상사, 기관, 사회 등이 서로 상충된 기대를 가질 때, 사회복지사는 누구를 우선으로 의무를 행사해야 하는지 윤리적 갈등을 경험할 수 있다.

(6) 클라이언트의 이익과 사회복지사의 이익 문제

사회복지사의 원조과정에서 사회복지사는 자신의 이익을 위해 행동해서는 안 된다. 그러나 자신을 위태롭게 하거나 희생을 강요당할 때 윤리적 갈등에 직면하게 된다.

(7) 전문적 동료관계 또는 휘슬블로윙(whistle-blowing)의 문제

동료 사회복지사가 전문가로서 권위를 남용해 클라이언트나 전문직에 해를 끼치는 행동을 했을 때나 기관의 규정위반, 부정수단이나 속임수를 사용했음을 발견했을 때, 이러한 사실을 알게 된 사회복지사는 그 사실을 보고해야 하는지에 대해 윤리적 갈등에 직면하게 된다.

(8) 규칙과 정책 준수의 문제

고용되어 있는 기관의 정책, 규칙을 준수해야 하지만, 클라이언트의 문제를 해결하기 위해 내린 결정이 기관정책에 어긋날 때 사회복지사는 윤리적 갈등에 직면하게 된다.

(9) 개인적 가치와 전문적 가치의 문제

사회복지사는 때때로 자신의 개인적 가치와 전문가로서의 가치의 상충을 경험하거나,

사회복지사의 가치와 클라이언트의 개인적·종교적 가치가 상충할 때 윤리적 갈등을 경험할 수 있다.

4) 윤리적 딜레마에 대한 결정원칙

사회복지사가 윤리적 딜레마를 겪게 될 때 로웬버그와 돌고프(Lowenberg & Dolgoff, 1996)가 제시한 윤리적 결정 7대 원칙의 우선순위에 따라 대처하는 것이 바람직하다. 윤리원칙 1이 윤리원칙 2보다 우선되어야 한다. 그 7대 윤리원칙은 다음과 같다.

(1) 윤리원칙 1. 생명보호의 원칙

심각한 고혈압을 앓고 있는 중년 남자의 경우 생명을 위협하는 고혈압을 내리기 위해 처방되었던 약물이 그를 성불능자로 만들었다. 상담을 요하는 클라이언트가 약물을 끊고자 할 때 사회복지사가 클라이언트의 결정에 동의하면 그의 성기능은 정상으로 회복될 수 있도록 도와줄 수 있어도(원칙 5. 삶의 질), 원칙 1(생명보호)의 생명보호에 대한 위험성은 높아진다. 이러한 상황에서 사회복지사의 최선의 선택은 원칙 1(생명보호)을 우선하고 준수하는 것이다. 즉, 인간의 생명을 보호하여야 할 의무가 제일 우선되는 윤리원칙이다. 이는 기본적인 의식주의 해결로부터 의료보장, 소득보장에 이르기까지 인간의 기본생존권을 보장하는 것을 의미한다. 또한 사회복지사는 저소득계층의 최저생계보장 및 최저생활보장 등의 삶의 질을 높이는 데에도 기여해야 한다.

(2) 윤리원칙 2. 평등과 불평등의 원칙

학대받는 아동은 성인과 '동등한' 위치에 있지 않기 때문에 학대상황이 비록 생사의 심각한 경우가 아니어도 학대하는 성인에 대한 비밀보장 가치의 원칙은 아동을 보호하는 의무에 비해 더욱 낮은 순위를 차지하게 된다.

(3) 윤리원칙 3. 자율성과 자유의 원칙

사회복지사는 클라이언트의 자유, 자율 그리고 독립성을 최대한 보장하는 환경을 제공해야 한다. 클라이언트가 자유로운 분위기에서 자신의 의지에 따라 스스로 결정할 수 있는 환경이 보장되어야 한다. 그러나 클라이언트 스스로 결정한 것이 자신이나 타인의 생명을 위협하는 것일 때에는 사회복지사는 이에 개입해야 한다. 원칙 3(자유의 가치)보다 원칙 1(생명보호)이 앞서기 때문이다.

(4) 윤리원칙 4. 최소 손실의 원칙

사회복지사는 항상 최소한의 손실, 즉 최소한의 영구적인 손상 혹은 가장 쉽게 회복될 수 있는 방향으로 개입기회를 선택해야 한다. 즉, 모든 선택 대안들이 모두 다 유해하거나 또는 누구에게든지 유해할 때 가장 최소로 유해한 대안을 선택하여야 하며, 가장 빠르고 쉽게 원상복귀될 수 있는 대안을 선택하여야 한다.

(5) 윤리원칙 5. 삶의 질의 원칙

사회복지사는 지역사회뿐만 아니라 모든 사람들의 생활의 질을 향상시키는 기회를 선택하여야 한다.

(6) 윤리원칙 6. 사생활보호와 비밀보장의 원칙

사회복지사는 모든 사람들의 사생활 보호의 권리를 신장시키는 실천을 결정해야 한다. 비밀을 누설하지 않고 유지하는 것 등이 포함된다. 사회복지사는 이 내용들을 클라이언트의 문제해결을 위한 목적 이외에는 타인에게 공개해서는 안 된다. 클라이언트의 비밀보장이 우선순위 1번인 생명보호에 위배될 때에는 생명보호가 클라이언트의 비밀보장보다 우선된다.

(7) 윤리원칙 7. 진실성과 완전공개의 원칙

사회복지사는 클라이언트와 다른 사람들에게 진실을 말하고 정보를 충분히 개방하는 것을 허용하는 결정을 해야 한다.

5) 실습생이 겪게 되는 윤리적 딜레마와 대처방안

(1) 클라이언트와 기관에 대한 비밀보장

비밀보장이란 사회복지사가 클라이언트의 동의 없이 클라이언트에 대한 정보를 누설하지 않는다는 윤리원칙이다. 실습생은 실습과정에서 알게 된 클라이언트 및 기관의 정보를 동의 받지 않고는 외부에 공개해서는 안 된다.

(2) 사회복지의 가치와 상충 문제

가치란 한 집단의 이상과 철학이며 그 집단의 행동을 결정하는 도덕적·윤리적인 원칙으로서, 사회복지사 개인의 경험이 사회복지 개입에 영향을 주게 될 수도 있다. 사회복지 가치에 대한 질문은 정답이 없는 경우가 많으며, 사회복지사는 클라이언트가 가장 덜 고통스러운 선택을 하도록 중재하는 역할을 하게 된다. 전문가로서의 성장을 위해 실습생들은 이러한 상황들을 문제로 인식하여 선택을 위한 대안들을 탐색할 수 있어야 한다. 실습지도자, 기관의 다른 사회복지사나 실습동료 그리고 실습세미나에 참석하는 다른 실습생들과 이러한 딜레마에 대해 충분히 논의할 수 있다.

(3) 실습생 자신의 정서 문제

실습생이 상담하고 있는 클라이언트의 문제 때문에 일반적인 정도를 넘어서 지나치게 자주 혹은 힘들 정도로 우울한 기분을 경험한다면, 실습지도자나 실습지도교수에게 이를 알려야 한다. 실습생 자신의 해결되지 않은 개인적 문제(예: 과거에 경험했던 외상[트라우마, trauma]과 유사한 사례)가 관련되었을 가능성이 있으며, 경우에 따라서는 실습생 자신이 상담을 받는 것이 필요할 수도 있다. 현장실습을 하는 동안 클라이언트와의 정서적 경험을 나누고 경험하는 것이 실습생에게 힘든 작업이라면, 클라이언트와의 직접 서비스보다는 사회복지정책, 행정 혹은 연구조사 업무가 현장실습업무로 더 적절할 수도 있다.

(4) 성희롱 문제

실습기관에서 실습지도자와 실습생이 교육과 과제수행을 위해 밀접한 관계를 갖게 되며, 이러한 과정에서 정서적·신체적 매력을 느끼게 될 수도 있으나 실습생과 실습지도자 관계는 그 본질이 불평등한 위계적 관계이며, 실습지도자는 지도자, 역할모델, 평가자의 지위를 갖게 된다. 따라서 실습생이 실습지도자로부터 성적인 관계에 동의했다 하더라도, 그 관계의 본질 때문에 이는 비윤리적이며, 비합법적인 활동임에 틀림없다. 실습지도자와 실습생과의 관계는 사회복지사와 클라이언트 관계와 마찬가지로 윤리적인 관계를 유지할 수 있도록 해야 하며, 성희롱 문제(sexual harassment)와 같은 심각한 문제에 특별한 주의를 기울여야 한다. 그러나 실습기관에서 성희롱 문제가 발생하여 실습생 스스로 해결할 수 없다고 생각될 때는 실습생이 이를 학교의 실습지도교수에게 알리고 논의하는 것이 필요하다.

(5) 실습생의 비밀보장

클라이언트는 실습생의 학력 등 개인정보에 대해 질문하는 경우가 있는데 그 이유는 다양하다. 실습생과 더 친밀해지고 싶거나 개인적인 관심을 갖는 경우도 있고, 실습생이 과연 자신을 도울 수 있는 사람인지를 파악하기 위해서 사적인 정보를 요구할 때도 있다. 이와 같은 상황에서 실습생의 지나치게 방어적인 태도는 클라이언트와의 관계 형성에 별 도움이 되지 않을 수 있다. 클라이언트가 실습생의 미숙함이나 경험 부족을 우려하고 있다면 클라이언트의 불안에 대해 충분히 공감하며 자신이 어떻게 노력할 것인지를 구체적으로 설명하는 것이 좋다. 만약 클라이언트가 실습생에 대해 사적인 친밀감을 요구한다면 기관의 규정에 따라 간단한 정보 공개 여부에 대해 적절히 행동해야 한다.

(6) 자살 위험의 클라이언트

클라이언트의 자살문제는 실습생이 적절히 다루기에는 매우 어려운 문제이다. 클라이언트가 직·간접적으로 자살에 대한 생각을 암시하는 말을 하여 자살을 시도할 위험이 있다고 판단되었을 때, 실습생의 첫 반응은 먼저 클라이언트가 자살을 심각하게 고려하고 있는지 직접적으로 묻는 것이다. 자살의 실행 가능성에 대해 시인한다면, 클라이언트와 함께 문제해결을 위한 시간을 더 가질 때까지 자살을 시도하지 않겠다는 계약이나 약속을 하도록 하며, 클라이언트의 절망의 깊이를 이해하고 희망을 불어넣어 주도록 한다. 클라이언트가 자살 계획을 시인하거나 시인하지 않더라도 자살의 위험이 심각하다고 판단되면, 조속히 정신과 입원을 고려할 필요가 있다. 이를 클라이언트가 거절한다면, 기관의 실습지도자, 클라이언트의 보호자, 경우에 따라서는 경찰에게 이를 보고하는 것이 필요하며, 이러한 위급상황에서는 비밀보장의 원칙이 유보될 수 있다.

(7) 폭력 위험의 클라이언트

기관에 따라 실습생이 폭력적인 클라이언트와 접촉할 가능성이 있는 경우도 있다. 극도로 화를 내고 폭력적인 사람과 상호작용할 때 실습생은 자신의 계획을 다른 사람과 먼저 상의하지 않고 위험해 보이는 상황으로 뛰어들지 않으며, 위험한 상황이 있는 가정을 방문할 때에는 항상 기관에 방문일정을 알리고 가야 한다. 실습생의 신변이 위험할 수도 있는 상황에서 실습하게 될 때 실습지도자는 이러한 위험 가능성에 대해 충분히 인식시키고, 이에 대한 대처 방안에 대해서 가르쳐 줄 책임이 있다. 실습생이 기관의 안전 수칙, 위기 개입, 위기 처리 절차 등을 잘 알고 있어야 하며, 자신과 클라이언트를 보호하기 위해 책임 있는 결정을 내릴 수 있도록 배워야 한다.

6) 사회복지사 윤리강령의 윤리기준

사회복지사 윤리강령은 사회복지전문직의 윤리행위를 이끌어주고, 사회복지사의 기능을 수행하는 데 원칙을 제시해주며, 사회복지실천의 평가기준을 제시해 주고 있기 때문에 실습생은 사회복지사 윤리강령을 잘 익히고 철저하게 준수해야 한다.

윤 리 기 준

Ⅰ. 사회복지사의 기본적 윤리기준

1. 전문가로서의 자세

1) 사회복지사는 전문가로서의 품위와 자질을 유지하고, 자신이 맡고 있는 업무에 대해 책임을 진다.
2) 사회복지사는 클라이언트의 종교 · 인종 · 성 · 연령 · 국적 · 결혼상태 · 성 취향 · 경제적 지위 · 정치적 신념 · 정신, 신체적 장애 · 기타 개인적 선호, 특징, 조건, 지위를 이유로 차별 대우를 하지 않는다.
3) 사회복지사는 전문가로서 성실하고 공정하게 업무를 수행하며, 이 과정에서 어떠한 부당한 압력에도 타협하지 않는다.
4) 사회복지사는 사회정의 실현과 클라이언트의 복지 증진에 헌신하며, 이를 위한 환경 조성을 국가와 사회에 요구해야 한다.
5) 사회복지사는 전문적 가치와 판단에 따라 업무를 수행함에 있어, 기관 내외로부터 부당한 간섭이나 압력을 받지 않는다.
6) 사회복지사는 자신의 이익을 위해 사회복지전문직의 가치와 권위를 훼손해서는 안 된다.
7) 사회복지사는 한국사회복지사협회 등 전문가단체 활동에 적극 참여하여, 사회정의 실현과 사회복지사의 권익옹호를 위해 노력해야 한다.

2. 전문성 개발을 위한 노력

1) 사회복지사는 클라이언트에게 최상의 서비스를 제공하기 위해, 지식과 기술을 개발하는데 최선을 다하며 이를 활용하고 전파할 책임이 있다.
2) 클라이언트를 대상으로 연구하는 사회복지사는 저들의 권리를 보장하기 위해, 자발적이고 고지된 동의를 얻어야 한다.
3) 연구과정에서 얻은 정보는 비밀보장의 원칙에서 다루어져야 하고, 이 과정에서 클라이언트는 신체적, 정신적 불편이나 위험 · 위해 등으로부터 보호되어야 한다.
4) 사회복지사는 전문성을 개발하기 위해 노력하되, 이를 이유로 서비스의 제공을 소홀히 해서는 안 된다.
5) 사회복지사는 한국사회복지사협회 등이 실시하는 제반교육에 적극 참여하여야 한다.

3. 경제적 이득에 대한 태도

1) 사회복지사는 클라이언트의 지불능력에 상관없이 서비스를 제공해야 하며, 이를 이유로 차별대우를 해서는 안 된다.
2) 사회복지사는 필요한 경우에 제공된 서비스에 대해, 공정하고 합리적으로 이용료를 책정해야 한다.
3) 사회복지사는 업무와 관련하여 정당하지 않은 방법으로 경제적 이득을 취하여서는 안 된다.

Ⅱ. 사회복지사의 클라이언트에 대한 윤리기준

1. 클라이언트와의 관계

1) 사회복지사는 클라이언트의 권익옹호를 최우선의 가치로 삼고 행동한다.
2) 사회복지사는 클라이언트에 대하여 인간으로서의 존엄성을 존중해야 하며, 전문적 기술과 능력을 최대한 발휘한다.
3) 사회복지사는 클라이언트가 자기결정권을 최대한 행사할 수 있도록 도와야 하며, 저들의 이익 을 최대한 대변해야 한다.
4) 사회복지사는 클라이언트의 사생활을 존중하고 보호하며, 직무 수행과정에서 얻은 정보에 대해 철저하게 비밀을 유지해야 한다.
5) 사회복지사는 클라이언트가 받는 서비스의 범위와 내용에 대해, 정확하고 충분한 정보를 제공함으로서 알 권리를 인정하고 존중해야 한다.
6) 사회복지사는 문서 · 사진 · 컴퓨터 파일 등의 형태로 된 클라이언트의 정보에 대해 비밀보장의 한 계 · 정보를 얻어야 하는 목적 및 활용에 대해 구체적으로 알려야 하며, 정보 공개 시에는 동의를 얻어야 한다.
7) 사회복지사는 개인적 이익을 위해 클라이언트와의 전문적 관계를 이용하여서는 안 된다.
8) 사회복지사는 어떠한 상황에서도 클라이언트와 부적절한 성적관계를 가져서는 안 된다.
9) 사회복지사는 사회복지 증진을 위한 환경조성에 클라이언트를 동반자로 인정하고 함께 일해야 한다.

2. 동료의 클라이언트와의 관계

1) 사회복지사는 적법하고도 적절한 논의 없이 동료 혹은, 다른 기관의 클라이언트와 전문적 관계를 맺어서는 안 된다.

2) 사회복지사는 긴급한 사정으로 인해 동료의 클라이언트를 맡게 된 경우, 자신의 의뢰인처럼 관심을 갖고 서비스를 제공한다.

Ⅲ. 사회복지사의 동료에 대한 윤리기준

1. 동료

1) 사회복지사는 존중과 신뢰로서 동료를 대하며, 전문가로서의 지위와 인격을 훼손하는 언행을 하지 않는다.
2) 사회복지사는 사회복지전문직의 이익과 권익을 증진시키기 위해 동료와 협력해야 한다.
3) 사회복지사는 동료의 윤리적이고 전문적인 행위를 촉진시켜야 하며, 이에 반하는 경우에는 제 반 법률규정이나 윤리기준에 따라 대처해야 한다.
4) 사회복지사가 전문적인 판단과 실천이 미흡하여 문제를 야기 시켰을 때에는, 적절한 조치를 취하여 클라이언트의 이익을 보호해야 한다.
5) 사회복지사는 전문직 내 다른 구성원이 행한 비윤리적 행위에 대해, 제반 법률규정이나 윤리기준에 따라 조치를 취해야 한다.
6) 사회복지사는 동료 및 타 전문직 동료의 직무 가치와 내용을 인정 · 이해하며, 상호간에 민주적인 직무관계를 이루도록 노력해야 한다.

2. 슈퍼바이저

1) 슈퍼바이저는 개인적인 이익의 추구를 위해 자신의 지위를 이용해서는 안 된다.
2) 슈퍼바이저는 전문적 기준에 의해 공정하게 책임을 수행하며, 사회복지사 · 수련생 및 실습생에 대한 평가는 저들과 공유해야 한다.
3) 사회복지사는 슈퍼바이저의 전문적 지도와 조언을 존중해야 하며, 슈퍼바이저는 사회복지사의 전문적 업무수행을 도와야 한다.
4) 슈퍼바이저는 사회복지사 · 수련생 및 실습생에 대해 인격적 · 성적으로 수치심을 주는 행위를 해서는 안 된다.

Ⅳ. 사회복지사의 사회에 대한 윤리기준

1) 사회복지사는 인권존중과 인간평등을 위해 헌신해야 하며, 사회적 약자를 옹호 하고 대변하는 일을 주도해야 한다.
2) 사회복지사는 필요한 사회서비스를 개발하기 위한 사회정책의 수립 · 발전 · 입법 · 집행에 적극적으로 참여하고 지원해야 한다.
3) 사회복지사는 사회 환경을 개선하고 사회정의를 증진시키기 위한 사회정책의 수립 · 발전 · 입법 · 집행을 요구하고 옹호해야 한다.
4) 사회복지사는 자신이 일하는 지역사회의 문제를 이해하고, 그것을 해결하는 일에 적극적으로 참여해야 한다.

Ⅴ. 사회복지사의 기관에 대한 윤리기준

1) 사회복지사는 기관의 정책과 사업 목표의 달성, 서비스의 효율성과 효과성의 증진을 위해 노력함으로써, 클라이언트에게 이익이 되도록 해야 한다.
2) 사회복지사는 기관의 부당한 정책이나 요구에 대하여, 전문직의 가치와 지식을 근거로 이에 대응하고 즉시 사회복지윤리위원회에 보고해야 한다.
3) 사회복지사는 소속기관 활동에 적극 참여함으로써, 기관의 성장발전을 위해 노력해야 한다.

4 사회복지실천의 기록

사회복지실천에서 기록의 본질적인 기능은 사회복지사가 클라이언트의 서비스를 제공하는 과정에서 취해진 전문적 의사과정과 그 근거, 내용, 결과를 기록하는 것이다(김혜란 외, 2006). 따라서 사회복지실천에서의 중요한 부분으로서 기록은 서비스의 책임성과 실천가의 교육 및 성장의 도구가 된다. 클라이언트 개개인에 대한 기록은 사회복지서비스의 계획, 실행, 평가의 전 과정에서 이루어지며, 임상적인 측면에서의 기능과 행정적 기능이 모두 포함된다. 사회복지실천에서의 기록의 활용은 다음과 같다(임정문 외, 2020).

1) 기록의 활용

① 이용자의 욕구 확인: 이용자 상황과 서비스에 대한 욕구를 확인시켜주는 정보를 포함한다. 관심의 초점이 되는 문제와 서비스를 개시하는 이유에 관한 내용뿐 아니라 이용자 상황에 관한 기술, 사정, 사회・심리적 진단을 포함한다.

② 효과적인 서비스를 위한 모니터: 실천과정을 기록하면서 사회복지사가 자신의 활동에 대해 점검한다, 사실에 대한 정보보다 관찰을 체계적으로 기록하는 과정에서 보다 심층적인 사정과 계획이 나오게 되어 정보를 집합적으로 분석할 수 있게 한다.

③ 사례의 지속성 유지: 담당사회복지사가 교체되어 업무를 인계할 때 그 사례를 인수받은 다른 사회복지사가 사례에 대한 현재까지의 진행사항을 파악할 수 있게 해준다. 또는 다른 기관으로 클라이언트가 이동할 경우 지금까지의 서비스 기록을 통해 서비

스의 지속성을 유지할 수 있게 한다.

④ 전문가 간 의사소통의 원활화: 여러 전문가가 함께 일하는 사회복지실천현장에서 기록은 전문적 공조체제를 원활히 해주는 도구로 활용된다. 같은 클라이언트를 치료하는 다른 전문직들에게 사회복지사의 관점으로 얻은 정보와 실천 활동을 알림으로써 팀 활동에 기여하여 전문가들의 개별적인 노력을 조정할 수 있게 한다.

⑤ 클라이언트와 정보 공유: 클라이언트와 그 가족들의 기록 확인에 대한 욕구가 점점 높아지고 있다. 이용자가 자신에 관한 기록을 보고 싶어 할 경우 기록내용을 읽을 수 있도록 허용해야 할 때가 있는데, 전문가의 기록을 통해 클라이언트는 자신에게 제공된 서비스에 대한 이해를 높일 수 있으며, 자기결정권을 적절하게 행사할 수 있게 한다.

⑥ 교육 및 슈퍼비전의 활성화: 자문자격으로 활동하는 슈퍼바이저, 자문가, 동료 및 그 밖의 사람들에 의해 이용자 상황과 서비스과정의 진행에 대해 알기 위해 사용된다. 특히 기록은 학생 및 신입 사회복지사들에게 사회복지 실무와 기관의 업무과정을 가르치기 위한 교육도구로 활용된다.

⑦ 서비스평가 도구로 활용: 서비스에 대한 지속적 평가에 유용한 도구이다. 서비스 전달을 모니터하고 평가하려는 슈퍼바이저, 자문가, 동료들뿐만 아니라 실무자에게 유용하다.

⑧ 행정적 자료 제공: 이용자와 서비스에 관한 정보는 이용자를 지속적으로 추적하고 이용자의 욕구, 서비스의 유형, 직무관리, 직원의 직무수행, 자원의 분배에 관한 행정적 결정을 위한 정보를 제공하기 위해 사용된다.

⑨ 조사 연구를 위한 정보제공: 인간행동, 사회적 욕구, 사회적 서비스의 역할에 관한 중요한 정보원으로서의 역할을 한다. 사례자료를 사용한 대규모 연구들이 사회복지 실무이론의 확립에 영향을 미친다(오미옥 · 이수경, 2012).

2) 기록의 종류와 특성

기록의 종류와 특성은 다음과 같다(김혜란 외, 2006).

(1) 요약기록(Summary Recording)

일반적으로 사회복지기관에서 가장 많이 사용되는 형태로 시간의 흐름에 따라 변화된 상황, 개입활동, 중요한 정보 등을 요약하여 기록하는 것이다. 요약기록은 단순하고 경제적인 기록양식으로 실습생과 클라이언트 간의 상호작용 과정 안에서 중요한 세부내용을 선택하여 기록하는 방법이다. 클라이언트의 기본적인 신상정보와 클라이언트의 주요한 문제, 개입계획, 클라이언트의 반응 등이 포함된 구조화된 기록의 틀을 따른다.

(2) 이야기체 기록(Narrative Summary Recording)

서비스가 개인, 부부, 가족, 집단 등 어느 누구에게 전달되는지 상관없이 개별화된 서비스를 문서화하는 양식이다. 클라이언트 및 상황과 서비스 교류의 특수한 본질을 반영할 수 있어서 임상사회복지실천을 문서화하는데 특히 적합하다. 이야기체 기록의 질은 제공된 서비스의 질보다 사회복지사의 문장력이나 기록에 투여된 시간에 의해 좌우될 수 있다.

(3) 문제중심기록(SOAP: Subjective, Objective, Assessment, Plan)

보건 또는 정신보건현장에서 많이 사용되는 기록이며, 사회복지기관에서도 사용된다. 문제중심기록의 네 가지 요소는 첫째, 문제의 파악을 위한 데이터베이스 구축, 둘째, 문제의 분류 번호가 매겨진 특정한 문제의 목록, 셋째, 각 문제에 대한 행동계획의 개발, 넷째, 계획의 실행으로 특정한 문제에 초점을 맞추도록 하고, 문제해결의 진전에 대한 모니터링과 사후지도를 쉽게 할 수 있도록 하는 장점이 있다.

(4) 과정기록(Process Recording)[2)]

원조과정이나 이용자와 사회복지사의 상호작용과정을 있는 그대로 세밀하게 기록하는 방법으로 사회복지사가 자신의 실천행동과 결정을 분석하도록 하고, 활동을 개념화하고 조직하도록 하며, 면접이나 개입의 목적을 명료화시키고, 사례에 대한 개입기술 능력을 향상시키는 장점이 있다.

---

2) 주요 포함내용: ① 면담이나 회의에 참석한 사람들의 이름, ② 날짜, 장소, 회합의 시간, ③ 회합의 목적, ④ 회합에서의 실습생의 실습계획, ⑤ 상호작용과 내용에 대한 서술, ⑥ 실습생의 역할과 활동, ⑦ 클라이언트의 관심사, 상황 또는 문제, 클라이언트의 현재의 반응, ⑧ 실습생과 사회복지사의 원조과정에 대한 클라이언트의 반응 등 실습생의 사정, ⑨ 회합 중에 실습생이 수행한 것에 대한 스스로의 사정 - 클라이언트와의 다음 면담을 위한 실습생의 계획 등

3) 실습기록의 목적

실습기록의 목적은 다음과 같다(유진희 외, 2020).

① 실습생과 실습지도자, 실습 동료가 서로 소통할 수 있는 방법이 되며 다른 실천가와 실습생의 협력에 대한 정보를 제공할 수 있다.

② 실습생 자신은 기록을 통해 자신의 실천과정과 결과를 점검함으로써 반영적 실천(reflective practice)을 위한 자료가 될 수 있다(윤정혜 외, 2015). 또한 이 과정을 통해 차후 보완할 점을 정리하는 시간을 가질 수 있다.

③ 기록은 책무성(accountability)에 일차적인 목적이 있다. 즉, 기록을 함으로써 실습생은 책임성을 증진시키며 그로 인해 사회복지 서비스 실천의 전문성을 꾀할 수 있는 기능을 한다.

④ 기록은 실습생의 업무 과정을 가르치기 위한 교육 자료로 사용된다. 실습생은 기록을 통해 체계적인 학습의 기회를 제공받고 실습지도자는 실습생의 서비스 실천과정에 대해 구체적인 지도를 할 수 있는 자료가 된다.

⑤ 클라이언트의 욕구 확인과 활용 가능한 자원 등 클라이언트에 대한 깊이 있는 이해를 증진시킨다.

⑥ 기록은 조사연구 목적을 위한 정책 자료를 제공할 수 있고 평가의 근거로도 활용할 수 있다. 실습기록의 양식, 분량 등은 각 기관마다 서비스 목적, 사회복지실천 영역 등에 따라 다양하다. 그러므로 기본 양식을 제외한 실습 관련 양식은 기관과 협의하여 사용하는 것이 바람직하다. 또한 실습기록은 클라이언트의 인권 보호와 사생활 보호 차원에서 철저한 비밀보장의 원칙이 지켜져야 한다. 따라서 실습생은 기록의 보관, 파기 등의 과정에서 정보가 유출되지 않도록 각별한 주의를 기울여야 하며 교육의 목적으로 학교와 기관 간에 기록을 공유할 수 있으나 이 경우에도 클라이언트의 개인적 정보 노출은 충분한 논의가 이루어질 필요가 있다.

5 사회복지 사례관리

1) 사회복지 사례관리 표준 실천지침의 필요성

사례관리는 복합적 욕구를 지닌 클라이언트를 대상으로 지역사회 내의 다양한 자원체계를 개발하고 연계하며, 상담과 지지를 제공하여 클라이언트의 욕구를 해소하고 역량을 강화하는 사회복지실천의 한 방법론으로서 사회복지의 다양한 실천영역에서 적용되고 있다.

현재 사례관리는 민간과 공공영역 모두에서 아동·청소년 및 장애인, 노인 등의 여러 영역에서 신체적, 심리사회적, 경제적 문제 등 다양하고 복합적인 문제를 지닌 클라이언트와 그 가족을 지원하는 실천방법으로 사용되고 있다.

그동안 사례관리는 사회복지실천현장에서 민간 영역의 종합사회복지관, 노인 및 장애인 복지관, 그리고 정신장애인의 사회복귀를 돕는 실천현장 등에서 만성적이고 복합적인 문제를 지닌 클라이언트에게 접목되면서 전문성이 강화되어왔다. 최근에는 공공영역에서도 빈곤의 사각지대 문제를 해결하고 지역주민의 욕구에 보다 부응하는 개별화된 복지서비스를 전달하는 방법론으로서 적극적으로 활용하고 있다. 뿐만 아니라 사례관리는 지역아동센터나 아동보호시설 및 장애인 생활시설 등에 이르기까지 사회복지의 여러 실천영역에서도 적용되고 있다.

이러한 다양한 각 영역에서 이루어지는 사례관리의 수행방법과 과정, 사례관리자의 전문적 개입 수준 등에 대한 실천적 관심이 높아지고 있다. 그러나 현재 사회복지서비스를 제공하는 여러 영역에서 수행되는 사례관리는 질적 및 전문적 측면에서 상이하게 이루어지는 경향이 있으며, 사례관리가 이루어지는 세팅에 따라 사례관리자의 자격기준이나 교육 및 훈련과정, 그리고 사례관리에 대한 이해 등에 격차가 나타나고 있다.

한국사례관리학회에서는 다양한 실천현장에서 사례관리가 이루어진다고 하더라도 사회복지실천 영역의 사례관리가 지니고 있어야 하는 기준과 원칙들이 제시되어야 할 필요성에 의거하여 사회복지실천현장에서의 적용을 목적으로 '사회복지 사례관리 표준 실천지침'을 발표하였다(윤철수 · 김연수, 2016).

2) 사회복지 사례관리의 정의 · 목적 · 원칙

사례관리자는 한국사례관리학회와 한국사회복지사협회에서 공동으로 정의한 다음과 같은 사례관리의 정의 및 목적과 원칙을 준수해야 한다.[3)]

(1) 정의

사례관리란 복합적이고 다양한 욕구가 있는 클라이언트와 가족의 사회적 기능회복을 위해 운영체계를 확립하고, 클라이언트와 함께 개인과 환경의 강점을 포함한 체계적 사정과 그들의 욕구와 관련된 내적자원은 물론 다양한 지역사회 자원의 개발과 활용을 통해 클라이언트의 삶의 질을 향상시키는 통합적 실천방법이다.

(2) 목적과 원칙[4)]

첫째, 보호의 연속성으로 서비스가 포괄적으로 제공되어야 하며 제공된 서비스는 시작부터 종료 때까지 중단되지 않도록 연속성을 높여야 한다.

둘째, 서비스의 통합성으로 클라이언트의 복합적인 욕구해결을 위해 많은 기관들과 지역사회자원들을 통합적으로 활용하여 제공해야 한다.

셋째, 서비스의 접근성으로 찾아가는 서비스, 정보 제공과 의뢰, 상담료 면제, 교통편의 제공 등과 같은 적극적인 방법을 활용하여 클라이언트의 접근성을 높여야 한다.

넷째, 사회적 책임으로 서비스가 클라이언트 욕구에 적합하게 제공되어야 하며, 적당한 시기에 적절한 방식으로, 서비스의 중복이 이루어지지 않도록 사회적 책임을 감당해야 한다.

다섯째, 클라이언트의 역량강화로 사례관리서비스를 충분히 제공하여 클라이언트가 사례관리자의 도움 없이 자원들과의 연결을 유지할 수 있도록 한다.

---

3) 2016년도 한국사례관리학회 추계학술대회 발표 자료(윤철수 · 김연수)

4) 2013년도 한국사례관리학회 추계학술대회에서 발표한 자료에는 목적과 원칙에 "여섯째, 평가로 단순한 실적위주의 평가를 지양하고, 사례관리 서비스가 클라이언트에게 적절하게 제공되었는지, 클라이언트의 변화와 만족, 서비스의 통합, 서비스와 성과의 질에 관한 평가가 전문가와 클라이언트가 함께 이루어져야 한다."라는 내용이 있었으나, 2016년도 한국사례관리학회 추계학술대회의 발표 자료에서는 삭제되었다.

3) 사회복지 사례관리 표준 실천지침[5)]

표준 실천지침 1. 사례관리 개념

사례관리란 복합적이고 다양한 욕구가 있는 클라이언트와 그 가족의 사회적 기능 회복을 돕는 통합적 실천방법이다. 이를 위해 운영체계를 확립하고, 클라이언트와 함께 강점관점의 체계적인 사정을 해야 하며, 클라이언트의 내적자원 및 지역사회 자원을 개발하고 활용하여 삶의 질 향상을 위해 노력해야 한다.

표준 실천지침 2. 가치와 윤리

사례관리자는 사회복지전문가로서 사회복지 가치를 준수하고 사회복지사 윤리강령을 따라야 한다. 특히, 클라이언트의 생명과 인권에 대한 존중, 자기결정권, 비밀보장 등의 가치를 반영해야 한다.

표준 실천지침 3. 이론과 지식

사례관리자는 생태체계관점, 강점관점 등 사례관리실천과 관련된 이론, 증거기반 지식, 정책, 조사 결과 그리고 평가에 관한 지식을 획득하고 사용한다. 또한 가족기능 및 지역사회 네트워크와 관련된 이론과 지식을 겸비하고, 이를 활용하여 사례관리실천의 질을 보장하여야 한다.

표준 실천지침 4. 사례관리 운영체계

사례관리기관은 사례관리를 효과적으로 실천하기 위하여 ① 사례관리 전담인력과 전담조직, ② 사례 발굴 및 의뢰체계, ③ 자원체계, ④ 사례회의 및 슈퍼비전체계, ⑤ 내 외부지원체계 등의 운영체계를 갖추어야 한다.

표준 실천지침 5. 사례관리자의 자격

사례관리자는 사회복지사 1급 자격증 취득 후 사회복지실천 경력 2년 이상인 자이거나

5) 2016년도 한국사례관리학회 추계학술대회에서 공식 발표함. 다양한 분야에서 사례관리가 이루어지고 있기 때문에 사회복지분야에서 사용하는 표준 실천지침이라는 것을 밝히기 위하여 '사회복지 사례관리'라고 하였다.

사회복지사 2급 자격증 취득 후 사회복지실천 경력 4년 이상 되어야 하며, 사례관리와 관련된 교육과 훈련을 받은 자이어야 한다.

표준 실천지침 6. 초기면접단계

초기면접단계에서는 ① 관계 형성, ② 정보수집, ③ 클라이언트 선정, ④ 사례관리과정 안내, ⑤ 동의 및 계약 절차가 이행되어야 한다.

표준 실천지침 7. 사정단계

사정단계에서는 클라이언트의 욕구사정과 자원사정을 수행해야 한다. 욕구사정에서는 클라이언트의 제시된 요구와 욕구를 확인하고, 자원사정에서는 클라이언트의 강점과 자원, 장애물을 파악해야 한다. 또한 이 과정에 클라이언트 및 관련체계를 참여시켜야 한다.

표준 실천지침 8. 목표수립 및 계획단계

목표수립단계에서는 사정결과에 근거하여 개별화된 목표를 수립하여야 한다. 서비스 계획단계에서는 자원체계와의 협력에 기반하여 서비스 제공자, 기관, 달성 방법 및 시간 계획이 제시되어야 한다. 사례관리자는 이러한 계획을 클라이언트와 합의하여야 한다.

표준 실천지침 9. 실행 및 점검단계

실행 및 점검단계에서는 클라이언트와 함께 서비스계획을 실행하며 클라이언트 목표달성여부, 변화상황, 계획실행과 관련된 어려움을 점검한다. 이때 사례관리자는 클라이언트가 목표달성을 할 수 있도록 교육과 상담, 정보제공, 지지 및 옹호, 자원발굴과 연계, 조정 활동을 수행한다.

표준 실천지침 10. 평가 및 종결단계

평가단계에서는 클라이언트와 함께 목표달성여부와 변화정도, 서비스실행계획 이행여부, 사회적 지지체계의 활성화 정도를 평가해야 한다. 종결단계에서는 클라이언트와 함께 종결 시기를 결정하고, 종결에 대한 감정을 다루며, 사후관리계획을 수립해야 한다.

표준 실천지침 11. 기록

사례관리자는 사례관리의 과정을 문서화해야 한다. 초기면접지, 사정기록지, 서비스계획 및 점검표, 서비스 과정기록지, 종결보고서 등을 기록해야 하며, 모든 기록은 비밀이 보장될 수 있도록 관리되어야 한다.

표준 실천지침 12. 적정 사례 수[6)]

사례관리의 질적 수준을 유지하기 위하여 집중사례관리 수는 사례관리 전담인력 1인당 20사례를 넘지 않도록 해야 한다.

표준 실천지침 13. 기관의 책임과 사례관리자의 전문적 발전

기관에서는 사례관리자의 교육 참여를 적극 지원하고, 사례관리에 대한 전문적 지식과 풍부한 경험이 있는 슈퍼바이저를 위촉하여 정기적인 슈퍼비전을 시행해야 한다. 또한 사례관리자의 안전보장 및 소진예방을 위한 대책을 마련해야 한다. 사례관리자는 자격유지와 전문성 향상을 위하여 지속적인 사례관리교육에 참여해야 하며, 적절한 슈퍼비전을 받아야 한다.

4) 사회복지 사례관리자의 역할

사회복지 사례관리자의 역할은 다음과 같다(임정문 외, 2020).

(1) 상담자 · 교육자(counselor/educator)

교육자로서 사례관리자는 클라이언트와 그 가족들이 그들 자신의 문제와 욕구를 스스로 파악하고 인식하도록 돕고, 서비스의 질과 적합성을 판단하는 방법을 교육시키며, 클라이언트가 문제에 대한 책임을 나누어질 수 있도록 격려해 주어야 한다.

상담가로서 사례관리자의 역할은 클라이언트의 행동에서 역기능적인 패턴을 개발하도

---

6) 사례관리자 1인당 적정 사례 수는 전담인력 1인당 20명으로 기준은 제시하고 있지만, 사례관리가 이루어지는 실천현장의 특성과 클라이언트의 특성, 그리고 사례관리자의 수 등을 모두 고려해야 하는 부분이 있기 때문에 절대적인 지침은 아니다.

록 클라이언트를 도와야 한다. 먼저 클라이언트를 이해하고 신뢰를 형성하며, 클라이언트가 자신을 위해 자원 망을 개발하고 유지하기 위해서 알아야 할 것을 상담한다. 때로 그들은 새로운 지식과 기술뿐 아니라 스스로에 대해 새로운 것을 배울 필요가 있다.

(2) 조정자(coordinator)

조정자로서의 사례관리자는 개인이나 그 가족들에게 직접적으로 서비스를 제공하지는 않으며, 주로 서비스 전달 상황을 파악하고 조정하는 역할을 한다. 서비스 세팅에 따라 사례관리자는 서비스를 정리하는 권한을 가질 수 있고 직접적으로 어떤 서비스를 통제할 수도 있다.

조정자로서의 역할을 위해 사례관리자는 먼저 클라이언트의 문제와 타인으로부터 원조를 필요로 하는 욕구를 동시에 사정해야 한다. 또한 계획을 세우고 원조자들과 효과적인 만남을 가질 수 있도록 돕는다. 필요시에 사례관리자는 원조자들 사이의 갈등을 줄이기 위해 의사소통을 촉진하고 자원망의 효율성을 증가시켜야 한다.

(3) 옹호자(advocator)

흔히 클라이언트를 위한 서비스 전달에 필요한 자원이 전혀 없거나 어떤 클라이언트에게는 이러한 자원이 제공되지 않는 경우가 있다. 때로 필요한 자원이 부재하거나 특정 클라이언트에게 서비스 제공이 거부되는 상황이 발생하기도 한다.

옹호자로서의 사례관리자는 클라이언트가 필요한 자원을 얻을 수 있도록 돕는다. 또 다른 경우 사회가 클라이언트에게 지나치게 과한 것을 요구하는 상황이 발생하기도 한다. 이 경우 사례관리자는 그 요구를 중화시키거나 비용을 낮추어 요구를 충족시킬 수 있도록 옹호자로서의 역할을 수행한다.

5) 강점관점 사회복지 사례관리 실천과정

강점관점 해결중심의 사회복지 사례관리는 클라이언트와 함께 필요한 서비스의 지원과 방법을 결정하는 적극적인 접근방식으로 클라이언트가 성취할 수 있는 것과 이미 가지고 있는 자원, 잘할 수 있는 것에 초점을 맞추어 클라이언트가 스스로 삶에 대한 통제력을 갖고 건강하게 유지해 나가는 것을 돕는 실천과정으로 진행단계는 다음과 같다.

(1) 초기접수 단계

사례관리를 필요로 하는 클라이언트를 발견하고 그들의 욕구를 개략적으로 파악하여 적성심사를 거쳐 서비스를 받을 자격이 있는지를 결정하는 단계이다.

(2) 사정 단계

클라이언트의 주위 환경을 포함해 그의 상황을 이해하는 집중적이고 체계적인 과정이다. 서비스 적격성 여부, 클라이언트의 욕구, 능력 및 잠재적 자원 확인, 클라이언트의 진행과정을 평가하는 방법 등을 구체화하기 위해서 사정과정이 중요하다. 이때에는 욕구 및 문제사정과 자원사정, 장애물사정 등을 실시한다.

(3) 개입계획 단계

자원 확인 및 목록화 단계로 개입계획 수립은 누가 사례관리과정에서 사례관리자의 역할을 수행할 것인가, 한 사람의 사례관리와 관련된 사람들은 어떤 사람들인가, 사정에서 확인된 욕구나 문제의 우선순위는 무엇인가 등의 문제에 대하여 잠정적으로 해답을 내리는 과정이다. 이때에는 상호 간의 목적 수립하기, 우선순위 정하기, 전략 수립하기, 최선의 전략 선택하기, 전략 실행하기 등이 실행된다.

(4) 개입 단계

클라이언트가 질 좋은 서비스나 원조를 원활히 받을 수 있도록 실행하는 과정으로 서비스를 선별해서 이를 조정한다. 개입 사례관리자 자신이 제공하는 직접 서비스가 계획대로 잘 유지되도록 하는 경우와 외부 자원 획득을 통한 간접 서비스 제공으로 타기관이나 다른 사람에 의해 서비스가 적절히 유지되고 있는지에 대하여 확인한다.

(5) 점검 및 재사정 단계

서비스가 계획된 바에 따라 전달되고 있는지 검토하고 클라이언트의 상태에 따라 계획을 수정하는 단계이다. 또한 새로운 개입계획의 수립과 연결에 이르는 클라이언트 서비스

과정에 대한 계속적인 서비스 평가단계이다. 보통 3개월에 한 번씩 점검이 이루어지며 재사정 단계를 거쳐 클라이언트의 욕구가 충족되지 않았을 경우 목표설정과 개입계획으로 돌아가 사례관리의 과정을 반복한다. 이 단계에서는 구체적으로 계획된 서비스의 전달 정도, 서비스와 지원계획의 목표 성취 정도, 서비스와 사회적 지지의 산출 정도, 클라이언트의 욕구 변화 점검, 서비스 계획의 변화 여부 검토 등이 이루어진다.

(6) 평가 및 종결, 사후지도 단계

평가단계는 사례관리자에 의해 형성되고 조정되는 서비스 계획, 구성요소, 활동 등이 어떤 효과를 나타내었는지를 알아보기 위한 과정이다. 서비스 평가는 연 1회 정도 정기적으로 실시하는 것이 바람직하다. 평가를 거쳐 목표가 달성되었고, 현재의 상태가 계속 유지될 것이 확실하고 클라이언트에게 더 이상의 서비스를 제공할 수 없게 될 경우에 서비스를 종결 또는 중단한다. 그러나 사례가 종결되더라도 지속적인 의사소통이 이루어질 수 있도록 통로를 유지하는 것이 중요하다. 종결이 이루어지면 사후지도가 실시된다.

6) 사회복지 사례관리의 주요 방법

사회복지 사례관리의 주요 방법은 다음과 같다(신민선 외, 2020).

(1) 클라이언트와 사례관리 활동

사례관리를 필요로 하는 클라이언트를 발견하고 그들의 욕구를 파악하여 질 좋은 서비스나 원조를 원활히 받을 수 있도록 실행하는 전반적인 활동과정으로 클라이언트의 욕구 변화를 계속 점검해야 한다.

(2) 아웃리치

아웃리치(outreach)는 흔히 찾아가는 사회복지서비스라고 할 수 있다. 우선 일반 지역사회 주민과 다른 서비스 제공자에게 이용 가능한 프로그램에 대해 교육함으로써 프로그램과 서비스의 가시성을 높일 수 있다. 또한 아웃리치를 통해 사례를 조기에 발굴함으로써 클라이언트의 문제가 심각해지는 것을 예방할 수 있다.

(3) 클라이언트를 자원에 연계하기

클라이언트에게 관련된 정보를 제공함으로써 사례관리자는 클라이언트가 복잡한 서비스의 망에서 적합한 자원을 획득할 수 있도록 도와준다.

(4) 옹호

클라이언트가 스스로 옹호할 수 있도록 지지해 준다면 클라이언트를 임파워먼트(empowerment)하는 효과가 있다.

(5) 타 지역사회 기관과의 연계활동

사례관리자는 지역사회 내에서 클라이언트에게 필요한 자원이 없거나 부족할 경우 타 지역사회의 기관과도 연계하여 필요한 서비스를 제공해야 한다.

(6) 서비스 조정하기

서비스 제공자와 사회적 망 구성원들이 조화롭고 양립할 수 있는 방식으로 서비스가 실행될 수 있도록 하는 데 목적이 있다.

(7) 다른 기관 전문가와 관련 맺기

사례관리자는 보다 원활한 연계를 위하여 클라이언트와 잠재적 자원체계 간의 관계를 향상시켜야 한다.

(8) 반응적인 서비스 네트워크 구축

사례관리자는 반응적인 사회복지서비스 네트워크를 구축하는 핵심 위치에 있다. 사례관리자는 서비스 네트워크 구축이 잘 되도록 기여할 수 있다.

제11장

사회복지 프로그램 개발과 프로포절 작성법

1 사회복지 프로그램의 개발

사회복지현장실습에서 가장 많이 부여되는 과제가 바로 프로그램 계획서 작성과 실행에 대한 부분이다. 또한 사회복지사가 사회복지현장에서 가장 빈번하게 수행하는 업무 중 하나가 이 프로그램 계획과 실행 그리고 결과보고서를 작성하는 업무라고 할 수 있다. 따라서 사회복지현장실습을 진행하기 전에 가장 기본적으로 익혀야 하는 것 중 하나가 사회복지 프로그램에 대한 이해라고 하겠다. 이에 사회복지 프로그램의 정의와 구성요소, 프로그램의 기획과 우수한 프로그램의 특성, 프로그램 개발과 프로포절 작성에 대해 살펴보도록 하겠다.

1) 사회복지 프로그램의 정의와 구성요소

(1) 사회복지 프로그램의 정의

프로그램이란 일련의 목적을 달성하기 위해 계획된 활동들의 구조화된 집합체로 특정 목표를 달성하기 위한 일군의 활동들의 집합 또는 목표를 성취하기 위한 일군의 상호의존적인 활동을 의미다(York, 1983; 이봉주, 김기덕, 2016). 프로그램은 특정한 목표를 성취하기 위한 활동들로 이루어지며 사회복지 프로그램 역시 마찬가지로 사회복지의 목적을 성취하기 위해 디자인되고 기획된 조직적인 활동으로 사회복지와 프로그램의 합성어이다. 궁극적으로 사회복지의 목적은 클라이언트의 삶의 질을 향상시킨다는 데 목적을 두고 있으므로 사회복지 프로그램이란 클라이언트의 삶의 질을 향상시키기 위해 계획되고 실행되는 활동이라고 정의할 수 있다. 즉, 사회복지 프로그램이란 사회복지가 추구하고자 하는 특정 목적과 목표를 달성하기 위해 디자인된 조직적인 활동으로서 사회복지사와 사회복지조직이 추구하는 사명을 실현하는 수단이자(김상곤 외, 2012), 사회복지의 목적을 성취하기 위한 프로그램이라고 할 수 있다(이봉주 · 김기덕, 2014).

(2) 사회복지 프로그램의 구성요소

이 시대의 유능한 전문 사회복지사는 프로그램을 잘 만들고, 잘 만들어진 프로그램을 외부기관에 프로포절하여 많은 자원을 확보할 수 있는 사람이다. 그러므로 실습기간 동안 프로그램 개발과 평가에 대한 실습을 경험하고 충분히 익혀야 한다. 프로그램은 프로그램 명칭, 목표, 프로그램 내용, 평가, 예산항목으로 구성되어 있다(정효신 외, 2020).

① 프로그램 명칭 만들기

프로그램명에는 대상, 목적, 방법이 모두 포함되어야 한다. 프로그램명만 보더라도 이 프로그램이 추구하려는 내용을 알 수 있어야 한다. 공식적인 명칭이 긴 경우에는 부제로 애칭을 사용하는 것이 좋다.

② 목표 만들기

프로그램 목표는 구체화되고 계량화해야 한다. 계량화가 되었을 때 정확한 평가를 수행할 수 있다. 목표와 평가는 한 짝을 이루어 작성되어야 한다. 목표가 설정되었으면 평가영역에서 반드시 평가가 진행되어야 한다.

③ 프로그램 내용

프로그램은 상세한 계획 및 활동내용들을 포함한다. 프로그램을 효과적으로 실시하기 위해서는 제공되는 내용의 질과 양에 대한 적절성, 지도자 및 참가자의 경험 및 능력에 대한 적합성이 고려되어야 한다. 특히 프로그램의 활동내용은 사전에 철저히 준비되고 계획되어야 하지만 운용하는 방법과 절차도 사전에 다각적으로 검토되고 준비되어야 한다. 프로그램 참여의 효과를 높이기 위해서는 둘 이상의 관리기법의 혼용 가능성, 개인 지도방법과 집단 지도방법의 상호 보완적 사용 여부를 고려하여야 한다. 또한 기관의 목표 및 시행방침, 활동의 연속성 및 발전성, 양과 질 등을 고려하여 내용의 우선순위를 결정하고 상세하고 체계적인 활동내용에 기초한 장소 및 장비 · 도구의 편성이 이루어져야만 한다.

④ 예산

개별 프로그램은 운영에 필요한 예산을 갖추고 있어야 한다. 사회복지기관에서는 자원봉사자를 적절히 활용함으로써 예산지출을 줄일 수 있으나 프로그램 실행에 이용되는 장소나 장비 · 도구에 지출되는 대여비나 물품에 관련된 감가상각비는 고정적으로 지출되는 비용으로, 안정적인 기금 확보는 프로그램 운영에 필수적이다.

2) 우수한 사회복지 프로그램의 특징

사회복지 프로그램 기획은 단순한 일회성의 작업이 아니라 끊임없는 재검토가 이루어지는 반복되는 과정이다. 프로그램 기획과정에서 고려되어야 할 몇 가지 기준을 정리하면 다음과 같다(정무성, 1995).

첫째, 가치이다. 프로그램 참여자들이 받아들일 수 있는 가치가 반영되어 있는가에 관련된 부분이다. 사회복지 프로그램 개발은 조직이 추구하는 이념과 목적이 반영되어야 한다. 궁극적으로 사회복지 프로그램은 지역사회의 사회문제를 해결하고 욕구를 충족시킴으로써 구체적인 목표를 달성하고자 하는 것이다. 따라서 사회복지 프로그램을 개발하려고 할 때 가장 고민해야 하는 것은 '왜' 개발하려고하는 것인지에 대한 것이다. 우리 조직에서 하고자 하는 프로그램이 지역사회를 변화시키고 클라이언트의 삶의 질 향상을 위해 꼭 필요한 것인지에 대한 고민이 필요하다. 사회복지 프로그램 개발은 목적과 목표를 달성하기 위해 '왜'를 시작으로 무엇을 어떻게 할 것인지에 대한 구체적인 계획이 필요하다. 사회복지 프로그램 개발에 대한 명확한 목적과 목표가 없으면 프로그램 개발은 의미가 없다고 할 수 있으므로 사회복지 프로그램 개발 목적에 대한 명확한 인식이 필요하다. 따라서 사회복지 프로그램을 기획함에 있어서 목적과 목표가 프로그램 내용에 일관성 있게 반영되어야 하며, 프로그램 참여자들이 받아들일 수 있는 가치가 반영이 되어야 한다.

둘째, 실현가능성이다. 프로그램을 실행할 만한 정치적 승인과 경제적 자원을 동원할 수 있는지에 관련된 부분이다. 사회복지 프로그램이 아무리 좋은 아이디어를 바탕으로 프로그램 참여자들에게 긍정적인 영향을 미칠 수 있다고 해도 실현가능하지 않으면 아무런 의미가 없다. 사회복지현장에서 대부분의 프로그램은 지원예산 없이 자부담으로 진행되는 경우이기 때문에 서비스 전달에 있어서 비용과 인력에 대한 고려를 해야 한다. 개인 · 집단 · 지역사회 문제 해결을 위해 보다 나은 질 높은 서비스를 제공할 수 있는 프로그램이라

할지라도 자원이 부족하거나 정치적인 압력이 있다고 하면 실행할 수 없다. 따라서 사회복지 프로그램을 기획 시 실현가능성에 대해 고려해야 한다.

셋째, 준비성이다. 프로그램의 주관 기관 또는 조직이 제안 받은 프로그램을 진행할 만한 준비가 되어 있는가에 대한 부분이다. 사회복지 프로그램은 지역사회 문제를 해결하고 변화시키고자 하는 목표를 달성하기 위해 일시적이고 단편적인 프로그램을 제공하는 것이 아니라 안정적이며, 지속적이고 통합적인 접근이 필요하다. 따라서 프로그램을 실행하는 데 있어서 조직의 인력이 부족하거나 기술적인 부분이 충족이 되지 않는다고 하면 실행하는 데 한계에 부딪히기 때문에 준비성에 대한 부분을 충분히 고려해야 한다.

넷째, 합리성이다. 프로그램이 객관적 사실에 근거하여 준비되고 있는지에 관련된 부분이다. 조직이 속해 있는 지역사회의 특성은 각기 다르고 해결해야 할 문제도 다양하게 존재하기 때문에 사회복지 프로그램 개발은 클라이언트 및 지역적 특성을 반영해야 한다. 이렇듯 조직의 욕구, 조직의 이념과 목적, 클라이언트의 욕구, 지역적·물리적 환경 등을 고려하여 사회복지 프로그램을 합리적으로 기획해야 한다.

3) 사회복지 프로그램 개발역량

프로그램을 개발하는 단계별로 필요한 25가지 역량은 다음과 같다(안정선, 2011). 실습생들은 이러한 역량을 얼마나 갖추고 있는지 자기진단을 해볼 필요가 있다.

(1) 프로그램 개발 준비단계

① 프로그램 기획의 의미와 필요성을 이해하는 능력
② 프로그램 기획의 전반적인 단계를 이해하는 능력
③ 프로그램의 근거가 되는 이론과 전략을 명확히 제시하는 능력
④ 질 높은 프로그램 개발과 평가를 위해 프로그램 관련 이론을 적용하는 능력
⑤ 프로그램 기획에 필요한 선행연구를 탐색하는 능력
⑥ 선행연구 결과를 읽고 정리하는 능력
⑦ 논리모델(logic model)을 이해하고 적용하는 능력

(2) 프로그램 계획서 작성단계

⑧ 문제와 상황을 분석하는 능력
⑨ 욕구를 파악하고 조사하는 능력
⑩ 프로그램 목표를 수립(작성)하는 능력
⑪ 목표에 대한 평가방법을 제시하는 능력
⑫ 프로그램 논리와 전략 등을 간략한 도식화(표와 그림 등)를 통해 표현하는 능력
⑬ 프로그램 목표를 성취하는 전략적 활동을 구성하는 능력
⑭ 프로그램 홍보방법을 제시하는 능력
⑮ 프로그램 수행에 적합한 예산안을 작성하는 능력
⑯ 제안서를 타인이 잘 이해할 수 있게 작성하는 능력
⑰ 제안서를 효과적으로 발표하는 능력

(3) 프로그램 평가단계

⑱ 각 프로그램 실행과 결과를 구체적으로 기록하는 능력
⑲ 프로그램 만족도를 평가하는 능력
⑳ 개별 클라이언트(변화)를 평가하는 능력
㉑ 집단 프로그램 효과성 평가를 위한 실험설계 능력
㉒ 질적 방법을 활용한 프로그램 평가 능력
㉓ 프로그램 과정평가 능력
㉔ 평가척도 선정 및 활용 능력
㉕ 프로그램 평가지표, 목표값, 평가도구, 평가방법을 선정・제시하는 능력

2 프로포절 작성법

1) 프로포절의 개념과 특성

사회복지기관이나 시설들에 대한 사회복지공동모금회, 기업복지재단, 민간기금, 지자

체, 정부 등에서 프로그램 공모를 통해 기금을 지원하는 사례가 늘어나면서 프로포절 작성에 대한 관심이 높아지고 있다. 프로포절(Proposal: 제안)이란 기관에서 수행하고자 하는 사업이나 프로그램의 내용을 설명하는 사업제안서로서 경쟁력을 높여 서비스의 질을 개선하고, 기금 및 배분의 투명성을 확보하기 위해 대부분의 기금 제공자 혹은 후원자들이 기본적으로 요구하는 서류를 말한다(정효신 외, 2020).

프로포절은 사회복지사가 프로그램을 개발하고 기획한 실체로서 실제 사업을 실행하는데 운영지침으로서 활용될 뿐만 아니라 대내·외적으로 인정받고 기관의 당위성을 위한 근거자료가 된다. 여기서 내부적인 인증이란 기관장 또는 이사회나 사회복지공동모금회나 자원조달기관인 여러 기업재단들과 같은 후원자들로부터 사업에 대한 승인과 예산, 인력 등의 자원을 제공받는 것을 결정하고 확정짓는 것이다. 대외적인 인증은 정부로부터 사업비를 교부받을 때 근거로 활용되거나, 사회복지공동모금회나 정부 각 부처에서 수행하는 각종 공모사업의 신청서로도 활용될 수 있다(우수명, 2004).

외부 제출용으로 작성되는 프로포절은 심사기관이나 검토하는 사람으로 하여금 사업의 내용을 쉽게 이해할 수 있도록 핵심적인 사항을 중심으로 명료하게 작성되어야 하며, 사업계획서의 검토 및 심사기준을 사전에 파악하여 이에 준할 수 있도록 합리적이며 설득력 있게 작성하는 것이 중요하다. 프로포절은 기금 제공자 및 후원자에게 혹은 학계에 상정된 프로젝트가 주목할 만한 것임을, 또한 관련 지원을 해주기에 타당한 것임을 설득하기 위해 작성된 서류를 말한다.

프로포절은 기획안의 성격을 지닌 문서로서 진행되는 과정들이 연속적인 단계들로 구성되어 상세하게 담겨야 할 뿐 아니라, 실행에 필요한 시간과 자원들이 구체적으로 담겨 있어야 하며 프로젝트 실행에의 지침과 규정이 되도록 상세하게 작성되어야 하는 전체적인 계획서를 말한다. 이와 같은 측면에서, 프로포절에서 주요하게 고려되어야 하는 특성은 창의성, 수행 가능성과 명료한 논리성이라 할 수 있다. 창의성은 기존에 실행되고 있는 사업 아이템들보다는 새로운 발상과 아이디어에 의거한 사업 아이템의 개발이 요구된다. 수행 가능성은 프로젝트 계획이 현실적으로 수행하기 어렵거나 곤란하다면 타당성 있는 사업계획안으로 인정받기 어렵다. 명료한 논리성은 인과관계가 명료하지 못한 실행방법들로 구성된 사업계획안 역시 타당한 계획으로 인정되기 어렵다는 것이다.

2) 프로포절의 작성원칙

프로포절의 작성원칙은 프로포절 가이드라인을 활용하여 작성하는 것이 가장 바람직하며, 기존 프로포절 등을 참조하는 것이 도움이 된다. 프로포절 작성 시 프로포절(안)은 프로젝트가 수행할 만한 가치가 있음을 전달하기 위한 장치라는 점은 매우 중요하다. 따라서 프로포절 작성자는 여기에서 무엇을 의도하는지 분명하게 전달될 수 있도록 해야 할 것이다. 즉, 사업의 목적, 사업의 내용, 사업수행 방법과 절차 등이 명료하고 명확하게 나타나야 한다. 프로젝트를 수행할 수 있는 실행능력은 기관이나 직원들의 유사사업 경험이나 기존 조사연구 자료, 사업 전반에 대한 충분한 이해와 여건이 조성되어 있음을 프로포절에서 보여줄 수 있어야 한다. 그리고 관련영역에서 작은 사업 아이템들로부터 시작하는 것이 필요하며 능력 이상의 부분들을 계획하는 것은 적절하지 않다.

프로포절은 정확하고 확실한 용어들을 활용하여, 프로포절 작성자의 창의적인 아이디어들이 분명하게 그려질 수 있도록 작성되어야 하며, 전문가뿐만 아니라 일반 사람들에게도 명료하게 이해될 수 있도록 작성해야 한다. 프로포절 작성과 관련하여 정확한 개요들을 마련하고, 관련영역 전문가들, 특히 보조금을 성공적으로 받아본 경험이 있는 전문가를 활용하여, 계획을 심화시키는 것이 필요하다.

프로포절은 어떻게 작성하는가에 따라서 프로그램의 예산 확보에 크게 영향을 미치며, 추후 프로그램의 평가에도 근거자료로서 활용된다. 사회복지기관의 입장에서 프로포절 제출의 일차적인 목적은 사업수행에 필요한 재원을 확보하는 것이다. 따라서 호소력 있게 작성된 프로포절은 기관의 프로그램 활성화를 위한 재원 마련에 커다란 도움을 준다. 실제로 미국의 경우 민간 사회복지시설 총예산의 30% 가량은 제출한 프로포절의 승인을 통해 얻고 있으며, 우리나라의 경우에도 프로그램 공모방식이 계속 확대되면서 많은 사회복지시설이나 기관들이 프로포절을 통해 재원을 확보하는 비율이 높아지고 있다.

3) 프로포절 심사 시 고려사항

기금 제공자가 프로포절을 심사할 때 고려하는 사항으로는 문제의 심각성, 프로그램의 참신성과 효과성, 프로그램 운영의 비용효율성, 기관의 능력과 직원들의 전문성 등이 있다. 또한 프로포절에는 기본적으로 사회복지의 가치가 반영되어 있어야 하며, 실현 가능성, 기관의 준비성, 기록의 신뢰성 등을 제시할 수 있어야 한다. 일반적으로 프로포절은 표지, 문제 분석, 대상자 선정, 목표 설정, 활동내용, 예산, 평가계획 등으로 구성된다. 이러한 내용들을 어떻게 제시하는가에 따라 프로포절 심사에 상당한 영향을 미치기 때문에 대부분의 시설에서는 직원들에게 프로포절 작성요령에 대한 지식과 기술을 갖출 것을 요구한다(정무성, 2005).

4) 프로포절 작성법[1)]

(1) 표지

프로포절의 표지는 대개 정해진 양식이 제공되는데, 크게 기관에 관한 부분과 프로그램에 관한 부분으로 구성되어 있다. 기관에 관한 부분은 법인의 특성, 연혁, 조직표 등으로 구성된다. 이는 이미 정해져 있는 내용이기 때문에 프로포절 작성자들이 소홀히 하기 쉬운 부분인데, 경쟁력 있는 프로포절은 남들이 소홀히 하는 부분에서도 차별화 된 무엇인가를 제시할 수 있어야 한다. 여기서는 특히 연혁에 주목해야 한다. 연혁을 작성할 때 신청하는 프로그램과 관련된 실적을 강조해서 제시할 필요가 있다.

표지의 프로그램에 관한 사항은 프로포절 전체의 내용을 함축적으로 담고 있는 매우 중요한 부분이다. 이 부분을 통해 프로포절의 핵심적인 메시지를 전달할 수 있어야 한다. 특히, 사업명의 중요성은 아무리 강조해도 지나치지 않는다. 사업명에는 반드시 프로그램의 대상, 목적, 방법이 제시되어야 한다. 대상에는 그동안 사회복지 서비스의 사각지대에 있었던 사람들이 포함될 필요가 있고, 목적을 통해서는 서비스의 필요성이 강조되어야 하며, 방법에는 프로그램의 적절성과 전문성이 제시되어야 한다. 실제로 많은 심사위원들이 사업명을 통해 전체 프로포절에 대한 감을 잡는 만큼, 작성자들은 사업명을 어떻게 제시할 것인가를 심사숙고해야 한다. 또한 표지에는 대개 프로포절에 대한 전체 요약 부분이 들어가 있다. 여기서는 문제의 심각성, 프로그램의 필요성 및 기대효과에 대한 내용이 함축적으로 제시되어야 한다.

(2) 문제분석

사회복지 프로그램은 사회문제로부터 출발한다. 문제가 심각할수록 프로그램의 지원 당위성이 높아지는 것이다. 따라서 프로포절 작성자들은 사회현상을 사회문제로 파악할 수

1) 사회복지공동모금회 배분심사위원회의 프로포절 평가기준과 방식 등을 중심으로 작성하였음.

있는 통찰력을 지녀야 한다. 현상을 문제로 제시하기 위해서는 기준이 있어야 한다. 문제분석에서는 인간의 이상적인 삶의 질에 기준하여 대상자들의 문제가 얼마나 심각한지를 객관적인 자료와 함께 제시하여야 한다. 또한 대상자들이 다른 지역 혹은 다른 집단에 비해 상대적으로 얼마나 박탈되어 있는지를 제시할 수 있다면, 제출하는 프로포절의 지원 필요성은 더욱 높아지게 된다.

문제의 원인과 실태가 제대로 파악되어야만 다음 단계인 프로그램의 목표와 대상이 구체화 될 수 있다. 문제분석과 함께 제시할 수 있는 것은 프로그램의 효과성과 관련된 내용이다. 이 프로포절이 지원되었을 때 대상자와 지역사회에 어떠한 변화가 일어날 것이고, 그것의 사회적 비용효과는 얼마나 될 것인지를 제시하는 것이 바람직하다.

〈작성 가이드라인〉
- 지역사회 문제 및 욕구에 대한 구체적 기술을 중심으로, 지역사회의 변화 욕구에 대한 내용을 입증할 만한 통계자료나 경험적 근거자료를 제시하여 1쪽 이내로 체계적으로 적으면 됩니다.

(3) 대상자 선정

프로그램 실시의 근거가 될 수 있는 문제가 규명되면, 문제의 규모를 정확하게 보여주기 위해 대상자를 선정하여야 한다. 프로그램의 대상은 일반대상(general population)으로부터 위기대상(at-risk population), 표적대상(target population), 클라이언트수의 순으로 좁혀가야 한다. 일반대상은 대상집단이 속한 모집단으로써 실습기관이 서비스를 제공하는 행정 관할구역 내의 일반 사람들을 말한다. 위기대상은 일반대상 중에서 문제에 노출되었거나 문제를 겪은 경험이 있는 사람들로 구성된다. 표적대상은 프로그램 제공을 통해 문제해결을 할 수 있는 대상으로 삼는 인구집단을 의미한다. 즉, 실습기관의 사회복지서비스를 필요로 하는 인구집단이다. 위기대상으로부터 표적대상을 추출할 때는 기준을 정하여 문제의 심각성이 높은 집단을 선정하되, 실습기관이 접근할 수 있는 지리적 경계 내에 있는 사람들로 한정하여야 한다. 클라이언트 수는 제출하는 프로포절에서 제공될 프로그램에 직접 참여하게 되는 사람들을 의미한다. 실습기관이 생활시설에서 모든 클라이언트에게 서비스를 제공하는 프로그램을 진행하는 경우는 표적대상과 클라이언트수가 동일할 수도 있다. 사회복지 프로그램에의 참여는 가능한 클라이언트의 자발성이 강조되어야 한다. 여러 가지 상황을 고려할 때 클라이언트 수는 표적대상의 20% 내외를 선정하는 일반적이다.

[예시] 사업명: 따돌림 당하는 장애학생을 위한 사회통합 증진 프로그램

대상구분	대상자 산출근거	인원수(%)
일반대상	경기도 내 중학교 특수학급에 재학 중인 학생	1,110명(177학급)
위기대상	특수학급에 재학 중인 학생 중 따돌림을 경험한 학생	330명(일반대상의 30%)
표적대상	따돌림을 경험한 학생 중 내성적인 성격이 강한 학생	110명(위기대상의 30%)
클라이언트수	표적집단 중 프로그램에 참여하기로 동의한 학생	25명(표적대상의 22.7%)

※ 근거: 20**년 교육부 **통계 및 경기도 교육청 **자료

〈작성 가이드라인〉

- 일반대상은 서비스를 제공할 대상이 속해 있는 커다란 인구집단 또는 지역의 일반인구집단을 말합니다. 예로 서울시 ○○구 치매노인들을 대상으로 서비스를 제공하고자 할 경우 ○○구의 노인인구를 기록하면 됩니다.(자치단체의 통계연보 참조)
- 위기대상은 일반대상 중에서 어떤 문제나 욕구를 가지고 있거나 잠재되어 있다고 추정(파악)되는 인구집단을 의미합니다.
- 표적대상은 위기대상 중 문제, 욕구가 표출되거나 노출되어 있는 집단으로 예산이 확보된다면 반드시 문제를 해결해 주어야 할 대상입니다.
- 클라이언트 수는 이번 신청사업을 통하여 서비스나 직·간접적인 혜택을 제공받게 되는 인원수이며, 최소한 표적대상의 20%는 되는 것이 바람직합니다. 생활시설의 경우 표적대상과 클라이언트 수가 동일하게 산출될 수도 있습니다.
- 단위수는 명을 기준으로 하지만, 세대나 기타 집단적 성격인 경우에는 단위로 취급합니다. 즉, 10명이면 10명으로, 10세대이면 10세대이라고 기록하면 됩니다.

(4) 목표 설정

프로그램의 대상이 명료화되었으면, 다음 단계는 목표를 설정하는 과제가 남아있다. 이 부분은 주로 목적, 목표, 세부목표로 구성된다. 목적(purpose)이란 프로그램을 통해 궁극적으로 달성하고자하는 포괄적이고 추상적인 지향점이다. 목표(goal)는 목적을 보다 구체화하여 방향성을 제시하는 것이지만 여전히 추상적인 용어로 표현된다. 프로포절에서 가장 중요한 것은 세부목표(objectives)이다. 세부목표는 프로그램을 통해 달성하고자 하는 구체적인 목표로 프로그램의 성공여부는 결국 세부목표의 달성여부와 관련이 있다. 따라서 세부목표는 실현가능하도록 구체적이고 현실적인 언어로 표현되어야 하며, 또한 프로그램 시행 후 목표달성 여부를 평가할 수 있도록 측정 가능한(measurable) 언어로 표현되어야 한다.

〈작성 가이드라인〉
- 사업목적은 5줄 이내의 분량으로 추구하고자 하는 사업의 철학과 방향을 정리하면 됩니다.
- 사업목표는 사업목적을 달성하기 위하여 구체적으로 실현되어야 할 방법과 내용, 달성될 계량화 목표 수치 등을 포함하며, 사업의 효과성 평가기준이 됩니다. 따라서 세부목표를 설정하는데 있어서 가급적 수량화시킬 수 있는 것이거나, 아주 구체적으로 작성하는 것이 필요합니다. 만약 구체적으로 작성할 수 없을 경우 어떤 식으로 목표달성 정도를 평가할 것인지를 염두에 두어야 합니다. 예를 들면, 청소년 자치동아리를 활성화시키는 프로그램일 경우 몇 개의 청소년 자치동아리를 활성화시킬 것이고, 몇 번의 활동 모임을 가질 것인지를 구체적으로 명시하는 것이 유리합니다.

(5) 활동내용

프로그램의 활동내용은 프로그램의 구조, 담당인력, 일정표 등으로 구성된다. 프로그램의 구조는 설정된 목표를 달성하기 위한 프로그램의 수행방법을 설명한 것이다. 따라서 세부목표를 중심으로 프로그램의 내용과 수행을 위한 방법 및 매개물, 스텝과 클라이언트의 역할을 구체적으로 명시하면 된다. 프로그램의 담당인력은 슈퍼바이저, 스텝, 자원봉사자들을 모두 포함시키되, 실명으로 기재하는 것이 원칙이다. 특히 담당인력의 경력이나 학력은 프로그램의 수행능력을 평가하는 매우 중요한 기준이기 때문에 구체적으로 명시할 필요가 있다. 일정표는 프로그램의 내용과 수행방법을 진행일정에 따라 프로그램의 기간, 간격, 소요시간 등을 포함하여 작성해야 한다.

〈작성 가이드라인〉
- 사업시행구조: 프로그램의 기간, 간격, 소요시간, 장소 등 프로그램의 형태와 구조를 파악할 수 있도록 정확히 기재하면 됩니다.
- 프로그램의 매개체(수행방법): 제시될 프로그램에 활용되는 매개체(역할놀이, 강의, 시청각 기재 등)로 어떤 것들이 적합할 수 있는지 서술하면 됩니다.
- 담당자의 역할 및 과업: 프로그램을 위해 담당자가 해야 하는 역할과 과업이 어떤 것들이 있는지 서술하면 됩니다.
- 클라이언트의 역할 및 과업: 프로그램에 참여하는 클라이언트가 변화를 위해 스스로 어떤 노력을 기울여야 하는지, 그리고 변화를 위한 구체적인 과업은 무엇인지 서술하면 됩니다.

(6) 예산수립

프로그램을 운영하는 데 드는 비용은 예산으로 표현된다. 예산계획은 신청 프로그램의 총예산을 인건비, 관리비, 기자재 및 집기 구입비, 수용비, 사업비 등의 항목으로 나누어

각 항목의 산출근거를 구체적으로 제시한 것이다. 원칙적으로 프로그램 예산은 직접경비와 간접경비를 구분해서 제시해야 하는데, 직접경비는 신청 프로그램을 위해서만 직접 현금으로 새롭게 지출되는 경비를 의미하며, 간접경비는 기관의 기존시설이나 인원 중 신청 프로그램에 활용될 부분의 비용을 의미한다.

기존 인력 및 시설을 활용하는 경우는 이들이 신청 프로그램에 할당되는 비율을 근거로 간접경비를 계산한다. 대부분의 기금들은 직접경비만을 지원하는 것을 원칙으로 하고 있으나 공동모금회의 경우는 신청금액의 20%까지 인건비를 신청할 수 있도록 하고 있어, 간접경비 중 인건비의 일부를 지원 받는 것이 가능하다. 나머지 간접경비는 자부담으로 처리하면 된다. 그러나 자부담을 높이 책정할 경우 프로그램의 총경비가 늘어나 효율성 평가에서 불이익을 받을 수 있음을 유의해야 한다.

〈작성 가이드라인〉

- 신청사업 총예산을 인건비, 사업비, 관리비, 기타의 항목으로 나누어 각 항목의 산출근거를 아주 구체적으로 기록합니다.
- 인건비 중 직접비에는 신청사업과 관련한 신규직원(계약직 등)과 강사 등의 비용을 포함하며, 간접비는 신청사업과 관련해서 사업수행기관의 정규직원 및 자문위원 등의 비용을 포함합니다. 단, 필요시에는 간접비 중 정규직원 등의 급여도 신청금액으로 포함할 수도 있습니다.
- 사업비는 실제 프로그램의 운영을 위하여 소요되는 여비, 인쇄비, 소모품비, 식비, 장비구입, 교육훈련비 등을 말합니다.
- 관리비는 사업비를 제외하고 실제 프로그램의 진행을 지원하기 위하여 소요되는 비용을 말합니다. 예를 들면 전화비, 보험료, 청소용역비, 냉난방비, 차량유지비 등이 포함됩니다.
- 산출근거에 간접비인지, 직접비인지 반드시 기록합니다.

(7) 평가계획

프로그램 평가는 크게 과정평가와 총괄평가로 나누어 볼 수 있다. 과정평가계획은 프로그램 일정표에 설정된 진행과업의 시기별 공정표를 작성하는 것으로 대신할 수 있고, 총괄평가계획에는 평가지표, 측정도구, 평가방법 등이 구체적으로 제시되어야 한다. 전문적인 프로그램에 대한 지원을 하는 기금일수록 보다 구체적인 평가계획안을 요구한다.

(예시) 평가계획안

성과 평가	자존감향상	올바른 직업관 형성	약물남용예방	건전한 여가활동	지각 · 결근일수의 감소	서비스의 질적 향상	안전사고 발생률 감소
평가 지표	① 자아인식도 ② 자기주장 능력	① 직업 필요성의 인식도 ② 장래 인생 계획	① 약물남용에 대한 이해 ② 약물남용청소년의 발견과 전문기관 의뢰	취미활동의 종류	지각 · 결근 일수	이용자 만족도	안전사고 발생률
측정 도구	자존감척도	직업인식에 관한 설문지	① 약물남용 인지에 대한 설문지 ② 의뢰기록지	여가활동 내용에 대한 설문지	근무일지	만족도 설문지	전년도 안전사고 통계자료
평가 방법	사전사후 설문의 자존감척도를 통해 평가	사전 · 사후 설문의 직업인식 항목을 통해 평가	약물사용고위험검사와 약물남용인지도에 관한 사전사후설문을 통해 평가	사전 · 사후설문의 여가활동 항목을 통해 평가	교육 전 교육 후의 근무일지를 통해 평가	교육이수 3개월 후 사용자에게 설문하여 평가	전년도 안전사고율과 교육년도의 안전사고율 비교평가

〈작성 가이드라인〉

- 사업 목적 달성정도를 평가할 방법(평가기준 평가도구) 및 기대효과를 먼저 서술합니다. 특히 사회 · 심리프로그램은 반드시 평가척도를 첨부해야 합니다.
- 사업종료 후에 사업효과를 평가할 수 있는 기준(척도)을 제시해주시기 바랍니다. 프로그램의 성패를 판단하기 위해서 프로그램의 어느 측면을 평가의 초점 내지는 대상으로 삼아야 할 것인가에 대한 기준을 말합니다.
- 평가의 기준은 대체로 ① 목표대비 달성수준 ② 기대하는 변화의 정도 ③ 변화 또는 성과를 나타내는 점수 ④ 의도한 서비스 효과가 표현되는 맥락이나 상황의 수준 ⑤원하는 가치가 산출되는 정도나 범위 ⑥ 이용자의 만족도를 나타내는 특정 지표 ⑦ 특정행동 또는 태도의 변화 등으로 표현할 수 있습니다.
- 평가의 틀로서는 척도를 통한 평가와 설문지를 통한 평가가 있을 수 있습니다. 척도를 통한 평가로는 이용자 수, 클라이언트가 참여한 시간, 표준화된 척도 등으로 평가할 수 있습니다. 설문지를 통한 평가로는 클라이언트 만족도 조사가 있을 수 있습니다.
- 또한 기관 스스로 시행한 자체 평가나 실무자 평가 및 지역사회 내 평가 등을 기재하시면 됩니다.

3 프로포절 작성 실제 사례

〈성과중심형〉 3개년 사업계획서

I 프로젝트 제안내용

1. 사업명 : '문화예술 공동체 활동'을 통한 영구임대아파트 주민 『치유 · 향유 · 공유』 프로젝트

문화복지 마을공동체 "4각사각"(4단지 생각, 사람 생각)[2)]

2. 사업 내용 및 추진 전략

1) 사업 참여자 모집 전략

(1) 참여 대상 및 인원

구분	1차년도	2차년도	3차년도
핵심 참여자	문화예술공동체 활동(4각사각 문화예술학교, 주민 문화예술단 활동 등)에 직접적으로 참여할 가양○단지 주민		
	100명	200명	300명
	[일반대상 그룹] ① 아동 10명 ② 청소년 10명 ③ 20대~40대 10명 ④ 50대~60대 10명 ⑤ 70대 이상 30명(2그룹) [선별대상 그룹] ① 지적장애 주민 10명 ② 정신장애 주민 10명 ③ 결혼이주여성 10명	[일반대상 그룹] ① 아동 10명 ② 청소년 10명 ③ 20대~40대 10명 ④ 50대~64대 10명 ⑤ 70대 이상 30명(2그룹) [선별대상 그룹] ① 지적장애 주민 10명 ② 정신장애 주민 10명 ③ 결혼이주여성 10명	[일반대상 그룹] ① 아동 10명 ② 청소년 10명 ③ 20대~40대 10명 ④ 50대~64대 10명 ⑤ 70대 이상 30명(2그룹) [선별대상 그룹] ① 지적장애 주민 10명 ② 정신장애 주민 10명 ③ 결혼이주여성 10명
	※ 모집과정 및 사업진행과정에서 그룹별 참여 인원은 조정될 수 있음.		
주변 참여자	**문화예술공동체 활동 과정에 간접적으로(단순참여 및 공유의 대상) 참여할 가양○단지 주민들과 핵심 참여자의 참가 및 활동을 촉진할 기존 주민 활동가들**		
	350명	**350명**	**350명**
	① 간접적 참여자 300명 ② 기존단체 활동주민 50명 - 동대표회 10명 - 부녀회 5명 - 통반장 15명 - 주.사.위[3)] 조합원 20명	① 간접적 참여자 300명 ② 기존단체 활동주민 50명 - 동대표회 10명 - 부녀회 5명 - 통반장 15명 - 주.사.위 조합원 20명	① 간접적 참여자 300명 ② 기존단체 활동주민 50명 - 동대표회 10명 - 부녀회 5명 - 통반장 15명 - 주.사.위 조합원 20명

2) 본 프로포절 사례는 서울 ○○구 가양○종합사회복지관에서 사업계획서를 작성한 것으로 사회복지공동모금회 '나눔과 꿈' 기획사업에 선정되어 2019~2021년까지 3년간 사업을 추진하여 큰 성과를 도출한 문화복지사업 프로젝트임. 작성 항목과 내용 등이 최근 사회복지공동모금회 프로포절 트렌드를 잘 보여주고 있음.

3) 주.사.위: '主민참여로 행복한 가양○단지 만들기 We원회'의 약자. 가양○복지관이 주민조직화사업 일환으로 2005년에 구축한 주민조직으로서 주민행복을 위한 단지 내 다양한 활동을 전개해 옴. 2017년 협동조합으로 발족함.

2) 연차별 사업내용

사회적 배제로 인해 발생하고 있는 영구임대아파트 주민들의 문제를 효과적으로 개선하기 위하여 **【'치유 · 향유 · 공유'를 지향하는 주민자치형 문화예술공동체 활동】**을 기획, 수행하여 ❶참여 주민의 긍정적 자기회복 역량을 강화하고 ❷공동체의식 증진을 통해 이웃 간 건강한 사회적 관계망을 확대함과 동시에, ❸주민들이 문화적 역량을 주도적으로 창출, 공유할 수 있는 지속가능한 시스템을 뿌리내림으로써 **'문화복지 마을공동체'**로서의 영구임대아파트 혁신모델을 제시하고자 한다.

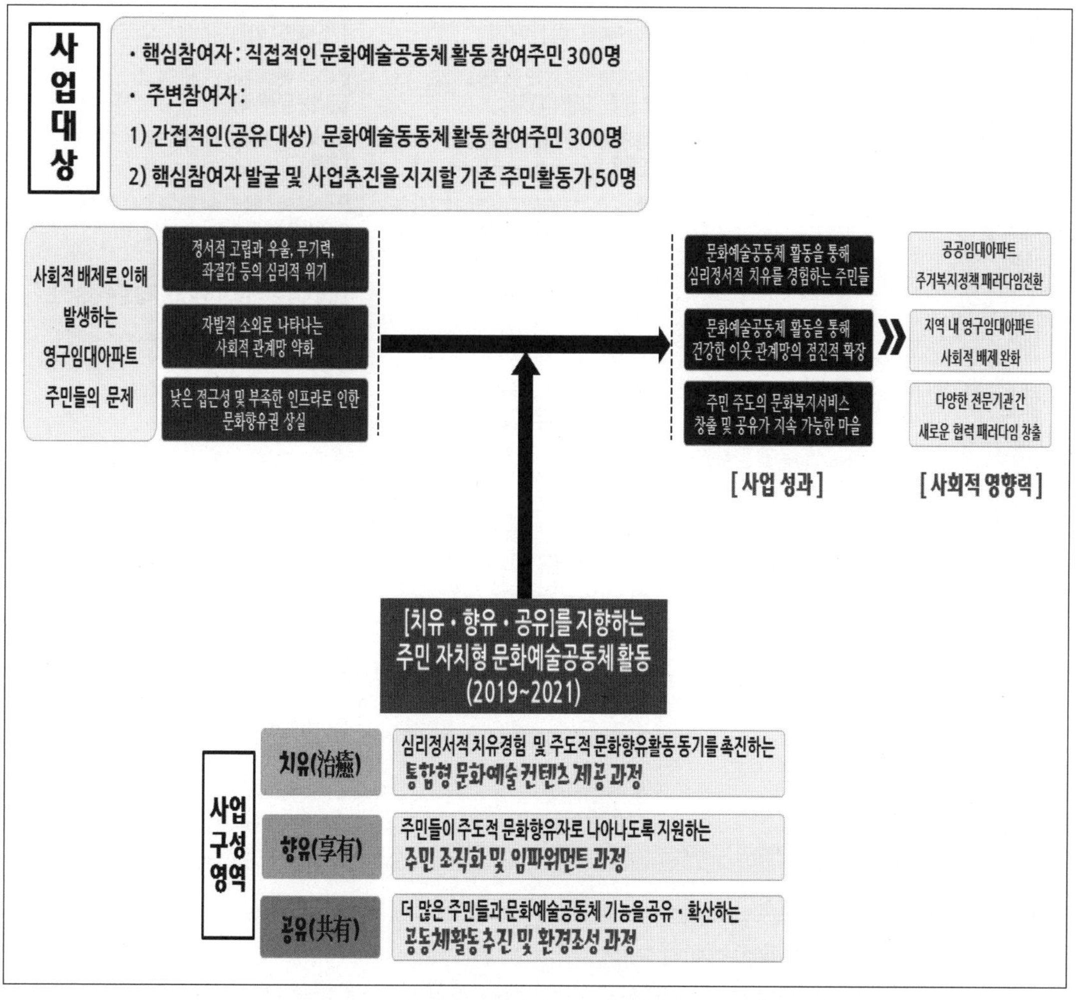

[전체 프로젝트 기획모형]

[치유·향유·공유]를 지향하는 주민 자치형 문화예술공동체 활동 (2019~2021)

	2019년 [‘문화예술 공동체 역량’ 기반 구축단계]	2020년 [‘문화예술 공동체 역량’ 강화단계]	2021년 [‘문화예술 공동체 역량’ 확산단계]
치유(治癒) Healing Sector	❶ 대상집단 별 치유형 문화예술 체험 프로그램 【4각사각 문화예술학교 2019】 ❶-1) 4각사각 문화예술학교 세대통합 프로그램 【잘 통합니다! 2019】	❶ 대상집단 별 치유형 문화예술 체험 프로그램 【4각사각 문화예술학교 2020】 ❶-1) 4각사각 문화예술학교 세대통합 프로그램 【잘 통합니다! 2020】	❶ 대상집단 별 치유형 문화예술 체험 프로그램 【4각사각 문화예술학교 2021】 ❶-1) 4각사각 문화예술학교 세대통합 프로그램 【잘 통합니다! 2021】
향유(享有) Enjoying Sector	❶ 4각사각 주민문화예술단 구축 지원 인프라 구축활동 【사인회(四人會)】_4(四)각사각을 돕는 사람들(人)모임(會) ❷ 4각사각 주민문화예술단 구축 촉진 프로그램 【설레는 작당모의】	❶ 4각사각 주민문화예술단 구축 지원 인프라 구축활동 【사인회(四人會)】유지&확대 ❷ 4각사각 주민문화예술단 구축 촉진 프로그램 【설레는 작당모의】확대 ❸ 4각사각 주민 문화예술단 운영 컨설팅 활동 【팍팍】_Powerful Appropriate Coaching (NEW) ❹ 4각사각 주민 문화예술단 리더 역량강화 및 네트워킹활동 【4각사각 꼭두쇠 서밋(Summit)】(NEW)	❶ 4각사각 주민문화예술단 구축 지원 인프라 구축활동 【사인회(四人會)】유지&확대 ❷ 4각사각 주민문화예술단 구축 촉진 프로그램 【설레는 작당모의】지속 ❸ 4각사각 주민 문화예술단 운영 컨설팅 활동 【팍팍】_지속 ❹ 4각사각 주민 문화예술단 리더 역량강화 및 네트워킹활동 【4각사각 꼭두쇠 서밋(Summit)】지속 ❺ 지속가능성을 위한 혁신적 접근 【4각사각 문화예술 사회적 협동조합 발족 컨설팅】(NEW)
공유(共有) Sharing Sector	❶ 가양4단지 활동 주민단체 지지 및 협력 확보활동 【4각사각 서포터즈 간담회】 ❷ 휅 주민 4각사각 프로젝트 홍보 행사 【For You(4유)박람회】_치유·향유·공유 & 권유 ❸ 단지 내 문화예술 환경 조성 주민아이디어 공모전 【아~아~아~Contest】_아트·아파트·아이디어	❶ 가양4단지 활동 주민단체 지지 및 협력 확보활동 【4각사각 서포터즈 간담회】지속 ❸ 단지 내 문화예술 환경 조성 ‘선정 아이디어’ 실행 활동 【아~아~아~Action】_아트·아파트·아이디어 ❹ 단지 내 작품전시공간 조성사업 【구석구석 갤러리】(NEW) ❺ 이웃과의 문화예술역량 공유촉진 프로그램 【더불어 작당모의】(NEW) ❻ 단지 내 문화예술제 【4각사각 축제 2020】(NEW)	❶ 가양4단지 활동 주민단체 지지 및 협력 확보활동 【4각사각 서포터즈 간담회】지속 ❸ 단지 내 문화예술 환경 조성 ‘선정 아이디어’ 실행 활동 【아~아~아~Action】_아트·아파트·아이디어 ❹ 단지 내 작품전시공간 조성사업 【구석구석 갤러리】유지&확대 ❺ 이웃과의 문화예술역량 공유촉진 프로그램 【더불어 작당모의】지속 ❺-1) ‘주민문화예술단 별 더불어 작당모의 결과’ 실행활동 【더불어 더블(Double)로】(NEW) ❻ 단지 내 문화예술제 【4각사각 축제 2021】

연구(硏究) Research Sector

❶ 프로젝트 전문 자문단 구축, 매 년 분기별 자문회의 개최
❷ 3년간 사업수행과정을 전문 다큐멘터리 제작회사와 협력연계를 통해 다큐멘터리로 제작(매 년 작업)
❸ 다큐멘터리 제작과 더불어 전문 연구기관과 협력연계를 통해 수행과정에 참여한 주민변화 및 지역사회 Impact에 대한 질적 연구 수행(매 년 작업)
❹ 2021년 12월, 대한민국 영구임대아파트 주민 및 지원기관 초청 [성과공유 문화예술 포럼] 개최

[2019~2021 전체 사업내용 조감도]

1차년도 [2019년; '문화예술 공동체 역량' 기반구축 단계]		
특징	• 단지 내 프로젝트 지지기반 및 인지도 형성을 위한 초기 집중적 투입력 설계 • **100명에게 치유경험을 제공하는 '문화예술 공동체 체험활동(치유부문)' 운영체계 확립** • '주민 자치 문화예술단 구축'을 위한 지원체계 마련	
핵심 내용	치유(治癒) Healing Sector	❶ 다양한 문화예술 컨텐츠 기반 대상집단 별 치유지향 프로그램 **【 4각사각 문화예술 학교 2019 】**
		• 대상 : 가양○단지 주민 100명(9개 그룹) ①아동②청소년③청년④중 · 장년⑤노인1⑥노인2⑦지적장애⑧정신장애⑨이주여성 • 일정 및 횟수 : 5월~11월, 주 1회 총 20회기 운영 • 내용 : 다양한 문화예술컨텐츠(미술 · 음악 · 춤 · 사진 · 연기 등)를 매개로 전문인력이 수행하는 대상집단 별 문화예술체험 및 자기표현 활동 ※ *주민들의 프로그램 참여과정 모니터링을 통해 치유효과 극대화 및 지속적 참여를 지원하기 위해 '사례관리 서비스'가 필요한 참여자에게 복지관 내 사례관리팀 의뢰를 통한 사례관리서비스 제공을 병행함.*
		❶-1) 4각사각 문화예술 학교_세대통합 프로그램 **【 "잘 통합니다! 2019" 】**
		• 대상 : '4각사각 문화예술학교 2019' 참가 주민 100명(9개 그룹) • 일정 및 횟수 : 6, 7월 & 10, 11월, 월 1회 총 4회기 운영 • 내용 : 2~3개 그룹씩 묶어 세대 간 통합형 '문화예술공동체 체험활동' 운영
	향유(享有) Enjoying Sector	❶ '4각사각 주민 문화예술단' 구축 지원을 위한 인프라 구축 활동 **【 사인회(四人會) 】**; 4(四)각사각을 돕는 사람들(人) 모임(會)
		• 본 프로젝트의 '문화예술 공동체 활동' 컨텐츠 제공 및 주민 문화예술단 구축과정을 지원할 문화예술 관련 인력들과의 지속적인 협력확보 활동 전개 • 사인회 총회 : 문화예술 지원 인프라들 간 2019년 활동 평가회(12월)
		❷ '4각사각 주민 문화예술단' 구축 촉진 프로그램 **【 설레는 작당모의 】**
		• 4각사각 문화예술 학교 2019 운영의 약 2/3시점(10월)에 '주민 문화예술단'으로 발전할 가능성이 가장 높은 장르를 선정, 참여희망 주민들을 대상으로 의사소통 훈련, 조직응집력 인큐베이팅, 재능지원 인프라 연결 및 모임운영 컨설팅 등의 1회의 시범적인 6회기 촉진 프로그램을 진행함.
	공유(共有) Sharing Sector	❶ 가양○단지 활동주민단체의 지지 및 협력 확보를 위한 네트워크 구축 활동 **【 4각사각 서포터즈 간담회 】**
		• 가양○단지 동대표, 부녀회, 통 · 반장단 및 주민활동단체 대상으로 프로젝트에 대한 지지와 협력을 확보하는 네트워킹 간담회를 진행함. • 일정 : 2, 3월(지지 및 협력 확보) - 각 1회, 10월(중간 피드백) - 1회
		❷ 對 주민 프로젝트 홍보 및 핵심참여자 모집 행사 **【 For You (4유) 박람회 】**; 치유 · 향유 · 공유 & 권유
		• 프로젝트 전체 개요 및 '4각사각 문화예술 학교' 운영 홍보 및 참가자 접수 • 사전 체험형 부스 운영 및 치유컨셉의 문화공연 공유(4월 초 개최)
		❸ 단지 내 문화예술 환경조성을 위한 주민 아이디어 공모전 **【 아~ 아~ 아~ Contest 】**; 아트 · 아파트 · 아이디어
		• 문화예술 환경조성 공모전 심사위원 구성 및 공동 세부기획 (6월~7월) • 공모전 홍보(8월~9월), 접수(10월), 심의선정 및 시상 퍼포먼스(11월)
	연구(硏究) Research Sector	**❶ 프로젝트 전문 자문단 운영**
		• 다 학제 전문 자문단 구축, 분기별 운영 모니터링 및 자문회의 진행
		❷ 프로젝트 질적 연구 수행
		• 전문 연구기관 연계, 참여자 및 수행인력 대상 질적 연구과정 진행
		❸ 프로젝트 다큐멘터리 제작
		• 다큐멘터리 제작 인프라 연계, 사업추진과정 다큐멘터리 지향 촬영

<table>
<tr><th colspan="3">2차년도 [2020년; '문화예술 공동체 역량' 강화단계]</th></tr>
<tr><td>특징</td><td colspan="2">• '문화예술 공동체 체험활동(치유부문)' 운영체계 지속 및 업데이트
• '4각사각 주민 문화예술단' 구축 및 자치적 운영을 위한 집중지원 설계
• '문화예술 공동체 역량'의 공유 · 확산 기반 마련</td></tr>
<tr><td rowspan="16">핵심
내용</td><td rowspan="4">치유(治癒)
Healing
Sector</td><td>❶ 다양한 문화예술 컨텐츠를 통합 · 적용한 대상 집단별 치유지향 프로그램
【 4각사각 문화예술 학교 2020 】</td></tr>
<tr><td>• 대상 : 2019년과 다른 가양○단지 신규 참여자 주민 100명(9개 그룹)
①아동②청소년③청년④중 · 장년⑤노인1⑥노인2⑦지적장애⑧정신장애⑨이주여성
• 일정 및 횟수 : 4월~10월, 주 1회 총 20회기 운영
• 내용 : 2019년과 동일하되, 평가를 통한 컨텐츠 수정 및 보완
※ 사례관리 서비스 병행 지속</td></tr>
<tr><td>❶-1) 4각사각 문화예술 학교_세대통합 프로그램【 "잘 통합니다! 2020" 】</td></tr>
<tr><td>• 대상 : '4각사각 문화예술학교 2020' 참가 주민 100명(9개 그룹)
• 일정 및 횟수 : 5,6월 & 9,10월, 월 1회 총 4회기 운영,
• 내용 : 2019년과 동일하되, 평가를 통한 컨텐츠 수정 및 보완</td></tr>
<tr><td rowspan="8">향유(享有)
Enjoying
Sector</td><td>❶ '4각사각 주민 문화예술단' 구축 지원을 위한 인프라 구축 활동
【 사인회(四人會) 】; 4(四)각사각을 돕는 사람들(人) 모임(會)</td></tr>
<tr><td>• 문화예술 재능지원 인프라 유지 및 지속적 확대 활동 전개
• 사인회 총회 : 문화예술 지원 인프라들 간 2020년 활동 평가회(12월)</td></tr>
<tr><td>❷ '4각사각 주민 문화예술단' 구축 촉진 프로그램
【 설레는 작당모의 】 확대</td></tr>
<tr><td>• 4각사각 문화예술학교 2019 수료주민 및 2020 참여주민들의 욕구를 토대로 4개의 신규 '4각사각 주민 문화예술단' 구축 및 자치운영을 위한 6회기 촉진 집단프로그램을 진행함. 2019년 설레는 작당모의 진행 평가결과를 반영, 구성 컨텐츠 및 운영방식을 수정, 보완함.
• 일정 및 횟수 : 분기별 1회, 총 4회 진행으로 확대함(2019년 1회 진행).</td></tr>
<tr><td>❸ 〈2020-New〉 '4각사각 주민 문화예술단' 운영 컨설팅 활동
【 팍팍 _ PAC PAC 】 (Powerful Appropriate Coaching)</td></tr>
<tr><td>• '설레는 작당모의' 과정을 통해 발족한 '4각사각 주민문화예술단'을 대상으로 월 1회 정기 간담회를 통해 단체 운영의 애로사항 모니터링 및 해결방안 모색, 활동성과 및 성취감 향상을 위한 촉진기제 발굴 지원 및 코칭 연계, 문화예술단 자치기반 및 지속가능성 제고를 위한 컨설팅을 제공함.
• 2020년 5개 '4각사각 주민문화예술단' 구축 및 컨설팅 활동 추진</td></tr>
<tr><td>❹ 〈2020-New〉 '4각사각 주민 문화예술단' 리더 역량강화 및 네트워킹활동
【 4각사각 꼭두쇠[4] 서밋(Summit) 】</td></tr>
<tr><td>• '4각사각 주민 문화예술단' 리더들을 위한 8회기 집중 리더십 프로그램을 기획, 운영함. (상반기 1회, 하반기 1회)
• 격월 1회 리더들 간 네트워크 간담회를 통해 각 '예술단' 간 협력을 도모, 가양○단지를 문화복지 마을공동체로 발전시켜가는 '네트워크 역량'의 기초를 형성하고자 함.</td></tr>
</table>

4) 남사당패의 공연활동과 내적 조직관리 등의 문제를 모두 책임지는 우두머리를 일컫는 순 우리말로서, 각각의 '4각사각 주민 문화예술단'의 리더로 세워진 주민을 일컫는 용어로 차용하여 사용하고자 함.

핵심 내용	공유(共有) Sharing Sector	❶ 가양○단지 활동주민단체의 지지 및 협력 확보를 위한 네트워크 구축 활동 【 4각사각 서포터즈 】 지속
		• 가양○단지 동대표, 부녀회, 통 · 반장단 및 주민활동단체 대상 프로젝트에 대한 지지와 협력을 확보하는 네트워킹 간담회를 지속함. • 일정 : 3월, 9월 - 각 1회
		❸ 단지 내 문화예술 환경조성 '선정된 주민 아이디어' 실행 활동 【 아~ 아~ 아~ Action 2020 】 ; 아트 · 아파트 · 아이디어
		• SH○○주거복지센터와 공동 실행계획 수립 및 홍보 (3~4월) • 단지 주민들과 함께 선정 주민 아이디어 실행계획 실천 (5~6월)
		❹ 〈2020-New〉 단지 내 작품전시공간 조성사업 【 구석구석 갤러리 】
		• 주민 및 SH○○주거복지센터와 TF 조직, 전시공간 창출 설계 (9월) • 설계된 단지 내 작품 전시공간 창출 실행 및 작품 전시 (10~11월)
		❺ 〈2020-New〉 이웃과의 '문화예술역량' 공유촉진 프로그램 【 더불어 작당모의 】
		• 주민 문화예술단 별 '더불어 작당모의'와 연합 '더불어 작당모의'를 추진함. 1) 주민 문화예술단 별 '더불어 작당모의' (7월 ~ 11월, 각 단체별 시행) : 각 문화예술단 '향유 컨텐츠'를 이웃들과 어떻게 공유할지를 설계할 수 있도록 촉진, 지원하는 워크샵 (각 문화예술단 별 2회 워크샵 지원) 2) 주민 문화예술단 통합 '더불어 작당모의' (7월 중 1박 2일로 연합, 진행) : 10월 진행할, 단지 내 문화예술제 "4각사각 축제"를 공동 기획함.
		❻ 〈2020-New〉 단지 내 문화예술제 【 4각사각 축제 2020 】
		• 주민 문화예술단 연합 '더불어 작당모의'에서 설계한 단지 내 문화예술제 "사각사각 축제 2020"을 공동으로 추진함. (10월 중)
	연구(硏究) Research Sector	**❶ 프로젝트 전문 자문단 운영 지속**
		• 다 학제 전문 자문단 구축, 분기별 운영 모니터링 및 자문회의 진행 지속
		❷ 프로젝트 질적 연구 수행 지속
		• 전문 연구기관 연계, 참여자 및 수행인력 대상 질적 연구과정 진행 지속
		❸ 프로젝트 다큐멘터리 제작
		• 다큐멘터리 제작 인프라 연계, 사업추진과정 다큐멘터리 지향 촬영 지속

<table>
<tr><th colspan="3">3차년도 [2021년; '문화예술 공동체 역량' 확산단계]</th></tr>
<tr><td>특징</td><td colspan="2">• '문화예술 공동체 체험활동(치유부문)' 운영체계 지속 및 업데이트
• '4각사각 주민 문화예술단' 구축확대 및 자치적 운영역량 강화 지원 지속
• <u>'문화예술 공동체 역량'의 공유 · 확산을 위한 실천역량 및 네트워킹 확대</u>
• 3년 사업수행에 따른 성과 도출 및 전파활동 추진</td></tr>
<tr><td rowspan="14">핵심
내용</td><td rowspan="4">치유(治癒)
Healing
Sector</td><td>❶ 다양한 문화예술 컨텐츠를 통합 · 적용한 대상집단 별 치유지향 프로그램
【 4각사각 문화예술 학교 2021 】</td></tr>
<tr><td>• 대상 : 2020년과 다른 가양○단지 신규 참여자 주민 100명(9개 그룹)
①아동②청소년③청년④중 · 장년⑤노인1⑥노인2⑦지적장애⑧정신장애⑨이주여성
• 일정 및 횟수 : 4월~10월, 주 1회 총 20회기 운영
• 내용 : 2020년과 동일하되, 평가를 통한 컨텐츠 수정 및 보완
※ 사례관리 서비스 병행 지속</td></tr>
<tr><td>❶-1) 4각사각 문화예술 학교_세대통합 프로그램 【 "잘 통합니다! 2021" 】</td></tr>
<tr><td>• 대상 : '4각사각 문화예술학교 2020' 참가 주민 100명(9개 그룹)
• 일정 및 횟수 : 5,6월 & 9,10월, 월 1회 총 4회기 운영
• 내용 : 2020년과 동일하되, 평가를 통한 컨텐츠 수정 및 보완</td></tr>
<tr><td rowspan="10">향유(享有)
Enjoying
Sector</td><td>❶ '4각사각 주민 문화예술단' 구축 지원을 위한 인프라 구축 활동
【 사인회(四人會) 】; 4(四)각사각을 돕는 사람들(人) 모임(會)</td></tr>
<tr><td>• 문화예술 재능지원 인프라 유지 및 지속적 확대 활동 전개</td></tr>
<tr><td>❷ '4각사각 주민 문화예술단' 구축 촉진 프로그램
【 설레는 작당모의 】 지속</td></tr>
<tr><td>• 4각사각 문화예술학교 2020 수료주민 및 2021 참여주민들의 욕구를 토대로 4개의 신규 '4각사각 주민 문화예술단' 구축 및 자치운영을 위한 6회기 촉진 집단프로그램을 진행함. 2020년 설레는 작당모의 진행 평가결과를 반영, 구성 컨텐츠 및 운영방식을 수정, 보완함.
• 일정 및 횟수 : 2020년과 동일하게 분기별 1회, 총 4회 진행을 유지함.</td></tr>
<tr><td>❸ '4각사각 주민 문화예술단' 운영 컨설팅 활동
【 팍팍 _ PAC PAC 】(Powerful Appropriate Coaching) 지속</td></tr>
<tr><td>• '설레는 작당모의' 과정을 통해 발족한 '4각사각 주민문화예술단'을 대상으로 월 1회 정기간담회를 통한 2020년과 동일한 주제의 컨설팅 활동을 지속함.
• 2021년 4개 '4각사각 주민문화예술단' 구축 및 컨설팅 활동 추진</td></tr>
<tr><td>❹ '4각사각 주민 문화예술단' 리더 역량강화 및 네트워킹활동
【 4각사각 꼭두쇠 서밋(Summit) 】 지속</td></tr>
<tr><td>• 신규 '4각사각 주민 문화예술단' 리더들을 위한 8회기 집중 리더십 프로그램을 기획, 운영함. (상반기 1회, 하반기 1회)
• 2020년 구축한 리더들 간 네트워크 간담회 체계에 신규 리더들이 함께 참여할 수 있는 구조를 형성함.</td></tr>
<tr><td>❺ 〈2021-New〉 지속가능성을 위한 혁신적 접근
【 4각사각 문화예술 사회적 협동조합 발족 컨설팅 】</td></tr>
<tr><td>• 사회적협동조합 전문가 인프라와 연계를 통해, 4각사각 주민 문화예술단들이 연합의 구조로 '사회적 협동조합'을 발족할 수 있도록 지원함. 2022년 3월 안에 '사회적 협동조합'으로 발족하는 과정을 진행할 수 있도록 10~12월에 집중 컨설팅을 제공함.</td></tr>
</table>

핵심 내용	공유(共有) Sharing Sector	❶ 가양○단지 활동주민단체의 지지 및 협력 확보를 위한 네트워크 구축 활동 **【 4각사각 서포터즈 】 지속**
		• 가양○단지 동대표, 부녀회, 통 · 반장단 및 주민활동단체 대상 간담회를 지속하되, 2021년은 기존 ○단지 활동주민단체와 4각사각 축제 공동개최를 위한 '4각사각 주민 문화예술단' 꼭두쇠들과의 연합 간담회로 진행함. • 일정 : 3월, 7월, 9월, 10월 - 각 1회
		❸ 단지 내 문화예술 환경조성 '선정된 주민 아이디어' 실행 활동 【 아~ 아~ 아~ Action 2021 】; 아트 · 아파트 · 아이디어
		• SH○○주거복지센터와 공동 실행계획 수립 및 홍보 (3~4월) • 단지 주민들과 함께 선정된 주민 아이디어 실행계획을 실천 (5~6월)
		❹ 단지 내 작품전시공간 조성사업 **【 구석구석 갤러리 】 유지 · 확대**
		• 주민 및 SH○○주거복지센터와 조직한 TF 유지 • 전시공간 추가 창출 및 유지관리계획 설계 (3~4월) • 설계된 단지 내 작품 전시공간 창출 실행 및 작품 전시 (5~11월)
		❺ 이웃과의 '문화예술역량' 공유촉진 프로그램 **【 더불어 작당모의 】 지속**
		• 2020년 추진방식과 동일하되, 주민 문화예술단 별 활동 기간을 확대함. 1) 주민 문화예술단 별 '더불어 작당모의' (1월 ~ 9월, 각 단체별 시행) 2) 주민 문화예술단 통합 '더불어 작당모의' (7월 중 1박 2일로 연합, 진행) : 10월 진행할, 단지 내 문화예술제 "4각사각 축제"를 공동 기획함.
		❺-1) 〈2021-New〉 '주민문화예술단 별 더불어 작당모의 결과' 실행 활동 **【 더불어 더블(Double)로 】**
		• 2020년 및 2021년에 수립한 '4각사각 주민문화예술단' 별 '향유 컨텐츠' 이웃 공유 계획 실천과정을 지원함. • 각 주민 문화예술단 별 '더불어 작당모의' 결과를 실행에 옮길 수 있도록 예산 및 인력을 지원하고 운영을 컨설팅함. (1월 ~ 11월, 각 단체별 시행)
		❻ 단지 내 문화예술제 **【 4각사각 축제 2021 】**
		• 주민 문화예술단 연합 '더불어 작당모의' 및 '4각사각 서포터즈'와 합의한 단지 내 문화예술제 (복지 · 나눔 테마 추가) "사각사각 축제 2021"을 공동으로 추진함. (10월 중)
	연구(研究) Research Sector	**❶ 프로젝트 전문 자문단 확대 및 운영 지속**
		• 다 학제 전문 자문단 구축, 분기별 운영 모니터링 및 자문회의 진행 지속
		❷ 프로젝트 질적 연구 수행 지속 및 결과 도출
		• 전문 연구기관 연계, 참여자 및 수행인력 대상 질적 연구 결과도출(11월)
		❸ 프로젝트 다큐멘터리 제작 완성
		• 다큐멘터리 제작 인프라 연계, 지속 촬영 및 다큐멘터리 제작 완성(11월)
		❹ 〈2021-New〉 프로젝트 최종성과공유 행사 **【 4각사각 문화예술 포럼 】**
		• 3년간 축적해 도출한 질적 연구 결 및 완성한 수행과정 다큐멘터리 발표 및 각 주민문화예술단 및 [사회인] 전문인적자원과 연계를 통한 합동공연이 포함된 특별한 성과공유회를 진행 • 대한민국 전체 영구임대아파트 주민 및 관련기관을 초청, 성과 공유

3) 기관 연계협력 전략

본 프로젝트의 효과적인 수행을 위해 타기관 및 단체, 전문 인력들과의 전문적 협력을 토대로 '시너지(Synergy)'를 창출하고자 한다. 본 프로젝트 수행을 위한 기관 연계협력의 영역은 ❶문화예술 컨텐츠 제공 부문 ❷주민문화예술단 자치기반 형성 부문 ❸문화예술환경조성 부문 ❹연구/자문 부문으로 분류하여 설계하였고, 사전 MOU체결 및 자문위원 활동 승낙을 확보하였다.

단, 연계협력 기관 중 서울문화재단, 콜텍문화재단, 서울협동조합지원센터는 기관 특성 상 별도의 MOU를 체결하는 방식이 아닌 각 기관의 서비스 및 지원사업에 신청하는 등의 방법을 통해 추후 연계를 진행할 계획이다. 더불어, 향후 사업을 추진해 가는 과정에서 연계협력이 필요하다고 판단되는 기관들과 지속적으로 적극적인 네트워킹을 추진할 계획이다.

○ 연계협력부문(기능)별 연계협력 전략

연계협력 영역	연계협력 대상		연계협력 계획	비고
❶ 문화예술 컨텐츠 제공 부문	• 문화벤처기업 (주)해라	MOU 체결	☞ 본 기관 ① 문화예술활동 세부기획 지원 요청 ② 문화예술컨텐츠 전문인력 파견요청 및 운용 협의 - 치유형 집단프로그램 인력 - 주민문화예술단 코칭 인력 ③ 문화예술공연&퍼포먼스 제공 요청 및 운용 협의 - For You 박람회(2019) 등 - 사각사각축제(2020~21) - 사각사각 문화예술포럼(2021) ④ 기타 사업수행 협력 요청 ☞ 협력 기관 ① 문화예술활동 세부기획지원 ② 문화예술컨텐츠 전문인력파견 ③ 문화예술공연&퍼포먼스 제공 ④ 기타 사업수행 협력	* 사업추진과정 중 주민욕구 및 기획추가/변경 사유로 지속적인 문화예술 컨텐츠 제공 전문기관들과의 연계협력을 확대할 예정임. * 협약된 기관의 협약서 사본을 별첨서류로 첨부함.
	• 한국표현예술심리상담협회	MOU 체결		
	• 사단법인 '바라봄'	MOU 체결		
	• 서울문화재단	수행과정 중 연계		
	• 콜텍문화재단	수행과정 중 연계		
❷ 주민문화 예술단 자치기반 형성 부문	• 자원봉사협동조합 '모아'	MOU 체결	☞ 본 기관 ① 주민조직구축 및 리더십 강화 교육제공 및 협의 요청 ② 기타 사업수행 협력 요청 ☞ 협력 기관 ① 주민조직구축 및 리더십강화 교육제공인력 파견&협의 ② 기타 사업수행 협력	* 협약된 기관의 협약서 사본을 별첨서류로 첨부함.
	• '○○은 대학' 연구소	MOU 체결		
	• 서울협동조합지원센터	수행과정 중 연계 (2020년)	☞ 본 기관 ① 주민자치기반 조성 관련 교육 및 컨설팅 제공 요청	* 2021년 추진할 영역으로, 2020년 하반기부터

<table>
<tr><td></td><td></td><td></td><td>☞ 협력 기관
① 주민자치기반 조성 관련 교육 및 컨설팅 제공</td><td>연계 협력과정 추진</td></tr>
<tr><td>❸ 문화예술 환경조성 부문</td><td>• SH 서울주택도시공사 ○○주거복지단 ○○센터</td><td>MOU 체결</td><td>☞ 본 기관
① 문화예술 환경조성 부분의 협력 및 공동추진 요청
② 기타 사업수행 협력 요청
☞ 협력 기관
① 문화예술 환경조성 부분의 협력 및 공동추진
② 기타 사업수행 협력</td><td>* 협약서 사본을 별첨서류로 첨부함.</td></tr>
<tr><td rowspan="9">❹ 연구/자문 부문</td><td>• SH공사 주거복지처 ○○○ 처장</td><td>자문위원 활동 동의</td><td rowspan="7">☞ 본 기관
① 사업수행관련 자문요청 (분기별 1회)
☞ 협력 기관
① 사업수행관련 자문제공 (분기별 1회)</td><td rowspan="7">* 자문위원 활동 동의서 사본을 별첨서류로 첨부함.</td></tr>
<tr><td>• 연세대 사회복지학과 ○○○ 교수</td><td>자문위원 활동 동의</td></tr>
<tr><td>• 서울사이버대 사회복지학과 ○○○ 교수</td><td>자문위원 활동 동의</td></tr>
<tr><td>• 성장학교 별 ○○○ 교장</td><td>자문위원 활동 동의</td></tr>
<tr><td>• 한국보건사회연구원 ○○○ 박사</td><td>자문위원 활동 동의</td></tr>
<tr><td>• '○○은 대학' 연구소 ○○○ 대표</td><td>자문위원 활동 동의</td></tr>
<tr><td>• 문화벤처기업 (주)해라 ○○○ 대표</td><td>자문위원 활동 동의</td></tr>
<tr><td>• 협동조합 '함께하는연구'</td><td>MOU 체결</td><td>☞ 본 기관
① 사업수행 질적연구 수행 요청 및 운용 협의
☞ 협력 기관
① 사업수행 질적연구 수행, 연구결과 제공</td><td>* 협약서 사본을 별첨서류로 첨부함.</td></tr>
<tr><td>• 사단법인 '바라봄'</td><td>MOU 체결</td><td>☞ 본 기관
① 사업수행과정의 다큐멘터리 제작 요청 및 운용 협의
☞ 협력 기관
① 사업수행과정의 다큐멘터리 제작, 제공</td><td>–</td></tr>
</table>

○ 연계협력대상 기관 개요(위촉 자문위원 인사 포함)

연계협력기관(인사)	개요 및 연계협력 초점	비고
• 문화벤처기업 ㈜해라 http://haera.pro/	넌버벌 창작 국악 뮤지컬 '판타스틱' 상설공연을 중심으로 문화예술 교육체험, 문화 컨텐츠 개발 및 사회공헌 사업을 통해 우리문화를 세계적 가치로 키워가는 문화벤처 기업 ▸ 난타, 국악, 뮤지컬 부문 전문 컨텐츠 역량 보유 ▸ 가양○복지관 연계 청소년 난타지도 및 공연 진행 등 협력경험 ▸ 저소득층 문화혜택지원 등 사회공헌 가치 실천 기업 ❶문화예술컨텐츠 제공 부문 ❹ 연구/자문 부문	* [2016] 한국관광고사 주최 관광벤처기업 선정 * ○○○ 대표(자문위원) : 한국공연관광협회 이사 : 숭실대 겸임교수 (엔터비즈니스학과)
• 한국표현예술심리상담협회 http://www.keapa.or.kr/	소마신체중심의 표현예술치료와 게슈탈트심리상담이 주축이 되어 분석 위주의 예술치료가 아닌 내담자를 지지하고 격려하는 현상학적 교육을 포함한 표현예술치료기법과 이론을 연구하고 전문가를 양성하는 학회 ▸ 표현예술심리상담사를 양성하고 자격을 관리 · 운영 ▸ 타영역 전문가와 협업을 통한 다양한 치유적 실천전문성 보유 ❶문화예술컨텐츠 제공 부문	
• 사단업인 '바라봄' http://baravom.co.kr	사진촬영과 영상제작을 통해 이웃의 소중한 순간을 담아내는 특별한 사진관으로 사진 및 영상 컨텐츠와 문화, 복지, 교육을 융합하는 다양한 활동 및 다큐멘터리를 제작하는 사단법인 ▸ 사진촬영 및 영상제작 컨텐츠 관련 전문성 보유 ▸ 가양○복지관 법인 MnJ문화복지재단과 파트너십 구축 ▸ NPO사진관, 1+1 사회공헌 등 다양한 공익활동 전개 ❶문화예술컨텐츠 제공 부문 ❹ 연구/자문 부문	
• 서울문화재단 http://haera.pro	'더 즐겁고 다 행복한 문화도시 서울을 만든다'는 목표 아래 문화예술 창작 및 보급, 예술교육, 시민의 문화예술 활동을 지원하는 대한민국 대표 문화재단 ▸ 문화예술 교육사업 및 생활문화지원 사업 수행 ▸ 서울시민 동아리 네트워크 사업 등 문화예술활성화 사업수행 ❶문화예술컨텐츠 제공 부문	
• 콜텍문화재단	악기 '기타'를 매개로 좀 더 즐거운 세상을 만들기 위해 노력하는 문화재단으로서 기타문화의 확산을 통해 다양한 사회구성원과의 소통, 공감, 나눔을 실천 ▸ ○○구에 위치, 높은 접근성 ▸ 음악문화소외 지역주민을 위한 공연지원사업 수행 ▸ 지역사회 기타 동아리 지원사업 수행 ❶문화예술컨텐츠 제공 부문	
• 자원봉사협동조합 모아	자원봉사를 통해 세상의 변화를 만들기 위해 전 · 현직 자원봉사 전문가가 모여 결성한 협동조합 ▸ 자원봉사자 교육 및 봉사리더 양성 전문 컨텐츠 보유 ▸ 가양○복지관 법인 MnJ문화복지재단과 파트너십 구축 ❷주민예술문화단 자치기반 형성 부문	

• '○○은 대학' 연구소 https://oouniv.org/	동네가 캠퍼스이고, 주민이 교수가 되는 마을을 지향하는 마을 배움터, 청년배움터로서 마을의 문제를 창의적으로 풀어나가고자 하는 커뮤니티 문화공작소 ▸ 주민의 자치적 문화창출을 위한 배움터 전략 보유 ▸ 마을의 현안을 창의적인 주민활동과 연계할 수 있는 자원확보 ❷주민예술문화단 자치기반 형성 부문 ❹ 연구/자문 부문	* ○○○ 대표(자문위원)
• 서울협동조합지원센터 http://www.15445077.net	협동조합의 설립과 확산, 성장을 돕기 위해 2012년 지방자치단체 최초로 설립된 협종조합 전문 지원기관 ▸ 사회적 협동조합 설립 관련 전문 상담, 교육, 컨설팅 제공 ❷주민예술문화단 자치기반 형성 부문 ❹ 연구/자문 부문	
• SH 서울주택도시공사 https://www.i-sh.co.kr/	▸ 영구임대아파트 가양○단지 관리주체 ▸ 서부주거복지단 ○○센터와 (문화예술환경 관련) 실무 협력 ❸문화예술환경 조성 부문 ❹ 연구/자문 부문	* ○○○ 주거복지처장 (자문위원) : (前)한국도시연구소장 : (前)가양○복지관 마을공동체지향 사업 자문위원
• 협동조합 '함께하는연구'	사람과 현장 중심의 연구를 수행하여 만나는 사람들과 기관들, 지역사회 모두가 함께 성장할 수 있기를 기대하는 연구자 공동체 ▸ 다양한 연구 관련 전문역량 보유 ▸ 가양○복지관 법인 MnJ문화복지재단과 파트너십 구축 ❹ 연구/자문 부문	
• ○○○ 교수 (자문위원)	▸ 연세대학교 사회복지학과 교수 (노인복지 관련 다수 연구) ▸ (前)가양○복지관 사례관리 솔루션위원회 위원 ❹ 연구/자문 부문	
• ○○○ 교수 (자문위원)	▸ 서울사이버대학교 사회복지학과 교수 (사회적 배제 관련 다수 연구) ❹ 연구/자문 부문	
• ○○○ 교장 (자문위원)	▸ 성장학교 별 교장 ▸ 정신건강의학 전문의 ▸ (前)○○구 정신건강복지센터 소장 ❹ 연구/자문 부문	
• ○○○ 박사 (자문위원)	▸ 한국보건사회연구원 소득보장정책연구실 기초보장 연구센터 센터장 ▸ (前)가양○복지관 마을공동체지향사업 자문위원 ❹ 연구/자문 부문	

3. 예산 편성

(단위 : 천원)

구분	1차년도(2019)			2차년도(2020)			3차년도(2021)		
목	세목	신청금액	자부담	세목	신청금액	자부담	세목	신청금액	자부담
	총 계	125,596	15,445	총 계	140,065	10,575	총 계	175,401	10,575
인건비	담당자급여	34,256	445	담당자급여	34,485	575	담당자급여	35,121	575
	소 계	34,256	445	소 계	34,485	575	소 계	35,121	575
사업비	4각사각 문화예술학교	50,480	0	4각사각 문화예술학교	41,000	0	4각사각 문화예술학교	41,000	0
	세대통합 "잘 통합니다"	7,530	0	세대통합 "잘 통합니다"	7,500	0	세대통합 "잘 통합니다"	7,500	0
	인프라구축 [사인회]	1,000	0	인프라구축 [사인회]	1,000	0	인프라구축 [사인회]	1,000	0
	설레는 작당모의	1,650	0	설레는 작당모의	6,500	0	설레는 작당모의	6,500	0
	주민예술단지원 [팍팍]	0	0	주민예술단지원 [팍팍]	12,400	3,000	주민예술단지원 [팍팍]	24,400	3,000
	4각사각 꼭두쇠 서밋	0	0	4각사각 꼭두쇠 서밋	2,200	0	4각사각 꼭두쇠 서밋	2,400	0
	사회적협동조합 발족 컨설팅	0	0	사회적협동조합 발족 컨설팅	0	0	사회적협동조합 발족 컨설팅	500	0
	4각사각 서포터즈 간담회	1,100	0	4각사각 서포터즈 간담회	400	0	4각사각 서포터즈 간담회	400	0
	For You 박람회	11,000	0	For You 박람회	0	0	For You 박람회	0	0
	아~아~아 콘테스트	4,000	0	아~아~아 콘테스트	0	0	아~아~아 콘테스트	0	0
	아~아~아 액션	0	0	아~아~아 액션	4,000	0	아~아~아 액션	4,000	0
	구석구석 갤러리	0	0	구석구석 갤러리	2,000	0	구석구석 갤러리	2,000	0
	더불어 작당모의	0	0	더불어 작당모의	3,000	0	더불어 작당모의	6,000	0
	더불어 더블로	0	0	더불어 더블로	0	0	더불어 더블로	4,000	0
	사각사각 축제	0	0	사각사각 축제	15,000	0	사각사각 축제	20,000	0
	전문자문단 운영	3,100	0	전문자문단 운영	3,100	0	전문자문단 운영	3,100	0
	질적연구 수행	5,000	0	질적연구 수행	3,000	2,000	질적연구 수행	3,000	2,000
	다큐멘터리 제작	5,000	0	다큐멘터리 제작	3,000	2,000	다큐멘터리 제작	3,000	2,000
	질적연구& 다큐멘터리 제작 융합간담회	280	0	질적연구& 다큐멘터리 제작 융합간담회	280	0	질적연구& 다큐멘터리 제작 융합간담회	280	0
	4각사각 문화예술포럼	0	0	4각사각 문화예술포럼	0	0	4각사각 문화예술포럼	10,000	0
	소 계	90,140	0	소 계	104,380	7,000	소 계	139,080	7,000
관리운영비	사무용품	1,200	0	사무용품	1,200	0	사무용품	1,200	0
	프로그램실 공사	0	15,000	프로그램실 공사	0	0	프로그램실 공사	0	0
	집기비품 구입	0	0	집기비품 구입	0	3,000	집기비품 구입	0	3,000
	소 계	1,200	15,000	소 계	1,200	3,000	소 계	1,200	3,000

I 혁신성과 사회적 영향력

1. 사업 계획 배경

"사회적 배제가 가져온 잔혹하고 씁쓸한 삶을 마주하다!"

본 사업의 핵심참여자가 거주하고 있는 가양○단지 아파트는 서울 ○○구에 위치하고 있다. 특히, 가양○단지가 위치한 가양○동은 제3기 ○○구 지역사회복지계획에서 ○○구 내 취약계층의 비율이 가장 높은 지역일 뿐 아니라, 주거세대 1,970세대(3,666명) 중 49.6%에 해당하는 978세대(1,403명)가 경제, 교육, 주거, 환경 등 다양한 차원의 복지수요가 높은 기초생활수급세대로 나타나고 있다.

경제적 어려움과 함께 지역주민들은 기본적인 삶을 영위하는데 필요한 자원의 부족과 적절한 권리를 누리지 못하는 '사회적 배제'를 경험하고 있다.

빈곤의 개념이 절대적 빈곤에서 상대적 빈곤으로 변화하면서 물질적 빈곤을 포함한 빈곤의 다차원적 속성과 역동적 과정을 뜻하는 '사회적 배제'는 경제, 문화, 정서적 차원에서 사회의 일반적 질서로부터 분리, 다차원적인 불이익과 차별을 겪는 과정을 경험하고 있다. 이러한 사회적 배제를 경험한 주민들은 기본적 의식주 생활이 힘든 물질적 결핍을 경험함과 동시에 과거 맺어오던 인간관계가 위축되거나 단절되는 경험을 하고 있으며 이는 위기나 어려움이 있을 경우, 사회적 자원망(인맥)이 축소되는 결과로 이어지고 있다.

■ 영구임대아파트 주민의 정서적 고립과 심리정서적 위기

기초생활수급대상자의 사회적 배제 경험에 관한 연구(이희연, 2009)에 따르면 '사회구조적 배제', '미래의 안녕으로부터의 배제', '사회적 네트워크로부터의 배제'의 경험은 결국 상호 영향을 주다가 '심리적 안녕으로부터의 배제(마음의 골병, 현실도피)'의 경험으로 귀착된다. 이러한 심리적 안녕으로부터의 배제는 단순히 정서 및 심리적 어려움을 겪는 것에서 그치는 것이 아니라 우울증, 은둔, 알코올중독, 자살시도 등과 같은 '삶 또는 생활에 대한 포기'로 이어지는 최악의 고리를 만들어 내게 된다.

'심리적 안녕으로부터의 배제'의 경험에서 오는 우울과 무기력 등 정서적 문제는 자살생각과 자살에 주요한 영향을 미치는 요인이 되고 있다.

가양○단지는 서울시 자살 상위 20%에 해당되는 지역임과 동시에 우울감과 고위험 음주에 대한 개입이 대두되는 지역이다. 이에, 2013년과 2017년 가양○단지 주민에 대한 정신건강 실태조사를 통해 그 현황을 알아보고자 했다. 실태조사 결과, 지역사회 내 정신건강의 어려움

을 호소하는 '일상생활 우울정도(CED-S)'에 있어 전체 응답자 629명의 우울 평균점수가 18.88점이었으며, '우울증'으로 볼 수 있는 25점 이상은 176명(28.8%)으로 나타나 우울 정도가 심각한 것으로 나타났다. 특히, 응답자 가운데 혼자 생활하고 있는 것이 우울에 어떠한 영향[5]을 미치는지 살펴본 결과, 혼자 사는 주민의 경우 우울감이 더 높은 것으로 나타났다. 또한, 이들은 영구 임대아파트에 살고 있다는 것만으로도 사회적 낙인의 시선과 차별, 따돌림 등으로 우울, 무기력, 자포자기, 불안, 분노, 억울 등의 심리적 고통을 경험하기도 한다. 이러한 문제는 단순히 개인의 사회적 배제 경험에 머무르는 것이 아니라 '동네효과'라는 것을 만들어 내는데 이는 동네 환경의 '전염적인'(contagious or epidemic) 성격 때문에 이웃들이 정서 · 심리적 상태, 자아개념이나 감정 상태에 영향을 주게 된다는 관점이다(Jencks & Mayer, 1990).

즉, 이 관점에서는 정신적으로 건강하지 못한 사람들이 모여 사는 주거환경에서는 이러한 부정적 경험, 특히 우울과 무기력, 실패감, 좌절감 등의 감정들이 서로에게 영향을 미쳐 지역의 문화를 만들어 낼 수 있다는 점에서 이에 대한 시급한 개입을 필요로 한다.

■ 사회적 배제를 경험하는 가양○단지 주민들 안에서의 또 다른 소외 주민의 증가

이 같은 사회적 배제로 인한 심리정서적 어려움을 호소하는 주민들 안에는 그 어려움조차 표현할 수 없는 사각지대에 있는 장애세대와 다문화 여성이민자 세대와 같이 지역사회 안에서 또 다른 배제를 경험하고 있는 계층이 존재한다. 현재 가양○단지는 정신장애인 및 원인을 알 수 없는 정신질환, 지적장애를 동반한 성인 세대의 입주가 증가하는 가운데 정신장애인에 대한 사회적 편견으로 인해 이미 단절된 가족과 사회적 관계 안에서 지역사회 주민들과도 깊은 관계 단절 및 갈등을 경험하고 있다. 다문화 여성이민자들 역시 결혼과 동시에 고국을 떠나 낯선 나라에서 생활하면서 기존의 사회적 지지체계와 분리되어 적응의 어려움을 겪고 있으며, 지역 주민들과의 의사소통, 가족구성원들과의 갈등에 적절한 표현조차 할 수 없는 심리정서적 위기를 경험하고 있다.

■ 영구임대아파트 주민의 자발적 소외로 나타나는 사회적 관계망 약화

자발적 소외는 빈곤과 이로 인한 사회적 배제로 자포자기의 무기력한 삶을 사는 사람들에게서 나타난다. 이들에게 나타나는 심리적 특성은 높은 상대적 발탈감과 낮은 자존감이다. 삶에 대한 낮은 기대는 빈곤이나 사회적 소외를 극복하기 위해 자신의 삶의 양식이나 가치, 태도의 변화 필요성과 의지를 갖지 못한 채 소외된 상황에 무기력하게 순응하거나 알코올 중독 및 정신적으로 어려움이 있는 생활태도를 갖게 한다.

본 복지관 사례관리팀에서 새로 입주한 주민들을 만나는 과정에서도 이를 확인할 수 있었는

5) 독거유무를 독립변수로 하여 회귀분석을 실시한 결과 모형의 설명력은 1.7%이고, F값은 10.708로 $p<0.001$ 수준에서 유의하였다. 이 결과 혼자 사는 사람이 우울(β=.131)이 높은 것으로 나타났다.

데, 안정된 주거공간으로 물리적인 주거환경이 변화된 긍정적 경험을 했지만, 영구임대아파트에 대한 사회문화적 소외 인식과 우범지역이라는 편견 등으로 주민들은 단지 내 타 주민들과의 관계를 거부하는 양상이 나타나고 있었다. 특히, 영구임대아파트로의 입주과정 이전부터 장기간 경험한 사회적 관계단절에서의 정서적 무망감, 실패감으로 인해 통합을 위한 타인과의 유감에 대한 필요인식 정도가 낮을 뿐 아니라, 이 같은 성향을 나타내는 주민이 많이 나타나고 있다는 점에서 개인을 둘러싸고 있는 환경의 변화와 삶에 대한 태도의 변화를 만들어 가는 자기소외를 해소하기 위한 기회 즉, 주민들이 함께 경험하고 누리는 긍정적 변화의 기회를 공동체 안에서 함께 회복하고 삶을 향유할 수 있는 기반을 마련하는 것이 절실하다 하겠다.

"이제, 문화예술 공동체 활동으로 신명나는 반전을 준비한다!"

경제적 빈곤에 기인한 사회적 배제의 부정적 영향을 더욱 강화시키는 '동네효과'를 완화하기 위해 본 복지관은 다양한 차원에서의 복지실천전략을 통해 주민들을 만나왔다. 그러나 거주가 장기화되는 영구임대아파트 주거환경 특성으로 어르신 세대에 개입이 집중되어 지역사회 내 함께 생활하는 전 생애주기에 대한 개입이 제한되고 있다.

기존의 선별적 복지서비스의 한계를 극복해보고자 마을공동체 관점을 적용, 차별적인 속성을 완화시키고자 했음에도 불구하고 전인적인 관점에서 영구임대아파트 주민의 삶의 질을 개선함에 한계가 드러나고 있다. 이 같은 한계를 보완하기 위해서는 인간다운 삶의 실현과 주민 스스로 행복을 추구할 수 있도록 하는 보편적 권리개념에서의 서비스 확대와 접근이 필요하다.

사회적 취약계층의 사회적 배제에 대한 연구(최종혁, 2010)에서는 사회적 취약계층에게 잠재적 역량과 자존감을 증진시켜줌으로써 주체적 변화를 통한 사회적 배제 해소가능성을 보여줄 수 있는 전략으로 문화복지 서비스를 제시하며 문화예술활동의 경험이 참여자에게는 창의적 역량과 자존감을 증진시킬 뿐 아니라, 공동체적 연대의식을 강화시킬 수 있음을 강조하였다. 본 복지관 또한, 이러한 연구결과에 대한 강력한 동의를 바탕으로 개인이 경험하는 임상적 치유와 회복의 경험을 넘어 가족과 지역사회의 관계가 회복되는 영구임대아파트의 새로운 비전을 주민들과 함께 세워 나갈 꿈을 꾸고 있으며, 그 꿈이 '현실'이 되도록 힘을 이끌어 내줄 '마중물'을 절실하게 찾고 있다.

■ 문화적 기본권 향상을 통해 개인의 주체적 삶과 문화공동체를 꿈꾸는 가양○단지

2018년 5월 문화체육관광부가 제시한 '사람이 있는 문화; 문화비전2030'에서는 누구나 행복하고 즐거운 삶을 누릴 수 있는 사회를 만들기 위해 개인의 자율성보장, 공동체의 다양성 실현, 그리고 사회의 창의성 확산의 비전을 제시하고 있다. 이와 관련하여 우리가 주목하고

있는 초점은 '개인의 문화권리 확대'라는 부분이다. 이는 사람이 행복하고 즐거운 삶을 누릴 수 있는 기초로서의 문화향유권이 강조되고 실현되는 환경을 조성하는 것 역시 국가의 역할과 의무임을 선언하고 있기 때문이다. 그렇다면, 매일 자신의 생존과 생계를 위해 최소한의 필요 영역의 소비만으로도 경제적 어려움을 갖고 있는 가양○단지 주민들에게는 이 같은 문화의 기본권이 어떻게 다가올 지 의문이 든다.

가양○단지 주민들의 여가문화에 대한 욕구는 어떠할까? 본 복지관에서 2017년에 실시한 주민실태 및 욕구조사 결과에 따르면, 주민들은 기본생활 영역으로 나타난 경제, 의료, 주거에 대한 욕구를 제외하고 '여가문화를 위한 프로그램 서비스'에 대한 욕구가 가장 높게 나타났다. 또한, 지역의 주민들과의 상담 및 복지관에 요청되어지는 서비스 욕구에 있어서도 '문화예술', '여가문화'에 대한 욕구가 높게 나타나고 있다는 점에서 주민들의 문화예술에 대한 참여욕구가 높음을 알 수 있다.

그러나 정부에서 제공되는 문화바우처를 통한 단편적인 영화관람, 복지관 및 동 주민센터에서 단회기성의 체험의 형태를 넘어선 문화향유의 욕구가 있음에도 문화복지에 대한 인프라 부족 및 서비스 제공환경의 한계로 인해 문화서비스에 대한 접근성은 개선되지 못하고 있다.

■ 문화예술 프로그램에 대한 낮은 접근성 및 인프라의 한계

앞에 나타난 높은 주민 욕구에도 불구하고, 가양○단지를 둘러싸고 있는 문화복지 인프라는 어떠한가? 가양○단지가 위치한 가양○동, 조금 더 넓게 ○○구 안에서 우리 주민들이 접근할 수 있는 문화서비스는 동 주민센터와 복지관에서 진행되는 일시적인 프로그램이 전부이다. 이 역시 전문강사를 초빙해 그들에게 프로그램을 전적으로 맡기는 형태로 운영됨에 따라 '문화의 힘'이 주민들의 삶을 개선시키는 영향력을 발휘하기에는 한계가 존재한다.

사회적 취약계층의 문화향유 결핍 문제를 해소하기 위해 가장 최우선되어야 하는 것은 '접근권의 보장', '안정적인 운영을 위한 예산의 확보' 그리고 '통합적 요소로서 사회복지서비스 제공과정에 문화의 본질적 기능을 통합하기 위한 노력'이 함께 진행되어야 한다는 전문가들의 동일한 연구결과(최종혁, 2010)에 주목하고, 도전해야 할 필요가 있다. 현재 가양○단지 주민들이 갖고 있는 사회적 배제에서의 어려움과 개인이 경험하고 있는 경제적 어려움 및 신체정신적 장애로 인한 어려움 속에서도 문화를 향유할 수 있도록 생활근거지를 중심으로 한 문화복지서비스의 지속가능한 창출과 확산을 가능케 할 주민 중심의 인프라는 구축은 영구임대아파트의 문제들을 해결할 수 있는 '황금열쇠'가 될 수 있을 것이다.

■ 주민 스스로 문화를 창출하고 공유하는 지속가능성에 도전하는 가양○단지

개인의 온전한 문화적 기본권의 실현을 위해서는 주민이 삶의 공간에서 문화를 경험하고 누릴 수 있는 지역사회 특성을 반영한 기회가 마련되는 것이 필요하다. 특히, 개인이 경험한 변화의 내용이 가족과 이웃 그리고 지역사회 안에서의 관계에 영향을 끼칠 때 보다 지속가능한 기반이 될 수 있도록 하는 문화예술에 대한 관점이 전환이 필요하다.

이 같은 관점으로 영구임대아파트 지역에서의 성공적인 사례로 제시되고 있는 사업이 2009년 마포에서 시작한 '○○은 대학'이다. '○○은 대학'은 2009년 마포의 청년들이 스스로 주위에서 배울 거리를 찾아 나서면서 시작된 사업이었으나, 이 사업이 '문화'를 주제로 사회복지현장에 영향을 끼친 것은 2012년 마포○○임대아파트 단지에서 100일간 6명의 주민의 자살로 지역사회의 안전망이 해체되면서였다. 우리나라에서도 전례를 찾아 볼 수 없을 정도의 위기 상황에서 '○○은 대학'의 활동은 주민들의 삶의 공간에서 주민들이 함께 만나 배우고 싶었던 것을 함께 배우며 일상과 주변을 돌아볼 수 있도록 했다. '○○은 대학'의 활동을 성공사례로 제시할 수 있는 것은 ○○아파트 단지의 자살 현안을 직접 제시하지 않고도 함께 배우고 나누는 과정을 통해 주민과 주민을 이어주는 환경이 조성되었다는 점, 그 과정을 통해 지역의 현안을 해소하는 기반을 형성했다는 부분이다.

이 같은 점에서 볼 때, 가양○단지 역시 선별적인 문제해결을 위한 모임이 아닌 개인과 지역사회의 변화를 이끌어 갈 수 있는 문화예술활동을 통해 사람이 사람을 만나 함께 어려움에 공감하고 나눌 수 있는 시작이 되는 공동체, 주민과 지역사회가 문화를 창출하고 공유하는 공동체로 만들어가는 시도와 노력, 이 부분에 복지관의 힘을 집중해 보자는 '뜨거운 합의'가 형성되고 있다.

우리는 사회적 배제로 인해 가려져 있는 가양○단지 주민들 내면에 존재하는 그 힘을 믿고 힘차게 도전해 보려 한다. 사회적 배제로 인해 어려움이 심화되는 지역사회 안에서 자기치유를 경험한 개인이 증가하고 그 경험을 함께 나누는 이웃 간의 관계가 만들어지는 문화공유가 창출되는 과정을 통해 문화와 사회복지가 함께 결합되어 그 지속가능성을, 그 꿈을, 그 가치를 주민들과 함께 만들어 가고자 한다. 이제 영구임대아파트 가양○단지는 '문화예술 공동체 활동'을 통해 함께 ○단지를 생각하고, 그 안에 살아 숨쉬는 '사람'을 생각하려 한다.

2. 프로젝트의 혁신성

영구임대아파트 단지의 주민들은 사회적 배제로 인해 정서적 고립과 심리정서적 위기를 겪고 있으며 정신장애인 및 다문화가정 등 주민간의 자발적 소외로 인해 사회적 관계망이 약화되고 있다. '사회구조적 배제', '미래의 안녕으로부터의 배제', '사회적 네트워크로부터의 배제'의 경험은 결국 상호간에 영향을 주다가 '심리적 안녕으로부터의 배제(마음의 골병, 현실도피)의 경험으로 귀착된다(이희연, 2009). 이러한 부정적 경험, 특히 우울과 무기력, 실패감, 좌절감 등의 감정은 서로에게 영향을 미쳐 건강하지 못한 지역문화를 만들어 낼 수 있다. 그런데 이러한 사회적 배제와 같은 사회적 영향 속에 놓인 취약계층 주민들의 문제는 단순히 사회복지 영역에 국한되지 않는다.

영구임대아파트 단지의 복지 취약 계층의 문제는 매우 복합적이어서 개인 차원에서만 해결하기 어려울 뿐 아니라 사회복지적인 접근만으로도 한계를 갖기 때문이다.

영구임대아파트 주민들의 효과적인 문제 해결을 위해서는 복지 영역과 문화 영역을 통합한 문화복지적인 관점에서 접근할 필요가 있다. 문화복지는 사회적 취약계층에게 문화향유기회를 제공함으로써 개인의 잠재역량과 자존감을 높여주어 주체적인 삶의 변화를 지향할 수 있도록 도와주고 장기적으로는 사회적 배제의 해소를 가능하게 해줄 수 있기 때문이다(최종혁 외, 2010).

문화복지를 통해 사회복지의 영역을 보다 확장할 뿐 아니라 개인 차원의 접근과 지역 공동체 차원의 접근이 동시에 이루어질 수 있는 강점을 확보할 수 있다.

이에 본 사업은 사회적 배제로 인해 주민들이 겪게 되는 심리, 정서, 사회적 문제를 문화복지의 전략적 접근을 통해 해결하고자 하며 나아가 개인뿐만 아니라 지역사회를 문화복지 공동체로 변화시킴으로써 변화의 지속가능성을 지향하고자 한다.

1) 영구임대아파트 사회적배제 문제의 자립적 해결을 위한 복지와 문화의 창의적 융합 모델 제시

영구임대아파트 단지의 주민들은 사회적 배제로 인해 다양한 심리, 정서, 사회적 문제를 지속적으로 경험하고 있다. 이러한 주민들의 문제는 기존의 사회복지체계의 개인적인 복지서비스만으로 충족하기 어려우며 문화복지의 전략적 개입을 통해 주민들의 문화적 역량강화와 자기주도적인 긍정적 변화를 이끌어 낼 수 있다. 이에 본 사업은 문화복지 모델을 통해 주민들의 사회적 배제의 악순환의 고리를 끊어 내고 주민 모두가 건강하고 행복한 문화를 누릴 수 있도록 지원할 계획이다.

2) 주민들의 문화적 역량을 주도적으로 창출, 공유할 수 있는 치유 · 향유 · 공유의 지속가능한 생산적 순환 시스템 구축

영구임대아파트 주민들의 사회적 배제의 해결을 위한 문화복지 모델로서 치유, 향유, 공유의 개입전략을 제시하고자 한다. 치유과정은 주민들의 심리, 정서, 사회적 문제를 다양한 문화적 치료를 통해 맞춤형으로 제공하여 해결하고 향유는 치유된 주민들이 음악, 미술, 연극등 다양한 문화적 요소들을 즐기고 누리는 단계이다. 공유는 치유와 향유를 통해 주민들이 회복되고 누리는 가운데 지역사회의 문화적 소외를 경험하는 또 다른 이웃들과 함께 자신의 경험을 나누는 과정이다. 이러한 과정을 통해 지역주민의 심리, 사회적 어려움들이 건강하게 회복되고 나아가 지역사회의 문화향유 마을공동체로 발전되도록 지원하고자 한다.

3) 영구임대아파트 지역사회 참여를 통한 선순환적 문화복지 마을공동체 확산

본 사업은 영구임대아파트 주민들의 사회적 배제 문제를 해결함과 동시에 지역사회 모두가 함께 참여할 수 있는 문화적 변혁을 추구한다. 문화복지를 통해 치유, 회복한 주민들이 자신들의 심리, 정서적인 어려움을 극복하고 지역사회의 문화적 소외 주민들을 도움으로써 문화복지 선순환 구조를 이끌어 내고, 동시에 지역의 다양한 구성원들의 문화적 향유를 확대하여 하나의 문화공동체로 변혁을 이끌고자 한다.

4) 지역사회 문제해결을 위한 다학제 전문기관과의 융합적 협력 패러다임 창출

기존의 복지기관과 정신보건센터, 다문화센터, 동주민센터 및 구청, SH공사등과 협력에 있어 대상자 중심의 사례관리 및 단순서비스 정보와 제한된 기관에 한정이 되었다면 본 사업을 통해 문화복지를 중심으로 전 주민으로 대상과 내용이 확대되면 보다 포괄적이고 다양한 협력으로 발전되어 갈 것으로 기대가 된다. 특히 협력범위와 대상에 있어 경제적, 심리적 문제에 국한하지 않고 문화참여와 향유의 영역까지 확대함으로써 소외계층과 지역사회 전 주민들의 복지향상에 기여하는 등 사회복지 전문기관뿐 만아니라 문화예술 등 다양한 전문기관간의 새로운 다자간, 다학제간 협력 패러다임이 창출될 것으로 기대된다.

3. 사회적 영향력

가. 공공임대아파트 문화복지 공동체 모델화를 통한 주거복지정책 변화

우리나라의 공공임대아파트는 90년대 영구임대아파트를 시작으로 현재 공공임대아파트, 준공공임대아파트, 민간임대아파트 등으로 다양화하여 발전하여 왔다. 특히 취약계층을 일반계층과 믹스하여 제공하는 믹스형 공공임대아파트는 현재 주거복지의 주요 패러다임 중 하나로 자리잡고 있다.

하지만 이는 입주민의 구성의 차이에 국한할 뿐 이들의 소통과 협력 그리고 공동체 문화를 위한 인프라를 지원하는 데는 구조적 한계를 가지고 있다. 본 사업은 기존 영구임대아파트 입주민의 사회적배제 문제해결뿐만 아니라 현재 전국적으로 확산되고 있는 공공임대아파트의 문화복지 공동체 모델의 대안으로 제시할 수 있고 영구임대아파트의 주거복지방향의 혁신적 변화와 공공임대아파트의 문화복지 정책으로서 효과성을 기대할 수 있어 향후 우리나라 공공임대아파트의 주요 정책 패러다임의 중요한 영향과 변화를 기대할 수 있다.

나. 영구임대아파트에 대한 지역사회 긍정적 이미지 변화 및 이를 통한 비영구임대아파트 주민들의 소통과 공동체성 회복

본 사업을 통해 문화복지 인프라가 갖추어지고 치유와 회복의 전문 문화 프로그램들이 정착

된다면 영구임대아파트는 문화가 향유되는 아파트로 이미지를 긍정적으로 변화시킬 수 있다. 기존 영구임대아파트가 가지고 있는 경제적 빈곤, 장애, 무기력등 고착화된 부정적 이미지를 벗어버리고 다양한 문화활동을 통한 주민들의 자신감과 긍정적 이미지를 가지게 됨으로서 지역주민들이 찾아오고 싶은 명품 임대아파트로 거듭날 수 있게 될 것이다. 이를 통해 지역의 비영구임대아파트의 주민들이 영구임대아파트 주민들에 대한 긍정적 이미지를 형성하여, 빈부와 계층의 차를 넘어 영구임대아파트 주민들과 함께 문화복지에 참여하게 되고, 주민 간 갈등을 소통과 협력으로 공동체성을 지역사회 전반에 회복해 갈 수 있을 것으로 기대가 된다.

다. 지역 문제해결을 위한 다양한 전문기관 및 구성원들과의 새로운 협력 패러다임 창출

본 사업을 통해 문화복지를 중심으로 다양한 전문기관들 및 구성원들과 협력하여 다학제 협력 패러다임을 창출하고자 한다. 지역사회의 문제는 심각하고 복잡한 형태를 가지고 있어 하나의 기관과 전문가만으로는 해결하기 어려우며 다양한 분양의 전문가들이 함께 참여하여 해결해야 한다. 또한 지역의 문제는 한 당사자에 국한 되지 않고 지역사회 전반 구성원들에 대하여 영향을 미치기 때문에 지역의 전 구성원들의 참여는 필수적이다. 이에 지역문제 해결을 위해 경제적, 심리적 문제에 국한되지 않고 문화참여와 향유의 영역까지 확대를 통해 다학제 전문기관과 지역구성원들과의 협력적이고 전문적인 관계를 구축, 새로운 협력 패러다임을 창출될 것으로 기대가 된다.

III 실현가능성

1. 신청기관의 강점

첫째, 본 복지관은 서울 ○○구 가양○단지 영구임대아파트 주민들이 사회적 배제로 인해 경험하는 경제, 사회문화, 심리정서적 어려움과 심리적 안녕으로부터의 배제[6]로 인한 어려움을 주민들과 함께 해결해 나가기 위한 노력해 왔다. 2005년을 시작으로 지역주민의 생애주기에 따른 심리정서적 어려움에 대응하고자 복지관 내 전문상담센터를 통해 치유를 통한 회복과 적응을 지원하였으며, 아동청소년들의 내적 역량강화를 위한 문화복지사업 2006년부터 단계적으로 실시해오며 문화를 매개로 하는 성장과 변화를 탐색할 수 있었다.

6) 기초생활수급자대상의 사회적배제 경험에 관한 연구(이희연, 2008)에 따르면, '사회구조적 배제', '미래의 안녕으로부터의 배제', '사회적 네트워크로부터의 배제'의 경험은 결국 상호 영향을 주다가 '심리적 안녕으로부터의 배제(마음의 골병, 현실 도피)'의 경험으로 귀착된다. 이러한 심리적 안녕으로부터의 배제는 단순히 정서 및 심리적 어려움을 겪는 것에서 그치는 것이 아니라, 우울증, 은둔, 알코올중독, 자살시도 등과 같은 '삶 또는 생활에 대한 포기'로 가는 최악의 고리를 만들어 낸다.

① 지역주민의 생애주기에 따른 심리적 어려움에 표현예술치료를 접목한 가족상담센터 실천 경험(2005년~현재) : 한울타리가족상담센터 심리치료실 운영

복지관 내 한울타리가족상담센터에서는 2005년을 시작으로 개인 및 가족을 대상으로 개인·가족·집단상담과 심리치료를 실시하고 있다. 특히, 가양○단지 빈곤가정을 중심으로 우울 및 자살사고, 아동·청소년의 무기력으로 인한 부적응의 어려움에 7명의 전문상담원과 심리치료인력을 통해 개인 및 집단상담을 통해 단계별 서비스를 제공하고 있다. 특히, 아동·청소년, 성인가족을 주 대상으로 하는 심리치료 영역에서는 과정에 참여하는 주민들의 풍성한 자기표현을 통한 회복을 경험할 수 있도록 모래놀이, 미술영역의 다양한 매체를 활용한 표현예술치료의 적용을 통해 긍정적 자아를 회복하게 함과 동시에 자신을 둘러싸고 있는 환경에 대처할 수 있는 내적 역량을 강화할 수 있도록 돕고 있다. 또한, 이 과정에 전문 치료인력과 사회복지사가 함께 참여하면서 치료를 통한 성공 경험을 가지고 지역사회 안에서 개인과 가족이 그 삶을 유지·강화할 수 있도록 하는 사례관리를 통해 지원하고 있다.

② 아동청소년의 내적 역량강화(자아존중감 및 자아형성)를 위한 음악동아리 활동 실천 경험(2006년~2015년) : 아동합창단, 청소년타악퍼포먼스 동아리, 클래식 기타 동아리

본 복지관에서는 지역사회 인구가 노령화되어지면서 아동·청소년들에게는 건강한 역할 모델링을 통한 사회적 학습화의 기회가 제한되었을 뿐 아니라, 지역사회 안에서의 다양한 갈등으로 인해 학교폭력과 일탈 등의 다양한 지역사회 현안이 나타나기 시작했다. 이 과정에서 예방적 교육프로그램과 함께 아동청소년의 심리정서적 역동을 돕는 문화활동을 매개로 하는 동아리 활동이 2006년 실시되었다. 발달단계에 따른 구성으로 합창, 타악기를 활용한 타악퍼포먼스, 현악기를 사용한 동아리로 그 영역을 세분화하여 실시하는 과정에서 기존의 교육을 프로그램을 통해서는 변화의 기회를 갖지 못했던 아동청소년들이 자신의 내적 에너지를 건강한 매개로 표현하고, 개인이 아닌 집단으로 함께 작업하는 과정을 통해 앞에 제시한 지역사회의 문제가 완화되는 변화를 경험했다. 특히, 청소년들이 참여한 동아리에서는 내적 역량이 강화되면서 자신의 강점으로서의 진로동기가 강화되어, 동아리활동이 경험을 기반으로 '서울예술공연고등학교'로 진학하는 등 진로에 변화를 갖는 경험을 함께 할 수 있었다.

둘째, 본 복지관은 2002년부터 영구임대아파트 주민조직화사업을 기반으로 지역사회 문제해결을 위한 지역공동체문화구축사업을 실시해왔다. 또한, 가양○단지 내 65세 어르신들의 사회적 지지망 강화를 위한 자조모임을 통해 관계단절에서의 우울을 예방하고 이웃관계를 회복하여 어르신들의 성공적인 노후를 준비할 수 있는 주민참여형 공동체사업 수행의 경험을 갖고 있다.

① 주민이 중심이 되는 지역사회 공동체문화조성을 위한 주민조직사업의 실천적 경험(2002년~현재)

본 복지관은 2002년부터 영구임대아파트 지역주민조직화사업을 적극적으로 펼쳐 지역문제 해결역량을 갖춘 2개의 주민조직(나눔누리회 · 주사위)과 지역복지 공동체 실현을 위한 주민 조직화 및 사회적 연결망을 구축하는 과정에 대한 전략적 노하우와 지식을 축적해 왔다. 특히, 주민조직 내 활동가들의 리더십 강화를 위한 전문 교육 컨텐츠를 개발하여 주민 리더들이 주민조직 안에서 리더십과 자신감, 유연성, 대인관계 능력을 유감없이 발휘하면서 각자가 속한 주민조직의 발전에 기여하고 있다. 이러한 경험을 바탕으로 2013년부터 마을공동체 만들기 사업을 시작하면서 주민이 중심이 되는 지역사회 문화구축을 위해 우리층 이웃사촌(영구임대아파트 층 문화 만들기)사업과 작.품.활.동(작은 품을 나누는 활기찬 동네) 등으로 그 흐름이 확장되어 가고 있다.

② 지역 자조집단을 통한 빈곤노인의 사회적 지지를 강화하는 우울예방사업의 실천적 경험 (2007년~현재) : 지역사회 함께 하는 행복건강한 어울림

본 복지관에서는 2007년 3월부터 노인 우울에 대한 실태조사를 통해 지역사회 노인 중 52%가 경증 우울 이상을 호소하고 있는 것으로 나타나 이에 대한 전담 TF를 구성하고 전문적인 개입을 실시하였다. 노인우울에 대한 다양한 개입전략 가운데, 본 복지관은 지역사회를 기반으로 자조집단을 구성하여 노인간 사회적 지지를 강화하여 우울요인을 감소시키고 지역사회 내 상시적인 노인 우울 및 자살예방의 보호체계를 구축할 수 있었다. 사업추진 경과 지역사회의 노인들의 우울증 감소 및 자살시도를 사전에 예방하게 되었고, 지역사회로부터 노인 우울 문제에 대한 환기와 관심을 불러일으킬 수 있었다.

셋째, 본 복지관은 본 프로젝트의 효과적인 수행을 위한 문화예술활동 실천적 네트워크 및 연구자문체계를 구축하고 있다는 강점이 있다.

① '문화예술공동체 4각사각'을 위해 함께 협력할 실천적 네트워크를 통한 인프라 구축

본 복지관은 가양○단지에 거주하는 주민에 대한 사회복지 전문서비스 지원 및 통합적인 지원을 위해 민 · 관 기관과의 지속적인 협력체계를 유지하고 있다. 특히, 지역사회 현안에 공동대응하기 위한 전략을 수립하고 민 · 관기관을 함께 지원하고 변화를 이끌어 나가는 거점기관으로서의 역할을 10여년 이상 경험하면서 사회복지영역을 넘어서는 다양한 주체들과의 협력방안 및 공동이 시너지를 창출 할 수 있는 네트워크의 노하우를 갖고 있다.

이 같은 경험을 바탕으로, 본 복지관은 '문화예술공동체 4각사각'의 기획과정부터 문화, 치유(정신건강, 표현예술치유), 공동체 등의 다양한 전문기관 및 자문인력과의 소통을 통해 단순히 사업계획을 위한 협력이 아닌 가양○단지 영구임대아파트의 현안에 문화예술활동을 매개로 그 구체적인 실천방안을 도출 할 수 있었다. 특히, 문화현장에서의 경험을 갖고 있는 전문가, 치유를 통한 회복을 지원할 수 있는 전문가 그리고, 자치활동을 통해 지역공동체를 구성해 가는 전문가 등 7개의 기관과의 협력을 통해 기관이 갖고 있는 그 동안의 노하우와 경험을 가양○단지의 주민과 함께 공유하고 지원할 수 있도록 사전업무협약을 통해 인프라를 마련했다.

② 가양○단지 문화예술공동체의 성과를 확산할 수 있는 연구자문 네트워크 구축

가양○단지의 주민들과 함께 만들어갈 문화예술공동체의 성과를 온전하게 주민의 성과로, 지역사회의 성과로 지속가능하게 하기 위해서는 체계적인 과정기록과 연구를 통해 확산할 수 있는 기반을 마련하는 것이 필요하다. 이를 위해 본 복지관은 문화예술의 영역, 영구임대아파트 주거환경의 영역, 사회적 배제에 대한 영역 그리고 심리정서지원의 영역의 전문가들을 통한 자문으로 사업의 방향성이 지속될 수 있도록 7명의 연구자문을 통해 사업의 변화의 성과를 갖는 사업으로의 기회를 만들고자 한다.

특히, 본 복지관의 운영법인이 그동안 경험했던 문화복지의 실천과정에 함께 했던 기관들 역시 본 프로젝트 과정에 함께 참여하면서, 문화의 경험을 함께 나누는 주민의 변화를 삶의 이야기로 표현하는 연구과정에 함께 하면서 협력적 시너지를 창출하고자 한다.

상기 내용의 실천적 경험과 더불어 본 프로젝트의 효과적인 기획을 위한 '문화복지 주민욕구조사'를 실시하여 프로젝트의 실현가능성을 제고하고자 하였다. 본 조사는 2018년 7월 10일(화)~7월 18일(수) 가양○단지에 거주하는 10대~80대 143명의 주민을 대상으로 설문 조사를 실시하였으며 그 내용은 다음과 같다.

첫째, '문화예술공동체 4각사각'을 통해 가양○단지 주민들은 '친밀한 이웃관계가 확대되는 것', '개인의 행복감, 기대감, 즐거움이 증가되는 것', 그리고 '공동체의식이 증진'될 수 있다는 기대를 나타냈다.

① 이웃과의 친밀한 관계향상에 대한 기대를 갖게 하는 문화예술활동(37.5%)의 욕구
"주민들이랑 같이 하면 좋지..즐겁지. 다들 외로운데 할 줄 아는 게 술 먹고 싸우는 것뿐이니 이런 게 생기면 얼마나 같이 흥이 나고 좋겠어."

② 나를 행복하게 하는 행복감과 즐거움의 경험을 갖게 하는 문화예술활동(19.1%)의 욕구
"매일 매일 할 수 있는 게 생기잖아요. 사람들을 만날 수 있는 일이니까 좋고, 내가 배우고 싶은 걸 하니까 나도 얼마나 달라지겠어요."

③ 영구임대아파트 주민의 공동체성 향상을 기대하게 하는 문화예술활동(13.1%)의 욕구
"요즘 다들 자기만 알고, 괜히 참견하면 안 좋은 소리만 듣잖아요.... 같이 노래 부르고 그림도 그리면서 우리 동네 이야기를 할 수 있으니 서로 관심이 더 생길 것 같아요."

둘째, '문화예술공동체 4각사각'의 문화예술활동에 있어서는 다양한 경험의 기회를 통해 탐색하고 자신을 알아가는 시간이 될 수 있도록 하고자 함에 그 욕구 영역이 다양하게 나타났다. 높은 선호도를 나타냈던 영역은 다음과 같다.

① '미술을 매개로 하는 활동(33.1%)'으로 세부 영역은 그림, 사진, 종이접기, 공예/도예, 서예의 순서로 나타났다.

② '음악을 매개로 하는 활동(28.3%)'로 세부 영역은 합창, 난타(타악기), 풍물, 기타연주의 순서로 나타났다.

③ '댄스를 매개로 하는 활동(19.7%)'로 세부 영역은 스포츠 댄스, 음악줄넘기, 방송댄스, 한국무용의 순서로 나타났다.

④ '2개 이상의 문화예술이 포함된 종합예술활동(9.1%)'에 있어서는 연극과 뮤지컬 그리고 방송영상을 제작하는 경험에 대한 욕구가 높게 나타났다.

이 같은 주민의 욕구는 단순히 '여가문화에 대한 서비스' 요청 수준을 넘어 실제로 주민들이 참여하고자 하는 영역의 세부 욕구를 파악했다는 점에서 의의가 있으며, 이를 바탕으로 본 프로젝트 수행의 기반이 되는 '치유지향 문화예술체험프로그램' 및 '주민 문화예술단 구축' 기획 과정에 적극 반영해 가고자 한다.

2. 목표 및 평가

1) 성과목표

<table>
<tr><th colspan="2">성과목표</th><th>평가 도구 및 방법</th><th>측정 시기</th></tr>
<tr><td colspan="2" rowspan="2">성과목표 1.
참여주민의
긍정적 자기회복역량 증진</td><td>• 긍정적 자기회복역량에 대한 '회복탄력성(KRQ-53) 자기보고 평가를 통해 참여자 80% 이상의 점수향상 여부 평가(연도별 평가)
- 평가도구 : 회복탄력성(KRQ-53)척도[7]
- 평가방법 : 자기보고 평가</td><td>* 사전평가
: 참여초기
* 사후평가
: 12월</td></tr>
<tr><td>• 참여주민의 긍정적 자기 인식변화요인에 대한 주민 질적평가
- 평가도구 : 참여주민 통합형 질적평가
- 평가방법 : Focus Group Interview, Photo Voice</td><td>최초
사업참여 후
6개월 단위
Interview</td></tr>
<tr><td rowspan="2">성과목표 2.
참여주민의
공동체의식
증진을 통한
긍정적 이웃관계
확대</td><td rowspan="2">① 참여주민의
공동체의식
증진</td><td>• 참여주민의 지역인식 및 공동체의식에 대한 척도검사 자기보고 평가를 통해 참여자 80% 이상의 점수향상 여부 평가(연도별 평가)
- 평가도구 : 한국형 동네 응집력 척도[8]
- 평가방법 : 자기보고 평가</td><td>* 사전평가
: 참여초기
* 사후평가
: 12월</td></tr>
<tr><td>• 참여주민의 공동체의식 증진에 대한 질적 평가
- 평가도구 : 참여주민 통합형 질적평가
- 평가방법 : Focus Group Interview, Photo Voice</td><td>최초
사업참여 후
6개월 단위
Interview</td></tr>
</table>

<table>
<tr><td></td><td>② 참여주민의 긍정적 이웃 관계망 확대</td><td>• 참여주민의 이웃 간 긍정적 관계망 증가여부 평가
- 평가도구 : 사회적 연결망
- 평가방법 : UCINET 활용</td><td>매년 12월</td></tr>
<tr><td rowspan="6">성과목표 3. 지속가능한 주민 주도의 문화복지서비스 창출 및 공유 시스템 구축</td><td rowspan="2">① 주도적 문화 향유 주민모임 구축 및 역량강화</td><td>• 주민 문화예술단 구축 개수 및 참여 실인원 평가
: 2019년 = 1개 예비모임 이상, 10명 이상 참여
: 2020년 - 5개 모임 이상, 40명 이상 참여
: 2021년 - 9개 모임 이상, 72명 이상 참여</td><td>매년 12월</td></tr>
<tr><td>• 주민 문화예술단 참여주민 및 예술단 지원 전문인력 대상 각 주민 문화예술단의 문화향유 및 조직운영 역량 관련 질적 평가
- 평가도구 : 참여주민, 코치진 별도 질적평가
- 평가방법 : Focus Group Interview, Photo Voice</td><td>12월
(2020년부터 평가)</td></tr>
<tr><td rowspan="2">② 주도적 문화 향유 주민모임 간 네트워크 강화</td><td>• 주민 문화예술단 간 네트워크 응집력 관련 질적 평가
- 평가도구 : 참여주민 통합형 질적평가
- 평가방법 : Focus Group Interview, Photo Voice</td><td>12월
(2020년부터 평가)</td></tr>
<tr><td>• 주민 문화예술단 연합 사회적협동조합 발족여부 평가</td><td>2021년 12월</td></tr>
<tr><td rowspan="2">③ 단지 내 주민들의 문화향유권 확대</td><td>• 사업수행을 통한 단지 내 문화향유권 확대 효과성 인식 관련 가양○단지 주민 양적조사(표본추출)
- 평가도구 : 문화향유권 확대관련 설문 제작
- 평가방법 : 양적조사(표본추출)</td><td>2021년 12월</td></tr>
<tr><td>• 핵심 및 주변참여자를 대상으로 사업수행을 통한 단지 내 문화향유권 확대 효과성인식 관련 질적 평가
- 평가도구 : 참여주민 통합형 질적평가
- 평가방법 : Focus Group Interview, Photo Voice</td><td>매년 12월</td></tr>
</table>

2) 과정평가 및 평가방법

평가대상 내용	평가 방법	측정 시기
사업수행과정 전체	- 평가주체 및 방법 ① 질적연구 협력기관 : **협동조합 '함께하는연구'** - 참여관찰 및 사업수행인력 인터뷰 등 ② 다큐멘터리 제작 협력기관 : **사) 바라봄 사진관** - 참여관찰 및 사업수행인력, 참여주민 인터뷰 및 영상촬영 ※ 사업수행과정 평가의 효율성, 효과성을 제고하기 위한 2개 협력기관과 정기간담회 및 협업을 통해 추진함.	사업 진행 중 수시 측정

7) 모두 53개 문항으로 구성된 회복탄력성 지수는 스스로의 감정과 충동을 잘 통제할 수 있는 자기조절력, 주변 사람과 건강한 인간관계를 맺을 수 있는 대인 관계력, 긍정적 정서를 유발하는 습관인 긍정성이라는 3가지 요소로 이루어져있는데, 이는 각각 3가지 하위요소를 지녀 모두 9가지 요소로 구성된다. ① 자기조절력 = 감정조절력 + 충동통제력 + 원인분석력 ② 대인관계력 = 소통능력+ 공감능력 + 자아확장력 ③ 긍정성 = 자아낙관성 + 생활만족도 + 감사

8) 홍현미라(2016), 한국형 동네 응집마을공동체의식과 지역사회 관계분석. 지역사회연구 제23권 제4호.

3. 사업종료 후 지향점

1) 사업 수행으로 인한 기대 효과

■ 문화예술공동체 활동을 통한 영구임대아파트 주민의 심리·정서적 치유 경험

영구임대아파트에 살고 있는 주민들은 정서적 고립과 우울, 무기력, 좌절감 등의 사회적 배제로 인한 부정적 경험과 사회적으로 낙인의 시선과 차별 등의 심리정서적 고통을 경험한다. 따라서 다양한 문화예술컨텐츠를 통해 대상별 문화체험 및 자기표현 활동에 참여함으로써 자신과 삶에 대해 창의적이고 주체적으로 바라볼 수 있는 기회를 제공하고 스스로를 치유하며 긍정적 자기회복 역량을 증진할 것으로 기대된다.

■ 문화예술공동체 활동을 통해 좋은 이웃, 건강한 이웃으로의 사회관계망 확대

영구임대아파트는 사회문화적 소외 인식과 우범지역이라는 편견으로 인해 단지 내 주민들과의 관계를 거부하는 양상이 나타나고, 이로 인해 자발적 소외와 사회적 관계망이 악화되는 결과를 초래하고 있다. 이를 극복하기 위하여 다양한 문화예술공동체 활동, 단지 내 문화예술제, 주민 문화예술단 작당모의, 리더 역량강화 및 네트워킹 활동을 통해 주민과 주민이 소통하고 연대할 수 있는 기회를 만들어 좋은 이웃을 만나 더불어 살아가는 관계를 확대해 나가게 될 것이다.

■ 주민이 스스로 문화복지서비스를 창출하고 공유할 수 있는 지속가능한 마을공동체

영구임대아파트 주민의 삶은 경제적 빈곤에서 기인한 문제와 선별적 복지서비스의 한계를 보여주고 있다. 또한 문화예술 프로그램에 대한 낮은 접근성과 부족한 인프라로 인해 문화 향유의 기회가 상실되어졌다. 이에, 인간다운 삶의 실현과 스스로의 행복을 추구할 수 있도록 보편적인 권리개념에서 '문화예술활동'을 매개로 치유경험과 가족과 지역사회의 관계가 회복되고 확대되는 문화복지 마을공동체로의 지향점을 만들 필요가 있다.

따라서 본 사업은 마을안에서 문화예술 활동을 통해 지역주민들이 치유와 관계 회복 과정을 공유하고 문화복지 활동 가능한 인프라를 구축하고 지역사회 환경을 개선함으로써 주민 스스로가 문화를 창출하는 지속가능한 마을을 만들어 나가게 될 것이다.

2) 사업 결과의 활용 계획

확대	• 가양○단지아파트 주민에서 가양동 주민으로의 대상 확대 • 주민들의 사회적 배제 및 소외감을 해소하고 여가 문화의 향유 방법에 대한 교육을 통해 문화 여가 의식 개선 확대 • 영구임대아파트 내 지역사회 복지관의 문화복지사업 모델의 확대
확산	• 치유와 회복의 경험을 통해 심리 정서적 어려움을 해결하는 과정을 사례관리 기능과 연계하고 지원 • 지역사회 공동체성 회복, 주도적 주민 모임 구축, 주민 모임 간 네트워크가 강화됨에 따라 지역사회문제 해결을 지원하는 지역사회조직화사업과 연계 강화 • 문화 활동으로 구축된 인프라는 어르신 사회교육 및 열린문화교실 활동으로 활용

3) 사업 지속 유지 전략

사업을 지속적으로 유지하기 위한 방안으로 사업 종결 후 재원 확보를 위한 세부 전략을 내 · 외부 전략으로 구분하여 제시하고자 한다.

구분	내용
내부전략	• **재원확보 및 법인의 문화컨텐츠 사업 협업** 본 복지관의 운영법인인 MnJ 문화복지재단[9]은 다양한 문화복지적 관점에 기반한 공익사업을 추진하고 있으며 다양한 문화 컨텐츠를 가지고 현장에 적용하기 위한 노력과 예산을 지원하여 문화복지사업이 지속가능하도록 지원함.
외부전략	• **서울시 마을공동체 종합지원센터의 "서울시 지원사업" 공모 지원** 서울시 마을공동체 종합지원센터(http://www.seoulmaeul.org/)는 주민이 스스로 계획하고 주민모임을 형성하고 마을 활동을 지원하고 있으며 서울시 지원사업의 "마을 예술창작소 지원사업과 "마을 미디어 활성화사업"은 주민간 소통하고, 주민 주도의 모임을 만들고, 주민이 자율적으로 운영하고 참여 가능한 문화예술 프로그램 지원하고 있음 이를 통해 문화예술활동과 공간을 지속적으로 운영 조성하는 사업비를 확보하고자 함. • **서울문화재단(http://www.sfac.or.kr)의 생활문화 지원센터 사업 지원** 서울문화재단의 생활문화지원센터는 서울시 전역에 거점형 및 다양한 생활권형 생활문화지원센터를 조성하여 다양한 문화, 여가활동 욕구를 목표로 생활문화 인프라를 구축함과 동시에 커뮤니티 발굴 및 활성화를 추진하기 위한 사업으로 공간 리모델링, 프로그램 사업비를 지원하고 있음. 이를 본 사업의 인프라 확대 및 문화활동 프로그램 지원을 위한 사업비를 확보하고자 함. • **서울시 NPO(Non-Profit Organization) 지원센터 정보와 컨텐츠 공유를 통한 사업 지원** 서울시 NPO선터(http://www.seoulnpocenter.kr)는 시민사회 활성화를 위한 시민사회 중간지원조직으로서 공익활동의 경험과 자원을 공유하고 정보와 컨텐츠를 체계적으로 개발구축하여 공익활동을 지원하고 있어 『타기관 지원사업』의 정보를 통해 지원사업 연계

4. 기관의 윤리성

○ 귀 기관은 최근 3년간 비윤리적인 조직 경영으로 행정처분, 언론보도, 내부고발 등이 발생한 적이 있습니까?
(□ 있다 ☑ 없다)
○ 관련 사항이 있을 시 그 내용은 무엇입니까?
: ______________________________

〈참고문헌〉

김용일. 2014. "집단표현예술치료가 치매노인 주부양자의 우울에 미치는 영향". 명지대학교 사회교육대학원 석사논문.

김진숙. 2004. "표현예술심리치료". 서울: Keapa Press.

오영애. 2017. "조현병 환자의 예술매체 활용에 관한 표현예술심리치료 사례연구". 명지대학교 사회교육대학원 석사논문.

이경훈. 2018. "집단표현예술심리치료가 다문화가정 아동의 자아존중감과 또래관계에 미치는 영

9) Mnj문화복지재단은 누구나 문화 향유를 통해 진정한 행복을 누릴 수 있기를 바라는 마음으로 2015년도에 설립되었으며 전인적 복지의 한 축인 문화예술활동을 아우르며 공동체의 신뢰와 나눔을 실천하는 선도적인 공익재단으로 2018년 4월, 가양○종합사회복지관 운영을 ○○구청으로부터 수탁함.

향". 명지대학교 사회교육대학원 석사논문.

이희연. 2009. "국민기초생활보장제도 수급가구의 사회적 배제 경험에 관한 문화기술지 연구". 『한국사회보장학회』 25(3): 281-315.

최종혁 외. 2010. "사회적 취약계층의 사회적 배제에 대한 문화복지 프로그램의 기능". 『한국사회복지학』 62(1): 291-316.

최희진. 2015. "상호작용 중심의 집단표현예술치료가 여성독거노인의 우울감과 대인관계에 미치는 효과". 명지대학교 사회교육대학원 석사논문.

홍현미라. 2016. "한국형 동네 응집력 척도(K-NCI) 개발에 관한 연구". 『서울도시연구』 17(2): 139-158.

1. 사회복지현장실습 관련 서식 - 교육기관용
2. 사회복지현장실습 관련 서식 - 실습기관용
3. 사회복지현장실습 관련 서식 - 실습생용
4. 사회복지사업법 시행규칙 [별표 1], [별표 1의3]
5. 기관실습 실시기관 선정 및 선정취소 등 사회복지현장실습 운영에 관한 고시
6. 사회복지사 윤리강령
7. 사회복지공동모금회 배분신청서 표준 서식
8. 사회복지공동모금회 배분신청서 작성 교육자료
9. 간접실습의 개념 규정
10. 사회복지사자격증 발급신청 안내

사회복지현장실습 관련 서식 및 자료

부록

1. 사회복지현장실습 관련 서식 - 교육기관용

◎ 교육기관 1 : 실습의뢰서

◎ 교육기관 2 : 실습신청서

◎ 교육기관 3 : 실습생 프로파일

◎ 교육기관 4 : 사회복지현장실습생의 자세

[교육기관 1] 실습의뢰서

○○○대학교(원) ○○대학 사회복지학과장

수신자
(참 조)
제 목 **사회복지현장실습 신청의뢰서**

---

1. 항상 사회복지현장실습 교육을 위해 애써 주시는 귀 기관에 감사드립니다.
2. 사회복지현장실습을 수강하는 본교 사회복지학과 학생의 실습교육을 의뢰하오니 아래를 참조하시어 협조하여 주시기 바랍니다.

- 아 래 -

가. 학생명: (학생연락처:)
나. 실습기간:
다. 실습지도교수:
라. 실습담당조교:
(연락처: 사회복지학과 ☎)

별첨: 실습신청서 1부. 끝.

○○○대학교(원) ○○대학 사회복지학과장(직인)

시행 처리과 - 일련번호(시행일자) 접수 처리과명 - 일련번호(접수일자)
우 주소 /홈페이지 주소
전화( ) 전송( ) /기안자의 공식 전자우편주소 /공개 구분

※ 교육기관의 상황에 따라 변경하여 사용할 수 있음.

[교육기관 2] 실습신청서

실 습 신 청 서

○ 실습기관:

1. 실습생 인적사항

이 름		생년월일			
소 속		학과/전공		학년/학기	
현주소					
전화번호	집:		휴대폰:		
E-Mail					

2. 실습 의뢰 내용

실 습 부 서	
실 습 분 야	
실 습 내 용	
실 습 기 간	

* 교육기본법 제16조 2항에 따라, 사회복지현장실습관련 학사업무 처리를 위하여 개인정보를 제공할 것에 동의합니다. ( )동의, ( )비동의

* 상기 내용으로 귀 기관에 실습신청을 의뢰하며 실습생 프로파일을 동봉합니다.

신 청 인 (학 생 명): (인)

실 습 지 도 교 수: (인)

학과장/대학원장: (인)

[교육기관 3] 실습생 프로파일

실습생 프로파일

1. 인적사항

(사진)	실습생명		성 별		생년월일	
	소속	대학교(원)		전공		학년(학기)
	주소					
	전화번호	집:		핸드폰:		
	E-mail					

2. 이수 전공과목

교과목명	이수 완료	현재 이수	교과목명	이수 완료	현재 이수	교과목명	이수 완료	현재 이수
사회복지개론			인간행동과 사회환경			사회복지실천론		
사회복지실천기술론			지역사회복지론			사회복지정책론		
사회복지행정론			사회복지법제론			사회복지조사론		
사회복지자료분석론			프로그램개발과 평가			가족복지론		
아동복지론			청소년복지론			노인복지론		
여성복지론			장애인복지론			정신건강론		
정신보건사회복지론			의료사회복지론			학교사회복지론		
산업복지론			자원봉사론			사회문제론		
사회복지발달사			사회보장론			교정복지론		
사회복지윤리와철학			사회복지지도감독론			사회복지현장실습		

3. 경력

구분 (취업, 실습, 봉사)	기관	기간	내용

4. 사회복지를 전공하게 된 동기

5. 실습기관 선택 이유

6. 실습을 통해서 성취하고자 하는 목표

7. 실습을 마친 후 목표달성 정도를 파악할 수 있는 기준

8. 사회복지를 실천하는데 있어 자신의 강점과 약점

1) 사회복지 지식 및 기술의 측면	2) 개인적인 특성 측면

9. 취미 및 특기

10. 실습기관, 실습지도자 및 실습지도교수에게 바라는 점

[교육기관 4] 사회복지현장실습생의 자세

사회복지현장실습생의 자세

우리는 사회복지 실습생으로서 사회복지사 윤리강령과 다음 사항을 준수한다.

1. 실습의 목적과 중요성을 충분히 이해하고 실습계약 사항을 이행하기 위하여 최선의 자세로 실습에 임한다.
2. 실습은 대학에서 학습된 이론을 구체적으로 적용하는 과정임을 인식하여 이에 최선을 다한다.
3. 실습교육기관의 구성원이라는 생각으로 타 구성원과 협력하며 친화적인 태도를 취한다.
4. 기관의 정책을 이해하고 수용하며 실습과정에서 준수하도록 한다.
5. 근무시간은 기관의 규정에 준하며 직원과 동일한 자세로 근무시간에 임하도록 한다.
6. 실습시작 최소 10분 전에 출근하여 출근을 확인하며, 업무에 관계된 사항을 사전에 준비하도록 한다.
7. 결근, 조퇴, 지각 등 근태와 관련된 사항은 반드시 실습지도자에게 사전에 보고하여 허락을 받도록 한다.
8. 실습지도자의 지시뿐 아니라 타 직원의 지도를 잘 이행하므로 실습 효과를 최대화하도록 한다.
9. 직무에 강한 책임감과 열의를 갖고 적극적으로 임하며 타인에게 책임을 전가하거나 태만하게 행동하지 않는다.
10. 실습으로 인하여 알게 된 클라이언트의 사적인 정보를 교육적 목적(대학실습지도 등) 이외에는 절대 발설하지 않으며, 교육적 목적이라 하더라도 가명을 사용하여 개인의 비밀이 침해되지 않도록 한다. 실습종료 후, 실습 관련 내용을 학회지 등에 게재하고자 할 때는 반드시 실습지도자와 상의하여 허락을 받아야 한다.
11. 실습지도자의 지도 혹은 타 실습생의 실습을 견학, 관찰할 경우 배우는 자세로 진지한 태도를 취한다.
12. 기관의 직원, 클라이언트 등에 대해 예의를 지킨다.
13. 복장, 소지품은 실습기관의 특성과 상황에 맞게 취하되 가능한 화려한 것을 피하고 검소하며 단정한 것으로 착용하도록 한다.
14. 안전사고에 만반을 기하도록 하며 안전사고와 관련된 기관의 규정을 사전에 숙지하여 그에 준해 처리하도록 한다.
15. 실습일지를 비롯한 각종 실습기록은 사실에 근거하여 정확하고 구체적으로 정리하여 실습 시 실습지도자와 실습지도교수의 강평을 받는다.
16. 과제에 관하여 연구하고 그 결과물에 대해 실습지도자의 강평을 받는다.
17. 실습과정 중 어떤 경우라도 사례금 등의 금품을 절대 주거나 받지 않는다.
18. 과제물은 정해진 기일에 제출하고 출근 전에 작성을 마친다.
19. 기관의 명칭을 사적으로 활용하지 않으며 실습생의 신분을 지킨다.
20. 기관을 대표한다는 자세로 실습교육기관의 직원들과 동일한 업무 태도와 자세를 취한다.

2. 사회복지현장실습 관련 서식 - 실습기관용

◎ 실습기관 1 : 실습신청의뢰서

◎ 실습기관 2 : 실습지도계획서

◎ 실습기관 3 : 실습지도자 프로파일

◎ 실습기관 4 : 실습의뢰에 대한 회신

◎ 실습기관 5 : 실습생 출근부

◎ 실습기관 6 : 실습지도기록서

◎ 실습기관 7 : 실습평가서(교육기관 발송용)

◎ 실습기관 8 : 사회복지현장실습 교육 수료증

◎ 실습기관 9 : 사회복지현장실습기관 선정 확인서

[실습기관 1] 실습신청의뢰서

실 습 기 관 명

수신자
(참 조)
제 목 사회복지현장실습 신청의뢰서

1. 사회복지교육 및 연구활동을 통해 사회복지발전에 전력을 다하시는 귀하와 귀교의 무궁한 발전을 기원합니다.
2. 아래와 같이 사회복지현장실습 교육이 가능하오니 관심 있는 학생들이 참여할 수 있도록 협조를 부탁드립니다.

- 아 래 -

1. 실습부서/분야:
2. 실습지도자:
3. 대학별 배정가능 실습생수:
4. 실습담당직원: (연락처: ☎)
5. 실습비:

별첨 1: 실습지도계획서
별첨 2: 실습지도자 프로파일

실습기관장(직인)

시행 처리과 - 일련번호(시행일자) 접수 처리과명 - 일련번호(접수일자)
우 주소 /홈페이지 주소
전화( ) 전송( ) /기안자의 공식 전자우편주소 / 공개구분

[실습기관 2] 실습지도계획서

실습지도계획서

○ 실습지도자:

1. **실습목적:**

2. **실습목표:**

3. **실습분야:**

4. **실습기간:**

5. **실습대상:**

6. **교육계획**

단위시간	내용	담당	비고

7. **실습지도방법**

- 개별실습지도 계획:
- 집단실습지도 계획:
- 기타 계획:

8. **실습일정**

주	월/일	시간	실습내용	담당	과제물

9. **실습생의 책임과 과제**

10. **참고도서**

[실습기관 3] 실습지도자 프로파일

실습지도자 프로파일

1. 인적사항

성 명		성 별	
기관명/부서		직 책	
담당 업무		전 화	
이 메 일		팩 스	
최종학력		최종학력의 전공	
사회복지사 자격번호		사회복지 총 실무경험기간	년 개월

2. 실습지도 및 실습분야 관련 주요 교육배경

교육명	주관단체	기간	수료/자격여부

3. 사회복지분야 근무경력

기관명	기간	직책	담당업무

4. 본인의 전공분야 (현재 자신의 관심분야, 실천모델, 실천기술과 기법)

5. 실습지도자로서의 자신의 특성(강 · 약점)

6. 실습생에게 바라는 점

[실습기관 4] 실습의뢰에 대한 회신

실습의뢰에 대한 회신

귀 대학의 실습생의 실습의뢰를 수락합니다.

실습생명		소속대학	
기관명			
기관주소		전화번호	
실습지도자	직위: 부서: 성명:	연락처	전화: 팩스:
		E-mail	

실습기간	년 월 일 - 년 월 일 (오리엔테이션 일정: 년 월 일 시)
필요서류	다음 서류를 실습개시일 ( )일 전까지 우송바랍니다. - 실습생 프로파일 1부 - 실습비 (원) (실습개시일 납부요망) - 기타 필요한 서류 ( )
실습을 위한 기타 준비사항	- 참고문헌 - 사전 과제물
대학에 대한 의견	

실습지도자 (인)

기 관 장 (인)

[실습기관 5] 실습생 출근부

실습생 출근부

□ 성명: 긴급연락처: 전자우편:

월 일	출근시간	퇴근시간	실습생확인	실습 지도자확인	지각, 조퇴, 결근여부	사유

* 기입요령: 출근시간, 퇴근시간 표시, 퇴근 시 실습생 및 실습지도자가 확인하며, 지각, 조퇴, 결근 시 그 사유를 함께 기록함

[실습기관 6] 실습지도 기록서

실습지도 기록서

○ 실습지도자:

○ 실 습 생:

일시	실습지도 내용	비고

[실습기관 7] 실습평가서(교육기관 발송용)

실습평가서(교육기관 발송용)

기관명		실습지도자	
실습부서		실습지도교수	
실습기간			
실습생		평 가 일 시	

*** 출석상황**

☐ 무단결석 없음 ☐ 무단결석 1회 ☐ 무단결석 2회 ☐ 무단결석 3회 이상

* 다음은 실습생에 관한 평가입니다. 실습생이 실습지도 기간 동안 보여주었던 태도와 행동을 기준으로 아래 항목에 솔직하게 평가해주기 바랍니다.

실습내용에 포함되어 있는 사항에 관해서만 평가하여 주시고, 평균에는 평가항목 총점을 평가항목 개수로 나눈 점수를 기입하면 됩니다.

(1점: 매우 그렇지 못하다 ~ 5점: 매우 그렇다)

항목	내용	1	2	3	4	5
실습 지도에 대한 태도	1. 실습지도 시간을 엄수한다.					
	2. 적극적이고 긍정적인 자세로 실습지도에 참여한다.					
	3. 실습지도에서 지적된 내용을 수용한다.					
	4. 배우는 입장에서 진지하게 노력하고 발전하려는 태도를 갖는다.					
	5. 실습지도자와 실습생으로서 공식적 관계를 형성한다.					
기관 이해 및 관계 유지	6. 동료실습생과 긍정적이고 원만한 협력 관계를 유지한다.					
	7. 기관의 목적, 정책, 규칙, 사업내용을 이해한다.					
	8. 기관 내에서 실습생으로서의 권한과 한계를 알고 일한다.					
	9. 기관 내 타직원과 협조적인 대인관계를 형성, 유지하여 업무를 처리한다.					
기본적 태도와 자질	10. 일의 우선순위를 결정하는 능력이 있다.					
	11. 할당된 시간 안에 일을 계획하고 수행한다.					
	12. 자신의 장점과 단점을 잘 인식하고 대응한다.					

	13. 사회복지실천 지식을 실습내용에 적용한다.					
	14. 사회복지실천의 가치와 윤리를 갖고 임한다.					
	15. 전문가로서의 편견, 선입견, 고정관념을 인식하고 객관성을 유지한다.					
	16. 실습지도 내용을 실행에 옮긴다.					
	17. 실습과정을 책임감 있게 수행한다.					
기 록	18. 기록, 보고서 등을 정해진 일시에 제출한다.					
	19. 실습내용을 사실에 근거하여 정확하게 기록한다.					
	20. 실습내용을 체계적이고 구체적으로 기록한다.					
	21. 클라이언트와의 상호작용 및 실습생의 사고와 감정을 기록한다.					
	22. 실습지도를 통해 지적된 사항 및 배운 것을 정확히 기록한다.					
전문적 태도와 관계 형성	23. 클라이언트와 전문적 관계를 형성하고 활용한다.					
	24. 전문적 관계형성에서 동정과 감정이입을 구별하여 적용한다.					
	25. 주변의 자원을 파악하고 그것을 활용하려고 노력한다.					
	26. 비심판적이며 경청과 수용의 태도를 갖는다.					
	27. 클라이언트의 능력과 동기의 한계를 수용한다.					
	28. 실습지도자가 지시한 것을 잘 파악하여 실행에 옮긴다.					
개인에 대한 개입	29. 클라이언트가 표현한 의사소통과 암시적인 의사소통을 이해한다.					
	30. 실습생이 의도한 바를 클라이언트에게 명확하게 전달한다.					
	31. 클라이언트의 문제와 상황에 관련된 정확한 자료를 수집한다.					
	32. 수집된 자료를 체계적으로 종합하고 이론에 기초하여 사정한다.					
	33. 클라이언트 가족 등 주변의 지지자원을 활용한다.					
	34. 클라이언트와 환경의 상호역동성의 이해아래 개입목표와 전략을 수립한다.					
	35. 개입목표에 따라 클라이언트의 긍정적인 변화를 유도한다.					
가족에 대한 개입	36. 가족의 역동성을 파악하고 가족상황에 관련된 정확한 자료를 수집한다.					
	37. 가족의 구조를 명확히 이해하여 필요한 가족개입의 기술을 활용한다.					

	38. 가족의 상호역동성의 이해아래 개입목표와 전략을 수립한다.					
	39. 가족 구성원을 개별화하고 성원들이 긍정적으로 변화하도록 유도한다.					
집단에 대한 개입	40. 집단 역동을 파악하여 의미 있는 개입으로 집단을 지도한다.					
	41. 집단에서 주 진행자와 보조진행자의 의미와 역할을 알고 실천한다.					
	42. 집단의 구조를 명확히 하고 필요한 집단지도의 기술을 활용한다.					
	43. 집단 성원을 개별화하고 성원간 의미 있는 관계를 형성하도록 한다.					
	44. 집단의 목적에 대해 정확히 사정한다.					
	45. 정확한 사정에 입각하여 적절한 프로그램을 계획하고 실행한다.					
	46. 집단의 상호작용이 목적 지향적이고 성원들이 긍정적으로 변화하도록 한다.					
지역 사회에 대한 개입	47. 지역주민들이 지역사회의 요구와 문제를 파악하도록 돕는다.					
	48. 파악된 지역사회요구를 사회행동으로 계획하고 실행한다.					
	49. 지역사회구조와 권력에 대해 이해하고 그 지역사회 상황을 정확히 파악한다.					
	50. 지역사회자원을 정확히 파악하고 접근한다.					
정책 및 행정 분야	51. 정책형성 및 개선과 관련된 이해집단들의 문제 상황 및 요구와 정책발의자들 및 집행자들의 이해관계를 정확하고 객관적으로 이해한다.					
	52. 정책형성 및 개선과 관련된 이해집단과 건설적이고 전문적인 관계를 맺는다.					
	53. 문제 상황에 적합한 정책대안을 개발하는데 적극적으로 참여한다.					
	54. 기본정보를 정확히 사용하며 실증적인 자료 분석의 지식을 갖고 문제를 분석한다.					
	55. 사회복지행정체계 및 전달체계에 대해 정확하게 이해한다.					
기관 고유 항목*	56.					
	57.					
	58.					

	59.					
	60.					

* 기관 고유 항목에는 기관의 특성과 실습상황에 맞는 평가항목을 실습지도자가 추가적으로 직접 기입하고 평가할 수 있습니다.

<table>
<tr><td>총 평</td><td colspan="5">(※ 실습생의 실천가로서의 장단점 및 대학에 대한 건의)</td></tr>
<tr><td>평가문항 개수</td><td colspan="2"></td><td colspan="2">총점</td><td></td></tr>
<tr><td>평균
(총점 ÷
평가문항개수)</td><td colspan="5">(※ 기록 후 테이프 부착 후 실습지도자 서명 요망)</td></tr>
<tr><td rowspan="4">평점부여</td><td colspan="5">※ 여기에 부여하는 평점은 실습생이 받게 되는 성적표상의 최종 평점은 아닙니다. 교육기관 실습지도 점수와 함께 사회복지현장실습 평점 부여 시 주요 고려사항이 됩니다.</td></tr>
<tr><td>☐ A+</td><td>☐ B+</td><td>☐ C+</td><td>☐ D+</td><td rowspan="3">☐ F</td></tr>
<tr><td>☐ A0</td><td>☐ B0</td><td>☐ C0</td><td>☐ D0</td></tr>
<tr><td>☐ A-</td><td>☐ B-</td><td>☐ C-</td><td>☐ D-</td></tr>
</table>

실습지도자: (인)

기 관 장: (인)

☞ Tip- 점수 기준: 평가항목 중 해당되는 항목을 평가하여 평가한 문항으로 나누면 5점 만점 중 학생의 점수 평점이 됨. 5점~4.5점 사이는 A대의 점수 부여, 4.4~4.0점 사이는 B점수 대, 3.9~3.5사이는 C점수 대, 3.4~3사이는 D점수 대 2.9 이하는 F./ 각 점수대의 +, 0, -는 점수 범위의 분포에 따라 적절히 부여할 수 있음

[실습기관 8] 사회복지현장실습 교육 수료증

사회복지현장실습 교육 수료증

수료번호: ○○○○(연도)-○○(번호)

○○대학(원) 성명: ○○○ (학번)

상기 학생은 아래의 과정을 수료하였으므로
사회복지현장실습 교육 수료증을 발급합니다.

- 아 래 -

1. 실 습 지 도 자:
2. 실습교육기관:
3. 실 습 기 간:
4. 실 습 분 야:

년 월 일

○○기관장 (직인)

[실습기관 9] 사회복지현장실습기관 선정 확인서[1)]

관리번호 제 호

사회복지현장실습기관 선정 확인서

1. 명 칭:
   * 사업자등록번호:

2. 대 표 자:

3. 소 재 지:

4. 실 습 지 도 자:

5. 유 효 기 간:

위 기관은 「사회복지사업법 시행규칙」 제3조 제2항에 따라 사회복지현장실습의 기관실습 실시기관으로 선정되었음을 확인합니다.

년 월 일

한국사회복지사협회장 직인

1) 기관실습 실시기관 선정 및 선정취소 등 사회복지현장실습 운영에 관한 고시 [별지 제5호 서식]

3. 사회복지현장실습 관련 서식 - 실습생용

◎ 실습생 1 : 실습생 서약서

◎ 실습생 2 : 실습 계약서

◎ 실습생 3 : 실습일지

◎ 실습생 4 : 실습기관 분석보고서

◎ 실습생 5 : 사례관리 계획서

◎ 실습생 6 : 사례관리 진행일지

◎ 실습생 7 : 사례관리 종결기록서

◎ 실습생 8 : 집단지도 계획서(소집단용)

◎ 실습생 9 : 집단과정 일지(소집단용)

◎ 실습생 10 : 집단의 개별회원 분석표(소집단용)

◎ 실습생 11 : 집단 종결기록서(소집단용)

◎ 실습생 12 : 프로그램 계획서
(대집단 및 지역사회복지)

◎ 실습생 13 : 프로그램 평가서
(대집단 및 지역사회복지)

◎ 실습생 14 : 사회복지정책 분석보고서
(정책개발 및 평가)

◎ 실습생 15 : 사회행동, 옹호활동 보고서
(사회행동)

◎ 실습생 16 : 사회복지기관(사업) 홍보기획서

◎ 실습생 17 : 개별면접 일지

◎ 실습생 18 : 가족상담 기록서

◎ 실습생 19 : 사회조사 계획서

◎ 실습생 20 : 사회조사 진행일지

◎ 실습생 21 : 사회조사 분석평가서

◎ 실습생 22 : 기관방문 분석보고서

◎ 실습생 23 : 지역탐방보고서

◎ 실습생 24 : 실습중간평가서

◎ 실습생 25 : 실습종결평가서

◎ 실습생 26 : 사회복지현장실습확인서

◎ 실습생 27 : 실습종결보고서(학교제출용)

◎ 실습생 28 : 실습지도자(슈퍼바이저) 평가척도

◎ 실습생 29 : 실습지도(슈퍼비전) 평가척도

[실습생 1] 실습생 서약서

실 습 생 서 약 서

본인은 ○○ 기관의 실습생으로서 다음의 사항을 준수할 것을 서약합니다.

1. 사회복지사 윤리강령
2. 클라이언트와 기관에 대한 비밀 유지
3. 실습교육기관 및 실습지도자의 요구사항

년 월 일

실습생: (인)

○○ 기관 귀중

[실습생 2] 실습 계약서

실습 계약서

실습생명		소속 대학	
기관명		주소 / 전화번호	
실습지도자		실습지도교수	

1. 일반적 사항

(1) 실습기간: ________년 ______월 ______일부터
________년 ______월 ______일 까지 총 일

(2) 업무시간: 주 _____일 근무, _________시 부터 _________시 까지

(3) 대학 실습세미나 시간: ______요일, ______시 부터 _______시 까지

(4) 결석에 대한 조치

2. 실습의 목적과 목표

(1) 목적

(2) 목표

3. 실습생의 의무와 책임

4. 실습지도자의 의무와 책임

5. 실습지도교수의 의무와 책임

상기 사항을 성실하게 이행하여 실습을 진행하도록 하겠습니다.

년 월 일

실 습 생 (인)
실습지도자 (인)
실습지도교수 (인)

[실습생 3] 실습일지

실 습 일 지

1. 실습생명:

2. 실 습 일:

3. 오늘의 목표:

4. 진행내용(시간, 내용 등을 중심으로 기록)

5. 실습생 의견 (배운 점, 의문사항, 건의 등 포함)

6. 실습지도자 의견

[실습생 4] 실습기관 분석보고서

실습기관 분석보고서

실습생명		기관명	
기관주소	(전화:)		
기관소개자	(부서: 직책:)		

1. 기관의 역사

(1) 기관 설립동기 및 설립목적

(2) 기관 사업의 역사적 변천

(3) 기관 역사에 대한 실습생의 평가

2. 기관의 목적

3. 기관의 주요사업 및 프로그램

(1) 클라이언트 및 대상 지역

(2) 주요사업

(3) 서비스 전달체계

(4) 기관의 대상층 및 주요사업에 대한 실습생의 평가

4. 기관의 행정사항

(1) 기관의 조직구조

(2) 예산, 후원 및 지원 사항

(3) 기관의 행정구조와 예산 사용 및 후원에 대한 실습생의 평가

5. 기관이 속한 지역사회, 물리적 환경의 특징

(1) 지역사회

(2) 물리적 환경(시설, 공간 등)

6. 사회복지기관으로서 지역 내 타기관들과의 연계

(1) 관계유형 및 내용

(2) 기관의 타기관과의 관계유지에 대한 실습생의 평가

7. 기관의 특별한 면이나 전반적인 사항에 대한 인상이나 느낌

[실습생 5] 사례관리 계획서

사례관리 계획서

실습생명:

클라이언트명		성 별		조사일	
주 소		전화번호		작성일	
직 업		학력		연령	
의뢰경위		경제상태	□ 일반 □ 저소득 □ 수급자		

1. 일반적인 사항

- 가족상황, 경제상황, 건강 상황, 일상생활 및 주거상황, 사회심리적 상황, 자원활용상황

2. 클라이언트에 관한 사항

- 신체, 인지, 정서, 행동기능면 / 클라이언트의 강 · 약점

3. 욕구진술

4. 개입계획

욕구	결과목표	세부목표	표적체계	개입전략 및 수행방법	비고 (역할분담 등)

5. 서비스 일정표

날짜	담당	서비스 목표	서비스 내용	준비물	비고

[실습생 6] 사례관리 진행일지

사례관리 진행일지(　　　회)

클라이언트명		실습생명	
일　　시		장　　소	

1. 목표 및 내용

결과목표	하위목표	서비스목표	서비스내용

2. 과정기록

3. 평가

1) 목표달성 및 서비스 평가

2) 클라이언트에 대한 평가

3) 사례개입에 대한 자신의 역할 평가

4. 계획

[실습생 7] 사례관리 종결기록서

사례관리 종결기록서

클라이언트명	
실습생명	
서비스제공기간	

1. 제공된 서비스

2. 사례관리 목표 달성정도

3. 사후지도 계획

[실습생 8] 집단지도 계획서(소집단용)

집단지도 계획서(소집단용)

집 단 명		집단지도자(실습생)명	
대 상		성원 수	
기 간		장 소	

1. 실시 배경

2. 목적

3. 목표

결과목표 1		결과목표 2	
하위목표 1-1		하위목표 2-1	
하위목표 1-2		하위목표 2-2	

4. 목표관련 지도 내용 및 구체적 수행방법

결과목표	하위목표	지도 내용	수행방법	비 고

5. 평가계획

평가지표	
평가도구	
평가방법	

6. 회기별 일정표

횟수	일시	목표	내용	준비물

7. 예산

[실습생 9] 집단과정 일지(소집단용)

집단과정 일지(소집단용)

집단지도자(실습생)명		집단명	
집단진행 날짜		집단 활동 장소	
참석자(명) 명단			
결석자(명) 명단			

1. 목표 및 세부목표

1. 목표:

2. 세부목표:
   2-1.
   2-2.

2. 집단진행요약

시간	프로그램 내용	사회복지사의 역할

3. 과정 기록

1) 모임 전 단계(자리 위치 표시)
2) 모임 단계
3) 모임 후 단계

4. 평가

1) 목표 달성 및 프로그램 평가
2) 집단의 역동성(성원-성원, 성원-지도자)
3) 성원의 개별 평가(개인의 변화, 참여도, 지도자 · 타 회원과의 관계)
4) 지도자 자신에 대한 평가(역할 및 의도적 개입)

5. 다음 집단모임 계획

[실습생 10] 집단의 개별회원 분석표(소집단용)[2)]

집단의 개별회원 분석표(소집단용)

회원명		집단명	
회원 수		집단지도자(실습생)	

집단의 목표	
개인의 목표	

회기	날짜	참석여부 /참석인원	개인의 변화정도 및 내용	참여도	지도자와의 관계	타 회원과의 관계
1		/				
2		/				
3		/				
4		/				
5		/				
6		/				
7		/				

〈 종합평가 〉

2) 모든 집단지도 상황에서 활용되어야 하는 것은 아니며, 집단과정에서 개인의 변화를 민감하게 기록할 필요가 있을 경우에 활용할 수 있음

[실습생 11] 집단 종결기록서(소집단용)

집단 종결기록서(소집단용)

집단명		집단지도자(실습생)명	
집단진행 날짜		집단 활동 장소	
전체진행 회기 수		출석률	
주요 진행사항			

1. 회원의 평가

1) 운영면

(1) 프로그램 진행평가

(2) 집단 참여 태도

2) 프로그램 내용

3) 목표달성

4) 다음 프로그램에 대한 의견

5) 지도자에 대한 평가

2. 지도자(실습생)의 평가

1) 집단의 특징

2) 회원의 참여도

3) 집단성원에 대한 개별화의 정도

4) 집단역동의 활용정도

5) 집단에 대한 발달단계분석

구분	초기	중기	말기
참여도			
개인의 변화			
지도자와의 관계			
타 회원과의 관계			
기타(　　　　　)			
기타(　　　　　)			

[실습생 12] 프로그램 계획서(대집단 및 지역사회복지)

프로그램 계획서(대집단 및 지역사회복지)

프로그램명		지도자(실습생)명	
대 상		참여자 수	
기 간		장 소	

1. 프로그램 실시 배경

2. 프로그램 목적

3. 프로그램 목표

결과목표 1		결과목표 2	
하위목표 1-1		하위목표 2-1	
하위목표 1-2		하위목표 2-2	

4. 목표관련 지도 내용 및 구체적 수행방법

결과목표	하위목표	지도 내용	수행방법	비 고

5. 평가계획

평가지표	
평가도구	
평가방법	

6. 회기별 일정표

횟수	일시	목표	내용	준비물

7. 예산

[실습생 13] 프로그램 평가서(대집단 및 지역사회복지)

프로그램 평가서

프로그램명		지도자(실습생)명	
대 상		참여자 수	
기 간		장 소	

1. 프로그램 목적 및 목표달성 평가

결과목표	하위목표	달성 정도	평가 근거	의의

2. 프로그램 과정 평가

1) 준비과정

2) 진행과정

3) 종결 및 정리과정

3. 프로그램 만족도 평가

4. 예산평가

5. 추후 프로그램을 위한 제언

[실습생 14] 사회복지정책 분석보고서(정책개발 및 평가)

사회복지정책 분석보고서

ㅇ 분석자(실습생)명:

정 책 명	
관련법규/지침	
주무부서	

1. 문제제기 및 분석목적

2. 분석한 정책의 주요 내용

3. 자료수집 및 분석방법

4. 분석결과 논의

4.1 정책목표분석

4.2 정책이 추구하는 가치 분석

4.3 급여대상 분석

4.4 급여의 적절성 분석

4.5 급여의 전달체계 분석

4.6 재정 분석

5. 관련정책과 관련한 주요 이해당사자의 입장 분석

6. 분석한 정책의 개선방향 및 전망

7. 총평

[실습생 15] 사회행동, 옹호활동 보고서(사회행동)

사회행동, 옹호활동 보고서

○ 분석자(실습생)명:

구분	요약 제시
사회행동명	
활동 목적	
참여자	
대상 집단	
옹호 대상	

1. 문제제기 및 활동목적

2. 참여자의 특성

3. 대상 집단의 특성

4. 옹호집단의 특성

5. 주요활동경과

6. 활동전략분석

6.1 대상 집단을 이기기 위한 힘을 얻기 위한 전략
6.2 합법성을 확보하기 위한 전략 (법적행동 포함)
6.3 타조직과 협력하는 전략
6.4 전술을 연결시키는 전략
6.5 협상을 전개하는 전략
6.6 홍보 및 언론활용 전략

7. 향후 행동 전략 제안

[실습생 16] 사회복지기관(사업) 홍보기획서

사회복지기관(사업) 홍보기획서

○ 기획자(실습생)명:

1. 상품(홍보하려는 기관이나 사업)의 특성 분석
(상품의 내용, 경쟁기관이나 사업의 존재여부 등)

2. 유치하려는 소비자 집단의 특성별 구분

3. 대상별 소비자에게 호소하기 위한 전략
(담당, 장소, 방법 등을 일목요연하고 자세히 제시)

4. 홍보일정

5. 홍보예산

6. 첨부(보도 자료, 광고전단, 안내지 자료, 홈페이지 자료 등)

[실습생 17] 개별면접 일지

개별면접 일지

실습생명		면접날짜와 시간	
클라이언트		면접 장소	

1. 면접 준비과정

2. 면접목표

1)
2)

3. 과정기록 및 분석

면접내용	실습생 분석	실습지도 내용

* 주요한 면접장면에 대해서는 대화체의 기록을 직접 인용하는 것이 권장됨.
* 면접자의 의도적인 개입, 언어적 · 비언어적 의사소통 모두에 주의하여 기록할 것.
* 상기 내용이 포함된다면, 기관 상황과 면접 상황에 맞추어 별도 양식 활용 가능.

4. 면접목표 달성에 대한 평가

5. 실습생 의견

6. 다음 면접 계획

[실습생 18] 가족상담 기록서

가족상담 기록서

클라이언트(IP)		성별		연령	
날짜		장소		총 횟수/시간	
실습생명				실습지도자	

1. 의뢰과정

2. 문제 상황에 대한 가족의 정의

3. 가계도

4. 가족생태도: 가족의 하위체계간 관계 등 기록

5. 가족의 사회자원망

6. 가족생활주기

7. 가족사정 및 이론적 근거

8. 개입 목표와 개입 전략

9. 개입 내용 정리

회기	내용	주요 질문과 내담자의 반응

10. 평가 및 사후관리계획

[실습생 19] 사회조사 계획서

사회조사 계획서

조 사 주 제	
조사/분석일	
조사자(실습생)명	

1. 문제제기 및 조사문제의 제시

1.1. 문제의 기술

2.2. 검토될 조사문제에 대한 진술

2.3. 문제의 중요성과 조사 필요성 제시

2. 조사와 관련한 문헌자료 검토

2.1. 이론적 역사적 관점

2.2. 문헌에서 파악된 차이점들 검토

3. 조사방법 제시

3.1. 조사 설계와 자료수집절차

3.2. 표집설계

3.3. 대상에 대한 기술

3.4. 측정방법 기술

3.5. 자료 분석 절차

4. 예산

5. 기타 필요한 사항

6. 부록 (관련 참고문헌, 설문지 등 필요한 자료를 첨부할 수 있음)

[실습생 20] 사회조사 진행일지

사회조사 진행일지

조 사 주 제	
진 행 일	
조사자(실습생)명	

1. 조사 진행 단계 기록

2. 조사과정에서 보완되어야 할 사항 기록

3. 추후 조사 진행 계획

[실습생 21] 사회조사 분석평가서

사회조사 분석평가서

조 사 주 제	
진 행 일	
조사자(실습생)명	

1. 문제제기 및 조사문제의 제시

1.1. 문제의 기술

2.2. 검토될 조사문제에 대한 진술

2.3. 문제의 중요성과 조사 필요성 제시

2. 조사와 관련한 문헌자료 검토

2.1. 이론적 역사적 관점

2.2. 문헌에서 파악된 차이점들 검토

3. 조사방법 제시

3.1. 조사 설계와 자료수집절차

3.2. 표집설계

3.3. 대상에 대한 기술

3.4. 측정방법 기술

3.5. 자료 분석 절차

4. 조사결과 제시

4.1. 기술적 분석

4.2. 인과적 분석

5. 논의점

5.1. 밝혀진 사항에 대한 설명

5.2. 실천에의 함의

5.3. 평가의 한계와 약점

6. 참고문헌

7. 부록 (설문지 외 조사와 관련된 주요자료 첨부)

[실습생 22] 기관방문 분석보고서

기관방문 분석보고서

* 특정 분야나 내용에 관심을 가지고 방문을 추진한 경우에는 별도의 양식을 활용하거나, 특정 내용만 선택하여 기록할 수 있습니다.

실습생명		방문기관명	
기관소재지	(전화:)		
기관소개자	(부서: 직책:)		

1. 기관방문 목적
2. 기관방문을 위한 질의사항 및 응답 정리
3. 기관방문을 통해 알게 된 지식

〈검토할 사항 예시〉
1. 기관의 역사 (1) 기관 설립동기 및 설립목적 (2) 기관 사업의 역사적 변천 (3) 기관 역사에 대한 실습생의 평가 2. 기관의 목적 3. 기관의 주요사업 및 프로그램 (1) 클라이언트 및 대상 지역 (2) 주요사업 (3) 서비스 전달체계 (4) 기관의 대상층 및 주요사업에 대한 실습생의 평가 4. 기관의 행정사항 (1) 기관의 조직구조 (2) 예산, 후원 및 지원 사항 (3) 기관의 행정구조와 예산 사용 및 후원에 대한 실습생의 평가 5. 기관이 속한 지역사회, 물리적 환경의 특징 (1) 지역사회 (2) 물리적 환경(시설, 공간 등) 6. 사회복지기관으로서 지역 내 타기관들과의 연계 (1) 관계유형 및 내용 (2) 기관의 타기관과의 관계유지에 대한 실습생의 평가 7. 기관의 특별한 면이나 전반적인 사항에 대한 인상이나 느낌

[실습생 23] 지역탐방 보고서

지역탐방 보고서

○ 조사자(실습생)명:

○ 지역소개자:

1. 탐방지역

2. 지역의 주요 사회지표 제시

3. 지역의 인구사회학적 특성

4. 지역의 사회경제학적 특성

5. 지역의 사회복지기관 및 자원 탐색

6. 필요하거나 보완되어야 할 사회복지서비스 제안

7. 결론

8. 첨부 (관련 지도를 비롯한 탐방보고서 작성에 참조한 자료를 첨부할 수 있음)

[실습생 24] 실습중간평가서

실습중간평가서

* 본 평가서는 사회복지현장실습 지침서를 참고하여 실습생 본인이 작성하며, 서술양식으로 작성한 뒤 실습 실습지도자와 평가회를 갖는 것을 추천함.

실습생명		기관명	
실습기간		실습지도자	
실습평가일		실습지도교수	

1. 실습목표와 관련된 실습내용 및 역할에 대한 평가

1.1. 수행한 실습내용 및 역할의 요약

1.2. 평가

1.3. 앞으로의 계획

2. 실습에 임한 자세 및 노력

3. 실습을 통해 배운 점

4. 앞으로 더 필요한 지식과 기술

5. 실습에서 어려웠던 점

6. 기관 및 실습지도자에게 건의할 점

[실습생 25] 실습종결평가서

실습종결평가서

* 본 평가서는 사회복지현장실습 지침서를 참고하여 종결평가 내용을 실습생 본인이 작성하며, 서술양식으로 작성한 뒤 실습지도자와 평가회를 갖는 것을 추천함.

실습생명		기관명	
실습기간		실습지도자	
실습평가일		실습지도교수	

1. 실습일정에 대한 평가

2. 실습내용 및 역할에 대한 평가

3. 실습목표에 대한 평가

1) 구체적이고 적절한 목표 설정 여부
2) 목표의 달성 여부

4. 서비스 실천과정에 대한 평가 / 정책 및 행정 실습에 대한 평가

1) 문제 파악 및 자료수집 능력 / 문제 인식 능력
2) 문제 사정 능력 / 문제 분석 능력
3) 개입 기술 / 문제해결을 위한 대안제시능력
4) 면접 기술 / 기존지식과 정보의 사용능력
5) 기록 기술 / 기록 기술
6) 클라이언트와의 전문적인 관계 형성 / 유관 기관 및 관련된 사람들과 전문적인 관계 형성

5. 실습생의 자원 활용에 대한 평가(인적, 물적 자원)

1) 기관 외의 자원 활용
2) 실습과 관련된 참고서적의 활용

6. 실습에 임하는 자세에 대한 평가

1) 업무관리
   (1) 시간 준수, 과제제출
   (2) 주어진 일에 대한 업무조절 능력
2) 직원과의 관계(실습지도자, 타직원, 타 전문직 직원)

3) 다른 실습생과의 관계

4) 실습에 있어서의 적극성 및 자발성

7. 전문적 태도에 대한 평가

1) 사회복지사로서 실습생 자신의 장 · 단점에 대한 인식

2) 전문가로서 윤리 및 가치관의 이행

8. 실습지도 활용 정도에 대한 평가

1) 실습생 자신의 실습지도 활용정도에 대한 평가

(1) 기관 실습지도

(2) 대학 실습지도

2) 실습지도 자체에 대한 평가

(1) 기관 실습지도

(2) 대학 실습지도

9. 기관 이해도에 대한 평가

1) 실습생의 과업과 관련된 기관의 목적, 정책, 행정 절차에 대한 이해

2) 실습생으로서의 기관내의 권한과 한계에 대한 인식

10. 실습기간 중 가장 유익했던 내용

11. 실습기간 중 가장 안 좋았던 내용

12. 실습기관, 실습지도자, 대학에 대한 건의사항

13. 기타 하고 싶은 말

[실습생 26] 사회복지현장실습확인서

<2021.04.15.개정>

사회복지현장실습확인서

[ ]신규발급, [ ]재발급 (앞쪽)

구분	항목	내용	항목	내용
실 습 생 인적사항	성 명		생년월일	※「주민등록번호」 앞자리 6자리를 기재 바랍니다.
	휴대전화번호		학 교 명	※ 현재 소속중인 학교명을 기재 바랍니다.
실습기관 및 실습 지도자	실습기관명		실습기관 관리번호	※ 실습기관 선정 시 부여된 등록번호
	기관 주소	※「도로명 주소」로 기입해 주세요	전화번호	
	실습지도자명	※ 실습생의 실습을 지도한 지도자명 기재	사회복지사자격번호 (취득일자)	제 - 호 (. . .)
실습기간	실습기간	20 년 월 일 ~ 20 년 월 일		
	실습 시간	총 시간 (총 회, 1일 평균 시간)		

실습기관은「사회복지사업법 시행규칙」제3조 [별표1]의 규정에 따라 자격요건을 갖춘 실습기관과 실습지도자에 의해 기관 실습을 진행하였으며, 상기 실습생이 위와 같이 기관실습을 하였음을 확인합니다.

20 년 월 일

기관실습 지도자: (서명 또는 인) 기관실습 실시기관: (직인)

구분	항목	내용	항목	내용
교육기관 및 세미나 교수	교육기관 유형	[ ]오프라인 / [ ]온라인	교육기관명	※ 실습세미나 교육기관명을 기재 바랍니다.
	실습세미나 교수명		학 과 명	
	실습세미나 교수 취득학위(사회복지학 또는 사회사업학)	[ ]학사, [ ]석사, [ ]박사	교육기관 전화번호	
실습 세미나	실습세미나 기간	20 년 월 일 ~ 20 년 월 일		
	실습세미나 횟수(시간)	총 회 (시간)	대면방식 세미나 횟수 (시간)	총 회 (시간)
	오프라인 세미나	총 회	실시간 온라인 화상 세미나	총 회
간접실습	학교명		간접실습 지도교수	
	학과명		간접실습 실시시간	총 시간
	간접실습기간	년 월 일 부터 년 월 일 까지		

교육기관은 「사회복지사업법 시행규칙」 제3조 [별표1]의 규정에 따라 자격요건을 갖춘 실습세미나 지도교수에 의해 실습세미나를 진행하였으며, 상기 실습생은 위와 같이 실습세미나를 이수하였음을 확인합니다.

20 년 월 일

실습세미나 교수: (서명 또는 인) 학 과 장: (직인)

한국사회복지사협회장 귀하

재발급 사유	※ 사회복지현장실습확인서 재발급 시 재발급 사유 기재 바랍니다.

[사회복지현장실습에 관한 기준] – 사회복지사업법 시행규칙[별표1] 사회복지관련 교과목 (제3조 관련)

① 기관실습 실시기관: 보건복지부장관으로부터 선정된 사회복지사업을 수행하는 기관, 법인, 시설 또는 단체

② 기관실습 지도자: 사회복지사 1급 자격증을 취득한 이후 3년 이상 또는 사회복지사 2급 자격증을 취득한 이후 5년 이상 사회복지사업의 실무경험이 있는 자로 기관실습이 실시되는 연도의 전년도에 8시간 이상의 보수교육을 받은 자

③ 기관실습 시간: 160시간 이상으로 한다.(단, 시행일 2020.1.1. 기준일 2019.12.31. 사회복지학 전공교과목과 사회복지관련 교과목의 전부 또는 일부 이수하였거나 수강하고 있는 사람은 120시간 이상)

④ 실습세미나: 1회당 2시간 이상의 실습세미나를 총 15회 이상 실시하며, 정보통신망을 이용한 온라인 교육을 실시하는 교육기관의 실습세미나에는 대면 방식의 세미나가 총 3회 이상 포함되어야 하며, 한 세미나에 참여하는 학생 수는 30명 이내일 것

⑤ 실습세미나 교수: 학사, 석사 또는 박사 학위 중 2개 이상의 학위를 사회복지학 또는 사회사업학 전공으로 취득한 사람으로서 3년 이상의 사회복지학 교육경험 또는 3년 이상의 사회복지사업 실무경험이 있는 교수가 지도할 것

※ 법령이 정한 상기 기준은 모두 충족해야 하며, 미충족시 사회복지사자격증을 교부할 수 없습니다.

※ 기관 직접실습 160시간은 코로나19 유행이 지속됨에 따라 보건복지부장관은 기관 직접실습 80시간, 교육기관 간접실습 80시간으로 고시한 바 있다. 이 경우에는 '사회복지현장실습확인서'도 반드시 간접실습에 따른 변경된 현장실습확인서 서식을 사용해야 한다. 이를 준수하지 않으면 자격증 발급 심사보류 대상이 되며, 추후 변경된 현장실습확인서 서식으로 다시 발급받아 한국사회복지사협회 자격관리센터에 추가로 서류를 제출해야 재심사를 받을 수 있다.

[실습생 27] 실습종결보고서(학교제출용)

실습종결보고서(학교제출용)

* 다음은 실습을 종결하면서 한 학기 동안 실습한 내용을 요약정리하고 목표 달성 정도와 소감을 간략히 정리하는 보고서입니다. 이 종결보고서는 파일에 정리되어 사무실에 비치되며 다음 실습을 준비하는 학생에게 실습지 선정의 지침이 되는 자료로 활용될 것입니다.

실습기관		실습지도자	
실습부서		실습지도교수	
실습기간			
실습생		종결 일시	

1. 실습기관 소개

2. 실습기간 및 시간

3. 실습목표

1) 실습생의 목표
2) 실습기관의 목표

4. 실습내용 소개

1) 실습일정
2) 교육, 참관사항
3) 담당업무

5. 실습목표와 달성 정도

6. 실습지도자와 실습지도 내용소개

7. 실습소감

1) 힘들었던 것
2) 제기되었던 질문들
3) 배운 것

8. 향후 실습을 위한 제언

9. 기타 꼭 하고 싶은 이야기

10. 실습지도자와 기관에 대한 감사의 내용

[실습생 28] 실습지도자(슈퍼바이저) 평가척도3)

실습지도자(슈퍼바이저) 평가척도

점수	평가기준
1점	슈퍼비전을 제대로 제공하지 못하여 슈퍼비전을 위한 학습이 절대적으로 요구됨
2점	슈퍼비전을 제공하는 영역에 대한 지식도 부족하고 슈퍼비전을 제공할 능력도 부족함
3점	슈퍼비전을 제공하는 영역에 대한 기본지식을 갖추고 있으며, 슈퍼비전을 제공하는 능력이 있음
4점	슈퍼비전을 제공하는 영역에 대한 정확한 지식을 갖추고 있으며, 슈퍼비전을 체계적으로 정확하게 제공함
5점	슈퍼비전을 제공하는 영역에 대한 정확한 지식을 갖추고 있으며, 슈퍼비전을 체계적으로 정확하게 제공하는 우수한 전문가 위상을 갖추고 있음

영역	내용	점수				
		1	2	3	4	5
1. 지식	1.1 슈퍼비전의 목적을 이해한다.					
	1.2 슈퍼비전의 경계를 명확히 알고 있다.					
	1.3 다음 요소를 이해한다. 행정적 / 교육적 / 지지적					
	1.4 다양한 슈퍼비전 계약의 유형을 알고 있다.					
2. 슈퍼비전 관리기술	2.1 슈퍼비전 목적을 슈퍼바이지에게 설명할 수 있다.					
	2.2 서로가 동의하고 명확한 계약을 협상해 낼 수 있다.					
	2.3 적절한 경계를 유지할 수 있다.					
	2.4 다음과 같은 슈퍼비전 분위기를 형성할 수 있다. 공감적 / 진실한 / 적합한 / 신뢰할 수 있는 / 직접적					
	2.5 행정적 · 교육적 · 지지적 기능 간의 균형을 유지할 수 있다.					
	2.6 정각에 적절하게 회기를 끝낼 수 있다.					
3. 슈퍼비전 개입기술	3.1 다음의 개입유형을 사용할 수 있다. 규범적 / 지식을 주는 / 대립적 / 촉매적 / 카타르시스적 / 지지적					
	3.2 다음과 같은 방법으로 피드백을 줄 수 있다. 명확한 / 인정한 / 균형이 맞는 / 구체적					
	3.3 다음에 유용하게 초점을 맞출 수 있다. 보고된 내용 / 슈퍼바이지의 개입 / 슈퍼바이지-클라이언트 관계 / 슈퍼바이지의 역전이 / 슈퍼비전 관계 / 자신의 역전이 / 좀 더 넓은 맥락					
	3.4 자신의 일하는 방법을 묘사할 수 있다.					
	3.5 자신의 경험을 적절하게 제공할 수 있다.					
	3.6 슈퍼바이지에게 자신의 슈퍼비전 기술을 전개할 수 있다.					

3) Hawkins & Shohet(2006: 127-129). 사회복지현장실습 지도자교육(2010. 한국사회복지사협회) 재인용.

영 역	내 용	점수				
		1	2	3	4	5
4. 특성 또는 특질	4.1 슈퍼바이저 역할에 대한 헌신한다.					
	4.2 슈퍼바이저 역할 고유의 권위에 대해 편안하다.					
	4.3 격려하고 동기를 부여하며 적절한 낙관주의를 줄 수 있다.					
	4.4 슈퍼바이지의 욕구에 대해 민감하다.					
	4.5 다음과 같은 개인의 차이를 인식하고 적응할 수 있다. 성 / 연령 / 문화적 · 인종적 배경 / 계층 / 성적 오리엔테이션 / 성격 / 전문적 훈련					
	4.6 유머감각이 있다.					
5. 지속적 발전에 대한 헌신	5.1 자신의 적절한 슈퍼비전에 대해 책임져 왔다.					
	5.2 자신의 실천가 및 슈퍼바이저로서의 기술과 지식을 업데이트하기 위해 노력했다.					
	5.3 슈퍼바이저로서 자신의 강점과 단점을 파악하고 자신의 한계를 인정한다.					
	5.4 다음과 같은 사람들로부터 정기적 피드백을 받는다. 슈퍼바이지 / 동료 / 자신의 슈퍼바이저 또는 상사					
6. 집단 슈퍼바이저	6.1 집단역동에 대한 지식을 가지고 있다.					
	6.2 슈퍼비전 과정을 돕기 위해 집단과정을 사용할 수 있다.					
	6.3 집단 내의 경쟁력을 조정할 수 있다.					
7. 시니어 조직 슈퍼바이저	7.1 전문가 간의 이슈를 감독할 수 있다.					
	7.2 조직의 이슈를 감독할 수 있다.					
	7.3 팀 내의 활동범위와 조직발달에 대한 지식을 가지고 있다.					
	7.4 기초가 되는 팀 또는 조직문화를 '표면화'할 수 있다.					
	7.5 조직의 변화를 촉진할 수 있다.					
	7.6 슈퍼비전이 활발하게 이루어지는 학습적 문화를 조성할 수 있다.					

[실습생 29] 실습지도(슈퍼비전) 평가척도4)

실습지도(슈퍼비전) 평가척도

1점 : 위험이 없는 상태로, 현재의 실천이 적절하여 수정이 필요하지 않은 상태
2점 : 약간의 위기상태로, 현재의 실천은 적절하지만 약간의 수정이 필요한 상태
3점 : 중간 정도의 위기가 있는 상태로, 현재의 실천은 문제가 있고 그래서 위기를 최소화하기 위한 수정이 필요한 상태
4점 : 높은 위기상태로 현재의 실천은 심각하게 문제가 있으며 수정이 매우 필요한 상태

슈퍼비전	1	슈퍼바이저는 슈퍼바이지가 고지된 동의를 하도록 정보를 제공하는가	①	②	③	④
	2	슈퍼바이저는 철저한 치료와 개입계획을 발전시키고 실행하려는 슈퍼바이지의 노력을 관찰하는가	①	②	③	④
	3	슈퍼바이저는 정보의 부적절한 노출과 같은 클라이언트와의 모든 접촉에서 슈퍼바이지의 실수를 지적하고 반응하는가	①	②	③	④
	4	슈퍼바이저는 슈퍼바이지의 클라이언트가 언제 다른 곳으로 의뢰되어야 하는지, 치료의 종결은 언제해야 하는지 등에 관해 알고 있는가	①	②	③	④
	5	슈퍼바이저는 슈퍼바이지가 언제 자문을 구해야 하는지를 알고 있는가	①	②	③	④
	6	슈퍼바이저는 슈퍼바이지의 역량이 부족하고, 잘못을 저지르고 비윤리적 행위를 했다는 것을 슈퍼바이지가 기꺼이 말할 수 있도록 그 능력과 자발성을 모니터링하는가	①	②	③	④
	7	슈퍼바이저는 슈퍼바이지가 자신의 클라이언트와 적절한 경계를 유지하는지 모니터링하는가	①	②	③	④
	8	슈퍼바이저는 신체적인 위험으로부터 제삼자를 보호하는가	①	②	③	④
	9	슈퍼바이저는 필요 이상으로 길게 진행되는 치료와 태만한 치료계획을 감지하거나 중지하는가	①	②	③	④
	10	슈퍼바이저는 특정 클라이언트의 치료를 위해서는 외부 전문가를 활용하는가	①	②	③	④
	11	슈퍼바이저는 슈퍼바이지와 정기적으로 만나는가	①	②	③	④
	12	슈퍼바이저는 슈퍼바이지의 기록, 결정, 행동을 검토하고 인정하는가	①	②	③	④
	13	슈퍼바이저는 슈퍼바이지의 결근에 적절한 반응을 보이는가	①	②	③	④
	14	슈퍼바이저는 슈퍼비전 제공에 대해 문서화하는가	①	②	③	④
	15	슈퍼바이저는 슈퍼바이지와의 관계에서 적절한 경계를 유지하는가	①	②	③	④
	16	슈퍼바이저는 슈퍼바이지에게 시기적절하고 도움이 되는 성과평가와 피드백을 제공하는가	①	②	③	④
	17	슈퍼바이저는 슈퍼비전 동의서를 문서화하는가	①	②	③	④
	18	슈퍼바이저는 슈퍼바이지의 윤리적 관심과 윤리적 쟁점의 민감성을 높이기 위한 슈퍼바이지의 노력에 반응하는가	①	②	③	④
	19	슈퍼바이저는 슈퍼바이지가 그들의 전문적 책임성을 충족시킬 수 있도록 하는 충분한 시간과 적절한 업무량을 제시하는가	①	②	③	④
	20	슈퍼바이저는 적절한 슈퍼비전을 제공하기 위하여 그들의 업무에 있어 충분한 시간을 제공하는가	①	②	③	④

4) Reamer(2001), 사회복지현장실습 지도자교육(2010. 한국사회복지사협회) 재인용.

4. 사회복지사업법 시행규칙 [별표 1], [별표 1의3]

[부록 4-1] 사회복지사업법 시행규칙 [별표 1] 〈개정 2019. 8. 12.〉 [시행일: 2019. 10. 1.] 제2호 라목

사회복지학 전공교과목과 사회복지관련 교과목(제3조 관련)

1. 사회복지학 전공교과목과 사회복지관련 교과목 및 학점

구분	교과목	이수과목(학점)	
		대학 · 전문대학	대학원
필수과목	사회복지학개론 사회복지법제와 실천 사회복지실천기술론 사회복지실천론 사회복지정책론 사회복지조사론 사회복지행정론 사회복지현장실습 인간행동과 사회환경 지역사회복지론	10과목 30학점 (과목당 3학점) 이상	6과목 18학점 (과목당 3학점) 이상
선택과목	가족복지론 가족상담 및 가족치료 교정복지론 국제사회복지론 노인복지론 복지국가론 빈곤론 사례관리론 사회문제론 사회보장론 사회복지역사 사회복지와 문화다양성 사회복지와 인권 사회복지윤리와 철학 사회복지자료분석론 사회복지지도감독론 산업복지론 아동복지론 여성복지론 의료사회복지론 자원봉사론	7과목 21학점 (과목당 3학점) 이상	2과목 6학점 (과목당 3학점) 이상

	장애인복지론 정신건강론 정신건강사회복지론 청소년복지론 프로그램 개발과 평가 학교사회복지론		

※ 비고: 교과목의 명칭이 위 표의 교과목 명칭과 같지 않더라도 보건복지부장관이 위 표의 교과목과 내용이 같다고 인정하는 경우에는 그 교과목을 위 표의 교과목으로 본다.

2. 필수과목 중 사회복지현장실습의 기준

가. 기관실습

1) 기관실습 시간은 160시간 이상으로 할 것

2) 기관실습 실시기관은 다음의 요건을 모두 갖추었을 것

가) 사회복지사업을 수행하는 기관, 법인, 시설 또는 단체일 것

나) 보건복지부장관으로부터 선정되었을 것

다) 다음의 요건을 모두 갖춘 기관실습 지도자가 2명 이상 상근할 것

(1) 1급 사회복지사 자격증을 취득한 이후 3년 이상의 사회복지사업 실무경험이 있거나 2급 사회복지사 자격증을 취득한 이후 5년 이상의 사회복지사업 실무경험이 있을 것

(2) 기관실습이 실시되는 연도의 전년도에 8시간 이상의 보수교육을 받았을 것

3) 기관실습 지도자 1명이 동시에 지도할 수 있는 학생 수는 5명 이내일 것

나. 실습세미나

1) 1회당 2시간 이상의 실습세미나를 총 15회 이상 실시할 것. 이 경우 정보통신망을 이용한 온라인 교육을 실시하는 교육기관의 실습세미나에는 대면 방식의 세미나가 총 3회 이상 포함되어야 한다.

2) 학사, 석사 또는 박사 학위 중 2개 이상의 학위를 사회복지학 전공으로 취득한 사람으로서 3년 이상의 사회복지학 교육경험 또는 3년 이상의 사회복지사업 실무경험이 있는 교수가 지도할 것

3) 한 세미나에 참여하는 학생 수는 30명 이내일 것

다. 기관실습 지도자가 부여한 평가점수와 실습세미나 교수가 부여한 평가점수를 합산한 최종 평가점수를 실습세미나 교수가 부여한다.

라. 가목부터 다목까지에서 규정한 사항 외에 기관실습 실시기관의 선정 · 선정취소, 사회복지현장실습의 내용 및 방법 등에 관한 구체적인 사항은 보건복지부장관이 정하여 고시한다.

[부록 4-2] 사회복지사업법 시행규칙 [별표 1의3] 〈개정 2020. 12. 11.〉

사회복지사의 자격취소 등에 관한 세부기준(제4조의3 제1항 관련)

1. 일반기준

가. 위반행위가 둘 이상인 경우로서 그에 해당하는 처분 기준이 각각 다른 경우에는 그중 무거운 처분 기준(무거운 처분 기준이 동일할 경우에는 그 중 하나의 처분 기준을 말한다)에 따르며, 둘 이상의 처분 기준이 동일한 자격정지일 경우에는 무거운 처분 기준의 2분의 1까지 늘려 처분할 수 있되, 법 제11조의3에 따른 자격정지 기간의 상한을 넘을 수 없다.

나. 위반행위의 횟수에 따른 행정처분의 처분 기준은 최근 3년간 같은 위반행위로 행정처분을 받은 경우에 적용한다. 이 경우 위반횟수는 위반행위에 대하여 행정처분을 한 날과 다시 같은 위반행위(행정처분 후의 위반행위만 해당한다)를 적발한 날을 기준으로 하여 계산한다.

다. 보건복지부장관은 그 처분 기준이 자격정지인 경우에는 위반행위의 정도, 위반행위의 동기와 그 결과 등을 고려하여 제2호의 개별기준에 따른 행정처분 기준의 2분의 1의 범위에서 그 처분을 늘리거나 줄일 수 있다. 다만, 늘리는 경우에도 법 제11조의3에 따른 자격정지 기간의 상한을 넘을 수 없다.

2. 개별기준

위반행위	근거 법령	행정처분 기준		
		1차위반	2차위반	3차위반
가. 거짓이나 그 밖의 부정한 방법으로 자격을 취득한 경우	법 제11조의3 제1항 제1호	자격취소		
나. 법 제11조의2 각 호의 어느 하나에 해당하게 된 경우	법 제11조의3 제1항 제2호	자격취소		
다. 자격증을 대여·양도 또는 위조·변조한 경우	법 제11조의3 제1항 제3호	자격취소		
라. 사회복지사의 업무수행 중 그 자격과 관련하여 고의나 중대한 과실로 다른 사람에게 손해를 입힌 경우	법 제11조의3 제1항 제4호			
1) 금고 이상의 형을 선고 받고 그 형이 확정된 경우		자격취소		
2) 벌금 이하의 형을 선고 받고 그 형이 확정된 경우		자격정지 6개월	자격취소	
3) 그 밖에 사회복지사의 업무수행 중 그 자격과 관련하여 고의나 중대한 과실로 다른 사람에게 손해를 입힌 경우		자격정지 3개월	자격정지 6개월	자격취소

마. 자격정지 처분을 3회 이상 받았거나, 정지 기간 종료 후 3년 이내에 다시 자격정지 처분에 해당하는 행위를 한 경우	법 제11조의3 제1항 제5호			
1) 자격정지 처분을 3회 이상 받은 경우		자격취소		
2) 정지 기간 종료 후 3년 이내에 다시 자격정지 처분에 해당하는 행위를 한 경우		자격정지 6개월	자격취소	
바. 자격정지 처분 기간에 자격증을 사용하여 자격 관련 업무를 수행한 경우	법 제11조의3 제1항 제6호	자격취소		

5. 기관실습 실시기관 선정 및 선정취소 등 사회복지현장실습 운영에 관한 고시

보건복지부 고시 제2019-249호

「사회복지사업법 시행규칙」 제3조 [별표1] 제2호 라목에 따라 “기관실습 실시기관 선정 및 선정취소 등 사회복지현장실습 운영에 관한 고시”를 다음과 같이 제정 · 고시합니다.

2019년 11월 14일
보건복지부장관

기관실습 실시기관 선정 및 선정취소 등 사회복지현장실습 운영에 관한 고시

제1조(목적) 이 규정은 「사회복지사업법 시행규칙」(이하 “규칙”이라 한다) 제3조 [별표1] 제2호 라목에 따라 사회복지현장실습 중 기관실습 실시기관의 선정 · 선정취소, 사회복지현장실습의 내용 및 방법 등에 관하여 필요한 사항을 정함을 목적으로 한다.

제2조(선정계획의 공고) 법 제46조에 따른 한국사회복지사협회(이하 “협회”라 한다)의 장은 기관실습 실시기관(이하 “실시기관”이라 한다)의 선정을 위한 기준 및 선정취소 사유, 제출서류, 신청기한, 접수방법 등에 관한 사항을 장관의 승인을 받아 연1회 이상 공고하여야 한다.

제3조(신청서 및 관계서류 제출) 실시기관으로 선정받고자 하는 기관은 별지 제1호 서식의 기관실습 실시기관 선정 신청서와 다음 각 호의 구분에 따른 서류를 첨부하여 협회의 장에게 제출하여야 한다.

1. 공통서류: 별지 제2호 서식의 실습지도자 사회복지사업 실무경험 확인서, 전년도 보수교육 이수확인서, 사업자등록증 또는 고유번호증
2. 사회복지사업 수행 사실을 확인할 수 있는 다음 각 목의 서류
   가. 사회복지법인: 사회복지법인 설립허가증
   나. 사회복지시설: 사회복지시설 신고증
   다. 기타 비영리법인 또는 비영리민간단체 등: 별지 제3호 서식의 사회복지사업 수행 사실 확인서, 비영리법인 설립허가증 또는 비영리민간단체등록증 등 설립근거 서류, 정관

제4조(서류검토) ① 협회의 장은 제3조에 따른 제출서류를 접수한 후 보완이 필요하다고 인정될 때에는 기간을 정하여 그 보완을 요구할 수 있다.

② 협회의 장은 실시기관의 선정을 신청한 자가 제1항에 따른 보완을 요구받고도 정당한 사유 없이 이에 따르지 아니하는 경우에는 그 신청서를 반려할 수 있다.

③ 협회의 장은 제3조에 따라 접수받은 신청서와 같은 조 각 호의 구분에 따른 첨부서류를 검토한 후 그 자료를 보건복지부장관(이하 “장관”이라 한다)에게 제출하여야 한다.

제5조(심사 및 선정 공고) ① 장관은 제3조에 따른 제출서류와 제4조 제3항에 따른 검토자료를 심사한 후 시행규칙 제3조 [별표1] 제2호 가목2)의 선정기준에 적합하다고 인정되면 기관실습 실시기관으로 선정하고 그 결과를 별지 제4호 서식의 사회복지현장실습기관 선정 현황에 따라 홈페이지에 공고하여야 한다.

② 협회의 장은 제1항의 공고내용과 실시기관별 사회복지현장실습 운영계획서를 홈페이지에 게시하여야 한다.

③ 협회의 장은 실시기관의 신청이 있는 경우 별지 제5호 서식에 따라 사회복지현장실습기관 선정 확인서를 발급할 수 있다.

제6조(재선정) 제5조에 따른 실시기관 선정의 유효기간은 선정일로부터 3년으로 하며, 3년이 경과한 후에도 실시기관으로 선정을 받고자 할 경우에는 유효기간이 종료되기 전에 신규 선정절차에 준하여 신청하여야 한다.

제7조(변경통보) 실시기관의 장은 제3조에 따라 당초 제출한 신청서의 내용이나 제5조에 따라 홈페이지에 공고된 내용이 변경되었을 경우 관련 증빙자료를 첨부하여 협회의 장에게 변경사실을 통보하여야 한다.

제8조(실시기관의 선정 취소) 장관은 제5조 제1항에 따라 선정된 실시기관이 다음 각 호의 어느 하나에 해당하면 그 선정을 취소할 수 있다. 다만, 제1호에 해당하면 그 지정을 취소하여야 한다.

1. 거짓이나 그 밖의 부정한 방법으로 선정을 받은 경우
2. 규칙 제3조 [별표1] 제2호 가목2)의 선정요건을 갖추지 못하게 된 경우
3. 기관실습교육의 수행능력이 현저히 부족하다고 인정되는 경우

제9조(사회복지현장실습 운영) ① 교육기관은 사회복지현장실습 교과목 운영을 위한 행정총괄 및 실시기관과의 연락을 지원하고, 실습세미나 교수는 기관실습 지도자와 협력하여 사회복지현장실습기관 선정 현황과 실시기관별 사회복지현장실습 운영계획서에 따라 실습이 운영되도록 교과목을 총괄 운영하고 최종 평가한다.

② 사회복지현장실습에는 다음 각 호의 내용을 포함한다.

1. 기관, 지역사회, 클라이언트에 대한 이해
2. 기관과 관련된 정책 및 제도(지침), 자원 네트워킹에 대한 이해
3. 기관의 사회복지실천(또는 정책 및 행정 분야)에 대한 직 · 간접적인 경험
4. 기관의 행정 및 기록에 관한 교육
5. 사회복지사로서의 윤리적 실천 및 가치, 안전지침에 대한 교육
6. 실습내용에 대한 피드백 및 정기적인 슈퍼비전 제공, 실습 중간평가 진행 및 평가내용의 반영, 종결평가 진행 및 실습평가서 작성

③ 기관실습은 실습지도자의 근로시간 내에 실시하며, 하루에 이수가능한 시간은 최소 4시간 이상 최대 8시간 이하로 한다.

④ 규칙 제3조 [별표1] 제2호 나목1)의 후단에 따른 대면방식의 세미나는 주 1회를 초과하여 실시할 수 없다.

제10조(재검토기한) 「훈령 · 예규 등의 발령 및 관리에 관한 규정」(대통령훈령 제248호)에 따라 이 규정 발령 후의 법령이나 현실 여건의 변화 등을 검토하여 이 고시의 폐지 · 개정 등의 조치를 하여야 하는 기한은 2022년 12월 31일까지로 한다.

부 칙

이 고시는 발령한 날부터 시행한다.

■ 기관실습 실시기관 선정 및 선정취소 등 사회복지현장실습 운영에 관한 고시 [별지 제1호 서식]

기관실습 실시기관 선정 신청서

<table>
<tr><td colspan="5" align="right">(1쪽)</td></tr>
<tr><td rowspan="5">신 청
기 관
개 요</td><td>기관명</td><td></td><td>설립일</td><td>년 월 일</td></tr>
<tr><td>대표자</td><td></td><td>사업자등록번호
(고유등록번호)</td><td></td></tr>
<tr><td>설립근거</td><td colspan="3">[ ] 사회복지법인
[ ] 사회복지시설(시설유형:________________)
[ ] 공공기관 [ ] 비영리민간단체
[ ] 기타(______________________________)</td></tr>
<tr><td>주소</td><td></td><td>전화번호</td><td></td></tr>
<tr><td>FAX</td><td></td><td>E-mail</td><td></td></tr>
<tr><td colspan="5"></td></tr>
<tr><td rowspan="2">실습정보</td><td>실습교육시간</td><td>_____시간</td><td>실습운영방식</td><td>[ ] 주중실습
[ ] 주말실습
[ ] 야간실습</td></tr>
<tr><td>기관실습비</td><td>_____만원</td><td>실습지도자 인원</td><td>_____명</td></tr>
<tr><td rowspan="2">실습
지도자(1)</td><td>성명</td><td></td><td>생년월일</td><td></td></tr>
<tr><td>자격번호</td><td></td><td>자격취득일</td><td>년 월 일</td></tr>
<tr><td rowspan="2">실습
지도자(2)</td><td>성명</td><td></td><td>생년월일</td><td></td></tr>
<tr><td>자격번호</td><td></td><td>자격취득일</td><td>년 월 일</td></tr>
<tr><td>실습기관
선정이력</td><td>[ ] 신규
[ ] 재선정</td><td colspan="3">- 기존 관리번호 ( )
- 기존 실습기관 선정기간 (년 월 일부터 년 월 일까지)</td></tr>
<tr><td colspan="5">상기와 같이 사회복지현장실습기관 선정을 신청하며, 기재된 내용 및 첨부서류가 사실과 다를 경우 신청의 무효, 선정의 취소 등에 대해 이의가 없음을 확약합니다.
20 년 월 일
대 표 자: (서명 또는 인)

한국사회복지사협회장 귀하</td></tr>
<tr><td>첨부서류</td><td colspan="4">1. 실습지도자 사회복지사업 실무경험확인서(별지 2호 서식) 및 보수교육 이수확인서 각 1부
2. 사업자등록증 또는 고유번호증
3. 기관실습 운영계획서 1부
4. 사회복지사업 수행 사실을 확인할 수 있는 서류 1부</td></tr>
</table>

210mm×297mm[백상지(80g/㎡) 또는 중질지(80g/㎡)]

(2쪽)

기관실습 운영계획서

〈기관명: 〉

□ **실습 목적**

○

□ **실습 목표**

○

□ **실습기관 정보**

○ 실습운영방식: [ ] 주중실습 [ ] 주말실습 [ ] 야간실습

○ 실습지도자 인원: 명, ○ 1회 실습인원: 명

○ 기관실습비: 만원

□ **실습 교육계획**

○ 실습교육 시간: 총 시간

구분	실습내용	비고
○○일차		
………		
………		
○○일차		

□ **기타**

○

(3쪽)

신청서 작성 체크리스트

구 분	신청기관 자체점검란	심사기관 확인란
가. 앞면 신청서의 기재사항이 충실히 기입되어 있을 것 * 신청기관장의 직인 날인 여부 및 뒷면 기관실습 운영계획서 작성 여부 확인	[ ] 여 [ ] 부	[ ] 충족 [ ] 보완
나. 별지 제2호 서식의 실습지도자 사회복지사업 실무경험 확인서	[ ] 여 [ ] 부	[ ] 충족 [ ] 보완
다. 전년도 보수교육 이수확인서(8시간 이상 보수교육 이수 확인)	[ ] 여 [ ] 부	[ ] 충족 [ ] 보완
라. 사업자등록증 또는 고유번호증	[ ] 여 [ ] 부	[ ] 충족 [ ] 보완
마. 사회복지법인 또는 비영리법인 설립허가증, 사회복지시설 신고증, 비영리민간단체등록증 등 설립근거 서류	[ ] 여 [ ] 부	[ ] 충족 [ ] 보완
바. 정관(사회복지법인 및 사회복지시설은 제외)	[ ] 여 [ ] 부	[ ] 충족 [ ] 보완
사. 별지 제3호 서식의 사회복지사업 수행 사실 확인서(사회복지법인 및 사회복지시설은 제외)	[ ] 여 [ ] 부	[ ] 충족 [ ] 보완

■ **기관실습 실시기관 선정 및 선정취소 등 사회복지현장실습 운영에 관한 고시 [별지 제2호 서식]**

실습지도자 사회복지사업 실무경험 확인서

<table>
<tr><td rowspan="3">개인정보</td><td>성명</td><td colspan="2"></td><td>생년월일</td><td></td></tr>
<tr><td>전화번호</td><td colspan="2"></td><td>휴대전화번호</td><td></td></tr>
<tr><td>주소</td><td colspan="4"></td></tr>
<tr><td rowspan="3">기관정보</td><td>대표자</td><td colspan="2"></td><td>기관명</td><td></td></tr>
<tr><td>시설종류</td><td colspan="2"></td><td>설치신고법령</td><td></td></tr>
<tr><td>주소</td><td colspan="2"></td><td>연락처</td><td></td></tr>
<tr><td rowspan="4">사회복지
실무경험</td><td>근무부서</td><td>직종</td><td colspan="2">담당업무</td><td>경력기간</td></tr>
<tr><td></td><td></td><td colspan="2"></td><td>~ (년 개월)</td></tr>
<tr><td></td><td></td><td colspan="2"></td><td>~ (년 개월)</td></tr>
<tr><td></td><td></td><td colspan="2"></td><td>~ (년 개월)</td></tr>
</table>

상기와 같이 사회복지 실무경험에 대한 사항을 제출하며, 기재된 내용 및 사실과 다를 경우 실습지도자의 요건 확인을 위한 사회복지사업 실무경험 인정 불가에 대한 이의가 없음을 확약합니다.

20 년 월 일

대 표 자: (서명 또는 인)

한국사회복지사협회장 귀하

유의사항
1. 근무부서 및 직종, 담당업무를 구체적으로 구분하여 기재하여 주시기 바랍니다. 2. 시간제 근로자의 경우 근로조건을 기재하시기 바랍니다.(예시: 5시간/일 또는 30시간/주 등) 3. 이직 등으로 인한 2곳 이상의 기관의 경력합산이 필요한 경우 각 기관별 발급 후 제출하시기 바랍니다. 4. 심사 시 추가확인이 필요한 경우 관련 서류를 요청할 수 있습니다. 5. 허위사실 기재로 판명될 경우 관계기관에 의해 처벌받을 수 있습니다.

210mm×297mm[백상지(80g/㎡) 또는 중질지(80g/㎡)]

■ 기관실습 실시기관 선정 및 선정취소 등 사회복지현장실습 운영에 관한 고시 [별지 제3호 서식]

사회복지사업 수행 사실 확인서

Ⅰ. **일반현황**

○ 명　칭:

○ 종　류: [　] 사단법인, [　] 재단법인, [　] 비영리민간단체, [　] 공공기관,
[　] 기타(______________________)

○ 설립허가년월일: ____________ (등기일: ____________)

○ 설립목적:

○ 주요사업: 정관에서 정한 전체 사업

-

-

※ 정관사업과 현재 운영 중인 사업을 구분해서 기재

○ 사회복지사업의 내용: 정관에서 정한 전체 사업 중 사회복지사업의 세부 내용

-

-

○ 소재지(전화, FAX, e-mail, 홈페이지):

※ 담당자 연락처 기재

Ⅱ. 사회복지사업 수행내역

○ 최근 3년간 결산 내역

(단위: 천원)

구분	연 도	예산액	집행액	집행잔액	비고
전체 사업					
사회복지 사업					

○ 최근 3년 결산내역에 해당하는 사회복지사업 주요내용 및 실적

- 구체적으로 작성
-

○ 향후 사회복지사업 운영 계획

-
-

○ 최근 3년간 기관실습 운영 현황

실습 운영 기간	위탁 교육기관	실습 인원
~		
~		
~		
~		
~		

상기와 같이 사회복지현장실습기관 선정의 첨부서류로 제출하며, 기재된 내용이 사실과 다를 경우 선정의 무효 또는 취소 등에 대해 이의가 없음을 확약합니다.

20 년 월 일

대 표 자: (서명 또는 인)

한국사회복지사협회장 귀하

210mm×297mm[백상지(80g/㎡) 또는 중질지(80g/㎡)]

■ 기관실습 실시기관 선정 및 선정취소 등 사회복지현장실습 운영에 관한 고시 [별지 제4호 서식]

사회복지현장실습기관 선정 현황

관리 번호	기관명	대표자	소재지	전화번호	선정 유효기간	실습기관 유형	실습비	실습지도자	비고

210mm×297mm[백상지(80g/㎡) 또는 중질지(80g/㎡)]

■ **기관실습 실시기관 선정 및 선정취소 등 사회복지현장실습 운영에 관한 고시 [별지 제5호 서식]**

관리번호 제　　　　　호

사회복지현장실습기관 선정 확인서

1. 명　　　칭:
   * 사업자등록번호:
2. 대　표　자:
3. 소　재　지:
4. 실 습 지 도 자:
5. 유　효 기 간:

위 기관은 「사회복지사업법 시행규칙」 제3조 제2항에 따라 사회복지현장실습의 기관실습 실시기관으로 선정되었음을 확인합니다.

년　　월　　일

한국사회복지사협회장 직인

210mm×297mm[백상지(150g/㎡)]

6. 사회복지사 윤리강령

• **윤리강령 제정 연혁**

1982. 1. 15. 한국사회사업가 윤리강령 제정(총회 의결)
1988. 3. 26. 사회복지사 윤리강령 제1차 개정(1988.4.14. 공포)
1992. 10. 22. 사회회복지사 윤리강령 제2차 개정 · 공포
2001. 12. 15. 사회회복지사 윤리강령 제3차 개정 · 공포

전 문

사회복지사는 인본주의 · 평등주의 사상에 기초하여, 모든 인간의 존엄성과 가치를 존중하고 천부의 자유권과 생존권의 보장활동에 헌신한다. 특히 사회적 · 경제적 약자들의 편에 서서 사회정의와 평등 · 자유와 민주주의 가치를 실현하는데 앞장선다. 또한 도움을 필요로 하는 사람들의 사회적 지위와 기능을 향상시키기 위해 저들과 함께 일하며, 사회제도 개선과 관련된 제반 활동에 주도적으로 참여한다. 사회복지사는 개인의 주체성과 자기결정권을 보장하는 데 최선을 다하고, 어떠한 여건 에서도 개인이 부당하게 희생되는 일이 없도록 한다. 이러한 사명을 실천하기 위하여 전문적 지식과 기술을 개발하고, 사회적 가치를 실현하는 전문가로서의 능력과 품위를 유지하기 위해 노력한다. 이에 우리는 클라이언트 · 동료 · 기관 그리고, 지역사회 및 전체사회와 관련된 사회복지사의 행위와 활동을 판단 · 평가하며 인도하는 윤리기준을 다음과 같이 선언하고 이를 준수할 것을 다짐한다.

윤리기준

Ⅰ. 사회복지사의 기본적 윤리기준

1. 전문가로서의 자세

1) 사회복지사는 전문가로서의 품위와 자질을 유지하고, 자신이 맡고 있는 업무에 대해 책임을 진다.
2) 사회복지사는 클라이언트의 종교 · 인종 · 성 · 연령 · 국적 · 결혼상태 · 성 취향 · 경제적 지위 · 정치적 신념 · 정신, 신체적 장애 · 기타 개인적 선호, 특징, 조건, 지위를 이유로 차별 대우를 하지 않는다.
3) 사회복지사는 전문가로서 성실하고 공정하게 업무를 수행하며, 이 과정에서 어떠한 부당한 압력에도 타협하지 않는다.
4) 사회복지사는 사회정의 실현과 클라이언트의 복지 증진에 헌신하며, 이를 위한 환경 조성을 국가와 사회에 요구해야 한다.
5) 사회복지사는 전문적 가치와 판단에 따라 업무를 수행함에 있어, 기관 내외로부터 부당한 간섭이나 압력을 받지 않는다.
6) 사회복지사는 자신의 이익을 위해 사회복지전문직의 가치와 권위를 훼손해서는 안 된다.
7) 사회복지사는 한국사회복지사협회 등 전문가단체 활동에 적극 참여하여, 사회정의 실현과 사회 복지사의 권익옹호를 위해 노력해야 한다.

2. 전문성 개발을 위한 노력
1) 사회복지사는 클라이언트에게 최상의 서비스를 제공하기 위해, 지식과 기술을 개발하는데 최선 을 다하며 이를 활용하고 전파할 책임이 있다.
2) 클라이언트를 대상으로 연구하는 사회복지사는 저들의 권리를 보장하기 위해, 자발적이고 고지 된 동의를 얻어야 한다.
3) 연구과정에서 얻은 정보는 비밀보장의 원칙에서 다루어져야 하고, 이 과정에서 클라이언트는 신체적, 정신적 불편이나 위험 · 위해 등으로부터 보호되어야 한다.
4) 사회복지사는 전문성을 개발하기 위해 노력하되, 이를 이유로 서비스의 제공을 소홀히 해서는 안 된다.
5) 사회복지사는 한국사회복지사협회 등이 실시하는 제반교육에 적극 참여하여야 한다.

3. 경제적 이득에 대한 태도
1) 사회복지사는 클라이언트의 지불능력에 상관없이 서비스를 제공해야 하며, 이를 이유로차별대우를 해서는 안 된다.
2) 사회복지사는 필요한 경우에 제공된 서비스에 대해, 공정하고 합리적으로 이용료를 책정해야 한다.
3) 사회복지사는 업무와 관련하여 정당하지 않은 방법으로 경제적 이득을 취하여서는 안 된다.

Ⅱ. 사회복지사의 클라이언트에 대한 윤리기준

1. 클라이언트와의 관계
1) 사회복지사는 클라이언트의 권익옹호를 최우선의 가치로 삼고 행동한다.
2) 사회복지사는 클라이언트에 대하여 인간으로서의 존엄성을 존중해야 하며, 전문적 기술과 능력 을 최대한 발휘한다.
3) 사회복지사는 클라이언트가 자기결정권을 최대한 행사할 수 있도록 도와야 하며, 저들의 이익 을 최대한 대변해야 한다.
4) 사회복지사는 클라이언트의 사생활을 존중하고 보호하며, 직무 수행과정에서 얻은 정보에 대해 철저하게 비밀을 유지해야 한다.
5) 사회복지사는 클라이언트가 받는 서비스의 범위와 내용에 대해, 정확하고 충분한 정보를 제공함으로서 알 권리를 인정하고 존중해야 한다.
6) 사회복지사는 문서 · 사진 · 컴퓨터 파일 등의 형태로 된 클라이언트의 정보에 대해 비밀보장의 한 계 · 정보를 얻어야 하는 목적 및 활용에 대해 구체적으로 알려야 하며, 정보 공개 시에는 동의를 얻어야 한다.
7) 사회복지사는 개인적 이익을 위해 클라이언트와의 전문적 관계를 이용하여서는 안 된다.
8) 사회복지사는 어떠한 상황에서도 클라이언트와 부적절한 성적관계를 가져서는 안 된다.
9) 사회복지사는 사회복지 증진을 위한 환경조성에 클라이언트를 동반자로 인정하고 함께 일해야 한다.

2. 동료의 클라이언트와의 관계
1) 사회복지사는 적법하고도 적절한 논의 없이 동료 혹은, 다른 기관의 클라이언트와 전문적 관계를 맺

어서는 안 된다.
2) 사회복지사는 긴급한 사정으로 인해 동료의 클라이언트를 맡게 된 경우, 자신의 의뢰인처럼 관심을 갖고 서비스를 제공한다.

Ⅲ. 사회복지사의 동료에 대한 윤리기준

1. 동료

1) 사회복지사는 존중과 신뢰로서 동료를 대하며, 전문가로서의 지위와 인격을 훼손하는 언행을 하지 않는다.
2) 사회복지사는 사회복지전문직의 이익과 권익을 증진시키기 위해 동료와 협력해야 한다.
3) 사회복지사는 동료의 윤리적이고 전문적인 행위를 촉진시켜야 하며, 이에 반하는 경우에는 제 반 법률규정이나 윤리기준에 따라 대처해야 한다.
4) 사회복지사가 전문적인 판단과 실천이 미흡하여 문제를 야기시켰을 때에는, 적절한 조치를 취하여 클라이언트의 이익을 보호해야 한다.
5) 사회복지사는 전문직 내 다른 구성원이 행한 비윤리적 행위에 대해, 제반 법률규정이나 윤리기준에 따라 조치를 취해야 한다.
6) 사회복지사는 동료 및 타 전문직 동료의 직무 가치와 내용을 인정 · 이해하며, 상호간에 민주적인 직무관계를 이루도록 노력해야 한다.

2. 슈퍼바이저

1) 슈퍼바이저는 개인적인 이익의 추구를 위해 자신의 지위를 이용해서는 안 된다.
2) 슈퍼바이저는 전문적 기준에 의해 공정하게 책임을 수행하며, 사회복지사 · 수련생 및 실습생에 대한 평가는 저들과 공유해야 한다.
3) 사회복지사는 슈퍼바이저의 전문적 지도와 조언을 존중해야 하며, 슈퍼바이저는 사회복지사의 전문적 업무수행을 도와야 한다.
4) 슈퍼바이저는 사회복지사 · 수련생 및 실습생에 대해 인격적 · 성적으로 수치심을 주는 행위를 해 서는 안 된다.

Ⅳ. 사회복지사의 사회에 대한 윤리기준

1) 사회복지사는 인권존중과 인간평등을 위해 헌신해야 하며, 사회적 약자를 옹호 하고 대변하는 일을 주도해야 한다.
2) 사회복지사는 필요한 사회서비스를 개발하기 위한 사회정책의 수립 · 발전 · 입법 · 집행에 적극적으로 참여하고 지원해야 한다.
3) 사회복지사는 사회환경을 개선하고 사회정의를 증진시키기 위한 사회정책의 수립 · 발전 · 입법 · 집행을 요구하고 옹호해야 한다.
4) 사회복지사는 자신이 일하는 지역사회의 문제를 이해하고, 그것을 해결하는 일에 적극적으로 참여해야 한다.

V. 사회복지사의 기관에 대한 윤리기준

1) 사회복지사는 기관의 정책과 사업 목표의 달성, 서비스의 효율성과 효과성의 증진을 위해 노력함으로써, 클라이언트에게 이익이 되도록 해야 한다.
2) 사회복지사는 기관의 부당한 정책이나 요구에 대하여, 전문직의 가치와 지식을 근거로 이에 대응하고 즉시 사회복지윤리위원회에 보고해야 한다.
3) 사회복지사는 소속기관 활동에 적극 참여함으로써, 기관의 성장발전을 위해 노력해야 한다.

VI. 사회복지윤리위원회의 구성과 운영

1) 한국사회복지사협회는 사회복지윤리위원회를 구성하여, 사회복지윤리실천의 질적인 향상을 도모하여야 한다.
2) 사회복지윤리위원회는 윤리강령을 위배하거나 침해하는 행위를 접수받아, 공식적인 절차를 통해 대처하여야 한다.
3) 사회복지사는 한국사회복지사협회의 윤리적 권고와 결정을 존중하여야 한다.

사회복지사 선서

사회복지사 자격증을 취득하고 사회복지사로서 일하게 되는 사람은 일을 시작하기 전에 사회복지사로서의 의무와 책임을 다하고 윤리강령을 준수할 것을 맹세하는 선서를 한다.

사회복지사 선서

나는 모든 사람들이 인간다운 삶을 누릴 수 있도록, 인간존엄성과 사회정의의 신념을 바탕으로, 개인 · 가족 · 집단 · 조직 · 지역사회 · 전체사회와 함께 한다.

나는 언제나 소외되고 고통받는 사람들의 편에 서서, 저들의 인권과 권익을 지키며, 사회의 불의와 부정을 거부하고, 개인이익보다 공공이익을 앞세운다.

나는 사회복지사 윤리강령을 준수함으로써, 도덕성과 책임성을 갖춘 사회복지사로 헌신한다.

나는 나의 자유의지에 따라 명예를 걸고 이를 엄숙하게 선서합니다.

7. 사회복지공동모금회 배분신청서 표준 서식[5)]

[부록 7-1] 배분신청서 표준 서식(공통)

기 관 명			고유번호(사업자등록번호)			
사 업 명	〈대상+목적+방법: 부제〉					
사업 기본 정보	연차	___①1년차 ___②2년차 ___③3년차 ___④기타( )				
	대상 지역		사업수행 인력	명		
	사업 기간	년 월 일 ~ 년 월 일 (총 개월)				
사업 참여자[6)]	참여자 구분	___①아동/청소년 ___②노인 ___③장애인 ___④여성/다문화 ___⑤위기가정 ___⑥지역사회 ___⑦북한/해외/기타				
	핵심 참여자		인원수	명		
사업구분		모금회 지속가능발전목표(C-SDGs)				
☐ 기초생계 지원		☐ 경제적 빈곤 퇴치 ☐ 영양 및 급식지원/기아종식				
☐ 교육/자립 지원		☐ 교육 및 자립역량 강화 ☐ 양질의 일자리 만들기 ☐ 적정기술과 정보기술격차 해소 지원				
☐ 주거/환경 개선		☐ 모두를 위한 깨끗한 에너지 ☐ 지속가능한 지역사회 인프라 구축 ☐ 지속가능한 생산과 소비 ☐ 기후변화와 대응 ☐ 해양생태계 보존 ☐ 육상생태계 보호				
☐ 보건/의료 지원		☐ 신체·정서적 건강과 회복 ☐ 깨끗한 물과 위생				
☐ 심리/정서 지원		☐ 신체·정서적 건강과 회복				
☐ 사회적 돌봄 강화		☐ 사회적 배제 감소와 불평등 완화				
☐ 소통과 참여 확대		☐ 성평등 ☐ 지속가능한 지역사회 인프라 구축 ☐ 사회적 약자의 권리증진				
☐ 문화 격차 해소		☐ 사회적 배제 감소와 불평등 완화				
성과목표	해당사항이 없을 경우에는 공란으로 표기					
주요 사업 내용	세부 사업명	주요 내용				
사 업 비	총 사업비	원	신청금액	원		
신청금액 세부내역	사업비	원 %	인건비	원 %	관리 운영비	원 %
담 당 자	성명		직통전화		E-mail	@
	직위		휴대폰		FAX	

위와 같이 2022년도 사업을 신청합니다.

2021년 월 일

기관대표자: (인)

사회복지공동모금회장 귀하

5) 사회복지공동모금회(https://www.chest.or.kr) 서식자료실

6) 기능보강 사업은 이용 대상자 기재

[부록 7-2] 신청기관 현황[7] 표준 서식(공통)

<table>
<tr><td colspan="2">기 관 명</td><td colspan="3"></td><td colspan="2">대 표 자</td><td></td></tr>
<tr><td colspan="2">고유번호
(사업자등록번호)</td><td colspan="3"></td><td colspan="2">전화번호</td><td></td></tr>
<tr><td colspan="2">E-mail</td><td colspan="3"></td><td colspan="2">FAX</td><td></td></tr>
<tr><td colspan="2">홈페이지</td><td colspan="3"></td><td colspan="2">설립연월일</td><td>년 월 일</td></tr>
<tr><td colspan="2">주 소</td><td colspan="6">□□□□□</td></tr>
<tr><td colspan="2" rowspan="2">직원 현황</td><td rowspan="2">총 명
(①+②)</td><td colspan="3">상근 (①)</td><td colspan="2">비상근 (②)</td></tr>
<tr><td colspan="3">명</td><td colspan="2">명</td></tr>
<tr><td rowspan="2">기관 주요 사업</td><td>구분</td><td colspan="6">__① 노인복지 __② 영유아/아동복지 __③ 장애인복지 __④ 노숙인복지
__⑤ 지역복지 __⑥ 정신보건 __⑦ 여성복지 __⑧ 가족복지
__⑨ 청소년복지 __⑩ 다문화지원 __⑪ 북한/해외지원 __⑫ 기타( )</td></tr>
<tr><td>내용</td><td colspan="6"></td></tr>
<tr><td rowspan="4">결산</td><td rowspan="2">세입</td><td>총 계</td><td>보조금수입</td><td>전입금</td><td>후원금수입</td><td>사업수입</td><td>기타수입</td></tr>
<tr><td>원</td><td>원</td><td>원</td><td>원</td><td>원</td><td>원</td></tr>
<tr><td rowspan="2">세출</td><td>총 계</td><td>인건비</td><td>관리운영비</td><td>사업비</td><td>재산조성비</td><td>기타지출</td></tr>
<tr><td>원</td><td>원</td><td>원</td><td>원</td><td>원</td><td>원</td></tr>
<tr><td rowspan="4">예산</td><td rowspan="2">세입</td><td>총 계</td><td>보조금수입</td><td>전입금</td><td>후원금수입</td><td>사업수입</td><td>기타수입</td></tr>
<tr><td>원</td><td>원</td><td>원</td><td>원</td><td>원</td><td>원</td></tr>
<tr><td rowspan="2">세출</td><td>총 계</td><td>인건비</td><td>관리운영비</td><td>사업비</td><td>재산조성비</td><td>기타지출</td></tr>
<tr><td>원</td><td>원</td><td>원</td><td>원</td><td>원</td><td>원</td></tr>
<tr><td rowspan="5">운영 법인 또는 단체</td><td>운영주체 성격</td><td colspan="6">__① 사회복지법인 __② 사단법인 ___③ 종교법인 ___④ 학교법인
__⑤ 재단법인 ⑥ 국가지방자치단체 ___⑦ 임의단체 ___⑧ 개인(신고)
__⑨ 법인(기타) ⑩ 단체(기타)( ) ___⑪ 개인(기타)( )</td></tr>
<tr><td>법인
(단체)명</td><td colspan="3"></td><td>대 표 명</td><td colspan="2"></td></tr>
<tr><td>고유번호
(사업자번호)</td><td colspan="3"></td><td>전화번호</td><td colspan="2"></td></tr>
<tr><td>홈페이지</td><td colspan="3"></td><td>설립연월일</td><td colspan="2">년 월 일</td></tr>
<tr><td>주소</td><td colspan="6">□□□□□</td></tr>
</table>

※ 신청기관 조직도, 운영위원회 및 운영법인 이사회 명단은 별첨자료로 첨부 요망

※ 조직도, 운영위원회 및 운영법인 이사회 명단은 별도 첨부

7) 온라인 배분신청 시 온라인배분신청사이트(http://proposal.chest.or.kr)에서 작성, 최신 기관정보 업데이트 요망

[부록 7-3] 프로그램_성과중심형 사업계획서 표준 서식

〈성과중심형〉 사업계획서

1. 사업명: 대상 목적 방법

• 대상, 목적, 방법과 관련된 정보를 담은 사업명을 적어주십시오.(슬로건은 부제(副題)로 병기해주세요)

2. 사업 내용 및 추진 전략

1) 사업 참여자 모집 전략

(1) 참여 대상 및 인원

핵심 참여자	
주변 참여자	

• 누가 이 사업에 참여합니까?
- (핵심 참여자) 성과를 측정하게 되는 대상은 누구이며, 인원은 몇 명입니까?
  (이 사업에 참여하게 함으로써 누구의 변화를 이끌어내려고 하는 것입니까?)
- (주변 참여자) 성과측정 대상은 아니지만 핵심 참여자의 변화를 이끌어내는데 중요한 역할을 하는 사람은 누구이며, 인원은 몇 명입니까?

(2) 참여자 선정 기준

• 어떤 기준을 세워서 참여자를 모집하게 됩니까?

(3) 참여자 모집 방안

• 기준에 적합한 참여자를 어떻게 모집할 예정입니까?

2) 사업 내용 및 사업 집행 전략

• 아래 내용을 모두 포괄하되, 자유롭게 (질문순서에 상관없이) 표현해 주시기 바랍니다.
- 전체 사업을 몇 개의 세부 사업으로 분류한다면 어떻게 구성될 수 있습니까?
- 사업을 어떻게 추진할 것인지에 대하여 세부 사업별 시행방법, 시행 시기 및 횟수, 사업 진행 일정 등 구체적인 정보를 담아서 기술해 주시기 바랍니다.

3) 기관 연계협력 전략

• 위의 사업 집행 전략과 관련하여, 지역사회 내(또는 그 범위를 넘어서) 어떤 기관들과 유기적인 협조관계를 가질 것인지에 대하여 아래 내용을 포함하여 기술해 주시기 바랍니다.
- 협력 기관이 세부 사업에서 어떤 역할을 담당하게 되는지, 그 때 신청기관의 역할은 무엇인지, 이러한 협력체계는 어떤 절차를 통해 진행되는지 등

3. 예산 편성

(단위: 원)

목	세목	세세목	계	산출근거	예산조달 계획				
					신청금액	비율(%)	자부담	비율(%)	자부담 재원
총 계									
인건비									
	소 계								
사업비									
	소 계								
관리운영비									
	소 계								

- 사업에 직접 투입되는 비용을 인건비, 사업비, 관리운영비로 구분하여 작성해주시기 바랍니다.
  - (인건비) 해당사업을 직접적으로 수행하는 인력에게 투입되는 비용
  - (사업비) 프로그램 수행에 필요한 직접비용
  - (관리운영비) 프로그램의 수행에 필요한 간접비용(사업관리에 필요한 비용)
  - 예산 수립 시 "별첨3. 예산편성기준표"(p.101)를 참고하여 주시기 바랍니다.
- 세목은 세부 사업별로 구분하고 단위가 큰 경우 세세목으로 구분하여 작성하시기 바랍니다.
- 산출근거는 실제 단가, 수량, 인원수, 건수, 횟수 등을 구체적으로 기록해 주시기 바랍니다.

4. 문제 의식(사업 필요성)

1) 사업 계획 배경

- 왜 이 사업을 기획하게 되었습니까?
  - 귀 기관이 관심을 가지기 전에는 어떤 상태에 있었는지, 인근 다른 지역에도 유사한 상황이 있다면 어떻게 대응하고 있는지에 대해서도 서술해 주시기 바랍니다.

2) 기존 유사사업과의 차별성

- 기존의 시각이나 접근방식과 다른 점은 무엇입니까?

3) 신청기관의 강점

- 이 사업을 신청기관에서 수행해야 하는 이유에 대해 사전조사 내용, 관련 분야 수행 경험 등을 포함하여 기재해주시기 바랍니다.

5. 목표 및 평가

1) 산출목표

세부 사업명	산출목표	모니터링 방법

• 성과목표를 달성하기 위해 이끌어내야 하고 모니터링해야 하는 산출목표는 무엇입니까?

2) 성과목표 및 평가 방법

성과목표	평가 도구 및 방법	측정 시기

• (성과목표) 성과목표와 관련하여 아래 내용들에 대해 작성해 주시기 바랍니다.
 - 핵심 참여자의 어떤 부분을 어느 수준까지 변화시키는 것입니까?
 - 작성하고자 하는 성과목표가 이후에 기술되는 평가 방법을 통해 달성여부를 알 수 있게 됩니까?
 - (성과라고 강조하고 싶은데) 양적으로 드러내기(수치화하기) 어려운 성과목표가 있다면 무엇입니까?
 - 앞서 기술하신 사업내용과 성과목표를 논리적으로 연결하여 작성해 주십시오.

• (평가 도구 및 방법 / 측정 시기) 성과목표 달성 여부와 정도를 어떻게 평가하실 건가요?
 - 성과목표 달성 여부와 정도를 판단하기 위해 어떤 성과지표를 설정하실 건가요?
 - 제시된 성과목표에 대한 평가계획(자료수집방법, 측정시기 등)은 어떠한가요?
 - 수치화하기 어려운 성과목표가 있다면 어떤 평가방법을 통해 변화의 수준과 의미를 드러내실 건가요?

6. 사업종료 후 지향점

1) 사업 수행으로 인한 기대 효과

• 이 사업이 성공적으로 수행된다면 기대되는 효과는 무엇입니까?

2) 사업 결과의 활용 계획

• 사업의 효과로 나타난 결과를 어떻게 활용할 계획입니까?
• 사업 결과를 통해 유사기관이나 지역사회에 꼭 알리고 싶은 이야기가 있다면 무엇입니까?

8. 사회복지공동모금회 배분신청서 작성 교육자료[8)]

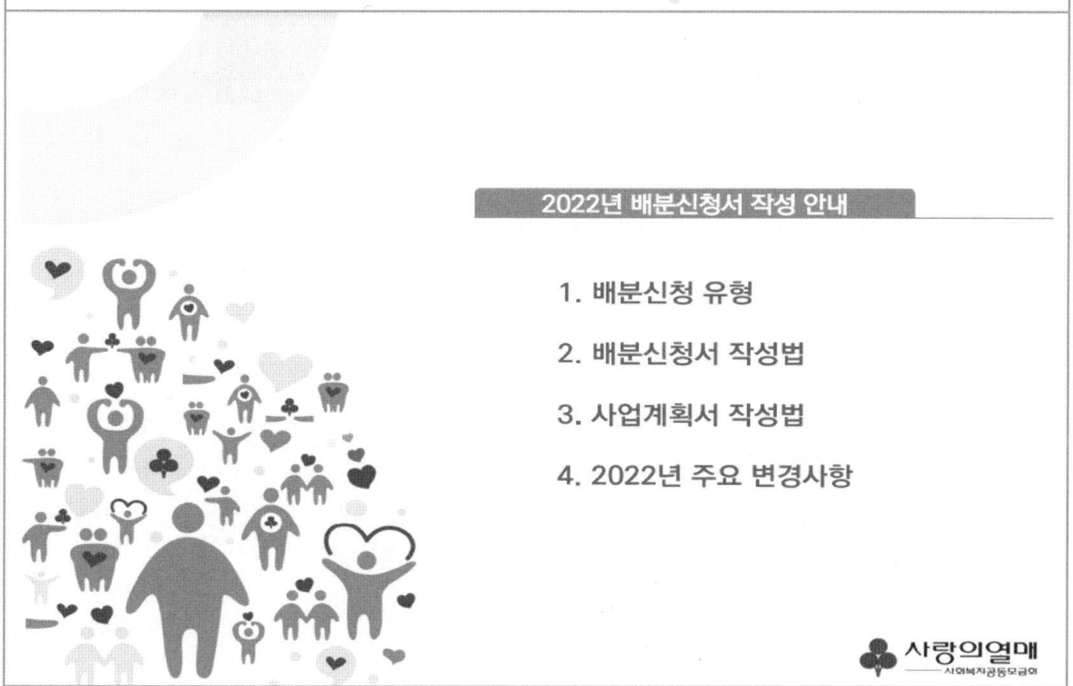

8) 사회복지공동모금회(https://www.chest.or.kr) 서식자료실(출처: 사회복지공동모금회 2022년 배분사업안내)

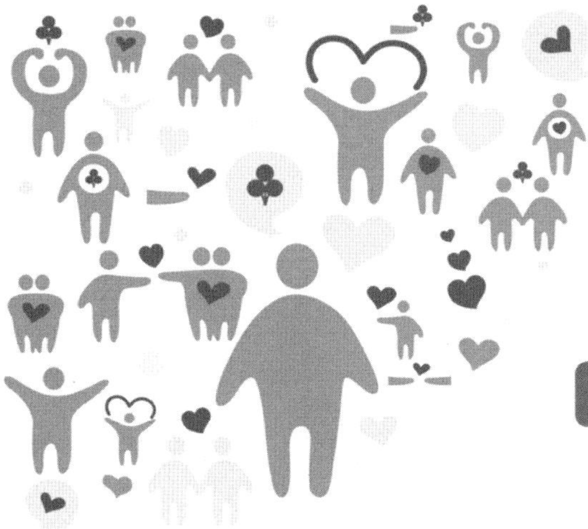

1 배분신청 유형

사랑의열매 사회복지공동모금회

1 배분신청 유형별 안내

유 형		내 용
프로그램	성과중심형	. 성과 목표 달성을 통해 사업 참여자의 의미있는 변화를 꾀하고, 지역사회 변화의 기초를 다지는 사업
	성과확산형	. 사업 참여자의 의미 있는 변화뿐만 아니라 지역사회에 파급력(Impact)을 미치고자 2년 이상의 계획을 하는 다년도 사업
	산출중심형	. 현재 당면한 지역사회 또는 개인의 문제 해결을 위한 사업으로 산출목표 달성에 중점을 두는 사업
기능보강		. 기능보강을 통해 현재의 문제를 해소하거나 보다 의미 있는 사업을 향후 수행하고자 하는 사업

사랑의열매 사회복지공동모금회

1 유형별 사업계획서의 구성

프로그램				기능보강
성과중심형	성과확산형		산출중심형	
	〈3개년 사업계획서〉	〈연차별 사업계획서〉		
1. 사업명 2. 사업내용· 추진전략 -참여자 및 모집전략 -사업내용, 일정 3. 예산편성 4. 문제 의식(사업필요성) - 배경, 유사사업, 강점 5. 목표 및 평가 -산출, 성과목표 -성과평가 6. 사업종료 후 지향점 -효과, 사업결과 활용	1. 사업명 2. 사업내용· 추진 전략 -연차별 참여자 -연차별 주요 내용 3. 예산편성 - 연차별 예산(세목단위) 4. 문제의식(사업필요성) - 배경, 유사사업, 강점 5. 목표 및 평가 -산출, 성과목표 -성과평가, 과정평가(선택) 6. 사업종료 후 지향점 -효과, 사업결과 활용 -사업 지속 유지 전략	1. 사업명 2. 사업 내용· 추진전략 -참여자 및 모집전략 -사업내용, 일정 3. 예산편성 4. 목표 및 평가 -산출, 성과목표 -성과평가, 과정평가(선택)	1. 사업명 2. 사업필요성 3. 사업내용·추진방법 -참여자, 사업내용 -산출목표 4. 예산편성	1. 사업명 2. 사업 필요성 3. 사업 내용 -이용대상, 사업내용 4. 예산편성 5. 향후 운영 계획

※ 100만원 이하 사업의 경우 약식 사업계획서 작성(배분신청서, 신청기관 현황, 사업계획서)

사랑의열매 사회복지공동모금회

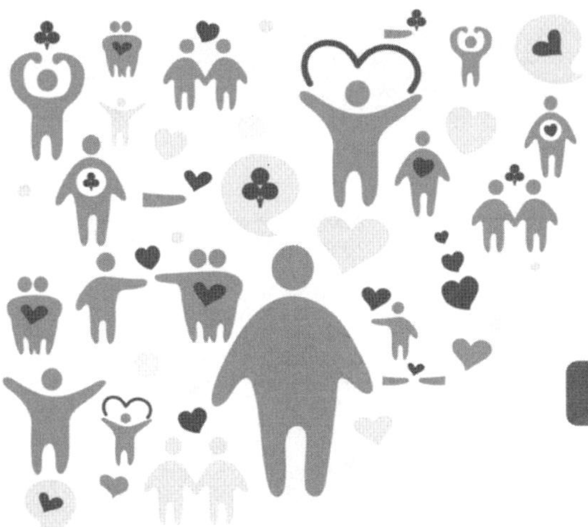

2 배분신청서/ 기관 현황 작성법

사랑의열매 사회복지공동모금회

2 배분신청서 작성법

1) 기관명	열매종합사회복지관			2) 고유번호 (사업자등록번호)	100-82-1000	
3) 사업명	저소득층 방임아동의 보호·학습지원을 위한 야간보호사업 "꿈나무 교실"					
4) 사업 기본 정보	연차	v ①1년차 ___②2년차 ___③3년차 ___④기타( )				
	대상 지역	서울시 중구		사업수행 인력	2명	
	사업 기간	20XX년 1월 1일 ~ 20XX년 12월 31일 (총 12개월)				
5) 사업 참여자	참여자 구분	v ①아동/청소년 ___②노인 ___③장애인 ___④여성/다문화 ___⑤위기가정 ___⑥지역사회 ___⑦북한/해외/기타				
	핵심 참여자	저녁 10시까지 보호자가 없는 초등학생		인원수	20명	
6) 사업구분		모금회 지속가능 발전 목표(C-SDGs)				
□	기초생계 지원	□ 경제적 빈곤 퇴치 □ 영양 및 급식지원/기아종식				
□	교육/자립 지원	□ 교육 및 자립역량 강화 □ 양질의 일자리 만들기 □ 적정기술과 정보기술격차 해소 지원				
□	주거/환경 개선	□ 모두를 위한 깨끗한 에너지 □ 지속가능한 지역사회 인프라 구축 □ 지속가능한 생산과 소비 □ 기후변화와 대응 □ 해양생태계 보존 □ 육상생태계 보호				
□	보건/의료 지원	□ 신체·정서적 건강과 회복 □ 깨끗한 물과 위생				
□	심리/정서 지원	□ 신체·정서적 건강과 회복				
■	사회적 돌봄 강화	■ 사회적 배제 감소와 불평등 완화				
□	소통과 참여 확대	□ 성평등 □ 지속가능한 지역사회 인프라 구축 □ 사회적 약자의 권리증진				
□	문화 격차 해소	□ 사회적 배제 감소와 불평등 완화				
7) 성과목표	① 보호 아동의 야간 안전사고율 감소 ② 기초 학습능력 향상 ③ 보호 아동의 가족 유대감 증대					
8) 주요 사업 내용	세부 사업명	주요 내용				
	야간아동 보호	복지관 방과후교실 운영, 아동보호자 귀가 시간 따라 귀가일정 조정, 보호자가 동행귀가를 하지 못하는 경우 복지관 차량을 통한 귀가 서비스 제공				
	기초학습 지도	자체 자원봉사대학생을 활용한 기초학습(국어, 영어, 수학) 지도, 자체 자원봉사대학생을 활용한 숙제지도, 매일 숙제 알림장 점검				
	가족관계 개선 프로그램	가족관계개선프로그램시행 (가족음식 만들기, 가족나들이, 가족체육대회, 영화보기 등)				
9) 사업비	총 사업비	16,000,000원		신청금액	13,100,000원	
10) 신청금액 세부내역	사업비	7,400,000원 56.5%	인건비	4,800,000원 36.6%	관리운영비	900,000원 6.9%
11) 담당자	성명	김열매	직통전화	02-123-4567	E-mail	fruit03@fruit.or.kr
	직위	대리	휴대폰	010-1234-5678	FAX	02-123-4568

1) 기관명 : 신청기관의 공식 명칭을 기재

2) 고유번호(사업자등록번호) : 기관의 고유번호, 사업자등록번호 기재

3) 사업명 : 대상,목적,방법

4) 사업 기본 정보
- **연차 :** 모금회 지원으로 해당 사업을 수행하는 연차를 기재
- **대상 지역 :** 본 사업이 수행되는 주요 대상 지역을 시· 군· 구 단위까지 기입
- **사업수행 인력 :** 본 사업을 수행하는 실무자의 수 기입
- **사업 기간 :** 사업 수행 기간을 기입

5) 사업 참여자
- **참여자 구분 :** 핵심 참여자(대상자) '1'개만 선택
- **핵심 참여자 :** 사업계획서와 동일하게 작성(성과 측정의 대상)
- **인원수 :** 핵심 참여자의 실제 인원수

사랑의열매 사회복지공동모금회

2 배분신청서 작성법

1) 기관명	열매종합사회복지관			2) 고유번호 (사업자등록번호)	100-82-1000	
3) 사업명	저소득층 방임아동의 보호·학습지원을 위한 야간보호사업 "꿈나무 교실"					
4) 사업 기본 정보	연차	v ①1년차 ___②2년차 ___③3년차 ___④기타( )				
	대상 지역	서울시 중구		사업수행 인력	2명	
	사업 기간	20XX년 1월 1일 ~ 20XX년 12월 31일 (총 12개월)				
5) 사업 참여자	참여자 구분	v ①아동/청소년 ___②노인 ___③장애인 ___④여성/다문화 ___⑤위기가정 ___⑥지역사회 ___⑦북한/해외/기타				
	핵심 참여자	저녁 10시까지 보호자가 없는 초등학생		인원수	20명	
6) 사업구분		모금회 지속가능 발전 목표(C-SDGs)				
□	기초생계 지원	□ 경제적 빈곤 퇴치 □ 영양 및 급식지원/기아종식				
□	교육/자립 지원	□ 교육 및 자립역량 강화 □ 양질의 일자리 만들기 □ 적정기술과 정보기술격차 해소 지원				
□	주거/환경 개선	□ 모두를 위한 깨끗한 에너지 □ 지속가능한 지역사회 인프라 구축 □ 지속가능한 생산과 소비 □ 기후변화와 대응 □ 해양생태계 보존 □ 육상생태계 보호				
□	보건/의료 지원	□ 신체·정서적 건강과 회복 □ 깨끗한 물과 위생				
□	심리/정서 지원	□ 신체·정서적 건강과 회복				
■	사회적 돌봄 강화	■ 사회적 배제 감소와 불평등 완화				
□	소통과 참여 확대	□ 성평등 □ 지속가능한 지역사회 인프라 구축 □ 사회적 약자의 권리증진				
□	문화 격차 해소	□ 사회적 배제 감소와 불평등 완화				
7) 성과목표	① 보호 아동의 야간 안전사고율 감소 ② 기초 학습능력 향상 ③ 보호 아동의 가족 유대감 증대					
8) 주요 사업 내용	세부 사업명	주요 내용				
	야간아동 보호	복지관 방과후교실 운영, 아동보호자 귀가 시간 따라 귀가일정 조정, 보호자가 동행귀가를 하지 못하는 경우 복지관 차량을 통한 귀가 서비스 제공				
	기초학습 지도	자체 자원봉사대학생을 활용한 기초학습(국어, 영어, 수학) 지도, 자체 자원봉사대학생을 활용한 숙제지도, 매일 숙제 알림장 점검				
	가족관계 개선 프로그램	가족관계개선프로그램시행 (가족음식 만들기, 가족나들이, 가족체육대회, 영화보기 등)				
9) 사업비	총 사업비	16,000,000원		신청금액	13,100,000원	
10) 신청금액 세부내역	사업비	7,400,000원 56.5%	인건비	4,800,000원 36.6%	관리운영비	900,000원 6.9%
11) 담당자	성명	김열매	직통전화	02-123-4567	E-mail	fruit03@fruit.or.kr
	직위	대리	휴대폰	010-1234-5678	FAX	02-123-4568

6) 사업구분 : 주요 사업 내용 및 모금회 지속가능 발전 목표를 각 '1'개만 선택

7) 성과목표 : 사업의 결과로 나타나는 효과 또는 변화를 기입

8) 주요 사업 내용
- **세부 사업명 :** 주요 세부 사업명 기입
- **주요 내용 :** 세부 사업별 수행 방법, 추진 내용을 간략하게 기재

9) 사업비
- **총 사업비 :** 사업 수행에 필요한 모든 비용을 합산한 금액(신청금+자부담)
- **신청금액 :** 총 사업비 중 모금회에 신청하는 금액

10) 신청금액 세부 내역 : 신청금액 중 인건비, 사업비, 관리운영비의 정보

11) 담당자 : 본 사업을 직접 수행할 담당자 정보 기입

사랑의열매 사회복지공동모금회

2 배분신청서 작성법

1) 기 관 명		열매종합사회복지관			2) 대 표 자	이 사 랑	
3) 고유번호 (사업자등록번호)		100-82-1000			4) 전화번호	02-6262-3000	
5) E-mail		fruit@fruit.or.kr			6) FAX번호	02-6262-3100	
7) 홈페이지		www.fruit.or.kr			8) 설립연월일	2002년 10월 24일	
9) 주 소		04519 서울시 중구 ○○대로 24길 사랑의열매회관 1층					
10) 직원 현황		총 명 (①+②)	상근 (①) 10 명			비상근 (②) 2 명	
11) 기관 주요 사업	구분	___① 노인복지 ___② 영유아/아동복지 ___③ 장애인복지 ___④ 노숙인복지 _V_⑤ 지역복지 ___⑥ 정신보건 ___⑦ 여성복지 ___⑧ 가족복지 ___⑨ 청소년복지 ___⑩ 다문화지원 ___⑪ 북한/해외지원 ___⑫ 기타( )					
	내용	○ 통합사례관리 : 사례발굴, 사례개입, 서비스연계 ○ 자활자립지원 : 노인일자리사업, 자활공동체 창업지원					
12) 결산	세입	총 계	보조금수입	전입금	후원금수입	사업수입	기타수입
		658,001천원	100,628천원	162,000천원	238,235천원	103,948천원	53,190천원
	세출	총 계	인건비	관리운영비	사업비	재산조성비	기타지출
		658,001천원	375,617천원	93,905천원	102,934천원	7,573천원	77,972천원
12) 예산	세입	총 계	보조금수입	전입금	후원금수입	사업수입	기타수입
		804,592천원	236,709천원	241,000천원	113,600천원	97,760천원	115,523천원
	세출	총 계	인건비	관리운영비	사업비	재산조성비	기타지출
		804,592천원	434,556천원	121,390천원	225,174천원	15,480천원	7,992천원
13) 운영 법인 또는 단체	운영주체 성격	_V_① 사회복지법인 ___② 사단법인 ___③ 종교법인 ___④ 학교법인 ___⑤ 재단법인 ___⑥ 국가지방자치단체 ___⑦ 임의단체 ___⑧ 개인(신고) ___⑨ 법인(기타) ___⑩ 단체(기타)( ) ___⑪ 개인(기타) ( )					
	법인 (단체)명	사랑의열매			대 표 명	박모금	
	고유번호 (사업자번호)	100-82-1007			전화번호	02-626-3100	
	홈페이지	www.chest.or.kr			설립연월일	2000년 11월 13일	
	주소	04519 서울시 중구 ○○대로 24길 사랑의열매회관 5층					

11) 기관 주요사업
- **구분 :** 신청기관의 고유목적사업에 해당하는 항목을 3개 이내로 선택
- **내용 :** 신청기관의 주요 사업 중심으로 간략하게 제시

12) 결산 / 예산 : 작성 시점 기준 전년도 결산금액 및 당해 년도 예산금액. 각 항목의 합계는 총계와 일치시키며, 해당이 없는 항목은 '0'으로 기재

13) 운영법인 또는 단체 : 운영주체는 신청 기관의 운영을 책임지고 있는 소속법인을 의미함
- 신청기관과 운영주체가 같은 경우 '운영주체 성격'만 기재

※ 신청기관의 조직도와 신청기관, 운영법인(또는 단체)의 운영위원회/이사회 명단은 자유 양식으로 제출

사랑의열매
사회복지공동모금회

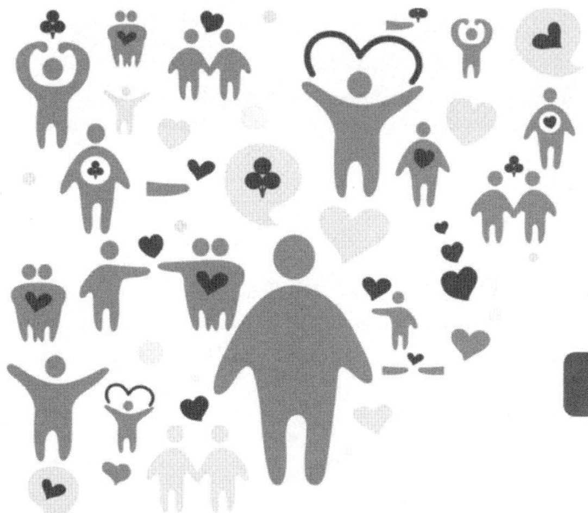

3 사업계획서 작성법

사랑의열매
사회복지공동모금회

3 사업계획서 작성법

I.사업명 | II.사업내용및추진전략 | III. 예산편성 | IV.문제의식 | V. 목표및평가 | VI.사업종료후지향점

■ 프로그램의 성격을 명료, 함축적으로 규정 (부제의 효과적 활용)

■ 프로그램 대상-목적-방법 표현

☞ 부제나 약칭을 잘 사용하면 더욱 매력적인(attractive) 사업으로 표현 가능

좋은 예 (○) 대상, 목적, 방법을 파악할 수 있는 사업명

· 재가노인의 건강한 삶을 위한 보건복지 통합서비스 프로그램

대상 | 목적 | 방법 | 부제

· 성인 발달 장애인의 자립생활 지원을 위한 식생활 개선 프로그램 "Rainbow 영양지원"

대상 | 목적 | 방법

나쁜 예 (X) 제목만으로 대상과 프로그램 내용을 알기 어려운 사업명

· 자립을 향한 발걸음 '가고, 보고, 즐기고! 3 Go'

· 한 부모 가정의 지역사회 통합프로그램 '이여차'

사랑의열매

3 사업계획서 작성법

I.사업명 | II.사업내용및추진전략 | III. 예산편성 | IV.문제의식 | V. 목표및평가 | VI.사업종료후지향점

1. 사업 참여자 모집전략

참여자 모집 방안

· 지역특성, 사업성격을 고려, 적합한 참여자를 모집할 방법을 구체적으로 기재

예시

핵심 참여자	재학대 고위험 가정의 학대행위자 20명	주변 참여자	재학대 고위험 가정의 가족구성원 40명

참여자 선정 기준

· 단순한 저소득층, 장애인 등 획일적인 기준이 아닌 사업의 성격과 참여자의 욕구를 고려하여 우선적인 기회에 대한 기준 마련

참여자의 종류

· 핵심참여자 : 성과를 측정하는 대상, 변화를 이끌어 내려는 대상

· 주변참여자 : 핵심참여자의 변화를 이끌어내는데 중요한 역할을 하는 사람

사랑의열매 사회복지공동모금회

3 사업계획서 작성법

I.사업명 | II.사업내용 및 추진전략 | III. 예산편성 | IV.문제의식 | V. 목표 및 평가 | VI.사업종료 후 지향점

2. 사업내용 및 사업집행 전략

사업추진과정별로 어떤 단위 사업들을 수행할 것인지 계획

- **전체 사업을 세부 사업으로 분류하고 세부 사업별 시행방법, 시행시기 및 횟수, 진행 일정 등을 포함**
- **홍보 계획은 사업 추진 과정과 함께 기술**
- **표로 구조화하여 작성하거나 글로 자유롭게 표현하는 방식 중 선택**
- **사업 진행 일정은 간트 차트를 활용하여 기재 가능**

예시

세부 사업명	활동(수행방법)
맞춤형 심리정서지원	○ 전문 심리 검사 및 심리치료 실시 - 기간 : 2022. 3 ~ 10월 (8개월) / 개인별 약 12회 - 대상 : 재학대 고위험 가정 아동 20명 - 장소 : 00아동발달센터/강사: 김**(심리치료사), 양◇◇(놀이치료사) - 방법 : 종합심리검사(full battery), 심리검사 결과 개인별 심리, 놀이치료 실시

Tip

- 충분성:: **문제의식을 사업에 반영하여 목표를 달성하는데 충분하도록 핵심사업을 구성**
- 세부 하위 사업간의 연계: **목표 달성에 유의미 하도록 세부 사업간 상호 연결 필요**

사랑의열매 사회복지공동모금회

3 사업계획서 작성법

I.사업명 | II.사업내용 및 추진전략 | III. 예산편성 | IV.문제의식 | V. 목표 및 평가 | VI.사업종료 후 지향점

3. 기관 연계 협력 전략

지역사회 내 유관기관들과의 연계·협력 계획

- **네트워크 구축 기관이 많은 경우 구축대상에 대해 간단하게 작성하고, 핵심 파트너 2~4개 기관만 기재 협력 과정에서 수행기관이 해야 할 일, 협력기관이 해야 할 일에 대한 순환적인 관계가 드러나도록 작성**

좋은 예 (○) 수행기관과 협력기관 간의 역할이 명확히 나타나는 경우

협력 기관명	세부 사업명	협력 계획	비고
☆☆구 복지행정팀	긴급지원 기금 모금	-본 기관 : 기금 모금 및 후원자 관리, 사업홍보 및 컨텐츠 제공, - 협력기관 : 본 기관과 공동모금행사 주관, ○○단지 입주 기업 대상 홍보	MOU체결 예정

나쁜 예 (X) 협력기관명만 나열하고 역할에 대한 내용이 불명확한 경우

연번	자원명	내용
1	**구정신건강증진센터	이용자 의뢰 및 심리상담, 정신건강 관련 네트워크 구성을 통한 통합적 사례관리 서비스 제공
2	**구청 복지정책과 희망복지팀	

사랑의열매 사회복지공동모금회

3 사업계획서 작성법

Ⅰ.사업명 | Ⅱ.사업내용 및 추진전략 | Ⅲ. 예산편성 | Ⅳ.문제의식 | Ⅴ. 목표 및 평가 | Ⅵ.사업종료 후 지향점

■ 과목설명

과목	설명		해당항목
인건비	해당 사업을 직접적으로 수행하는 인력에 투입되는 비용	해당항목	프로그램담당자/ 보조담당자 인건비
사업비	프로그램의 수행에 필요한 직접비용 (실인원수에게 제공되는 서비스에 필요한 비용)	해당항목	강사비, 자원봉사자 관리비, 자문비, 회의비, 행사진행비, 홍보물품 구입, 프로그램 준비물 구입 사업결과보고서/ 결과물 제작 등
관리운영비	프로그램의 수행에 필요한 간접비용 (사업관리에 필요한 비용)	해당항목	사무용품비, 냉난방비, 유류비 등

Tip

- 연계성 : 제시한 사업과 예산의 관계가 연계되도록 사업 투입 비용에 대해 빠짐없이 작성
- 과대포장금지 : '예산편성기준표 예시'를 참고하여 작성하며 부풀리기식 예산 편성 지양
- 세부사업 이해도모 : 예산을 통해 사업의 내용을 알 수 있도록 세목은 단위사업과 일치시켜 작성하며, 세세목, 산출근거를 세부적으로 작성
- 산출근거는 단가, 인원수, 횟수, 수량 등 구체적으로 작성

사랑의열매 사회복지공동모금회

3 사업계획서 작성법

Ⅰ.사업명 | Ⅱ.사업내용 및 추진전략 | Ⅲ. 예산편성 | Ⅳ.문제의식 | Ⅴ. 목표 및 평가 | Ⅵ.사업종료 후 지향점

1. 사업 계획 배경

사업을 시작하기까지의 스토리(Story)

- 왜 이 사업을 기획하는지에 대한 스토리(Story)
- 문제 상황과 변화시키고자 하는 개입지점에 대한 작성자의 관점

예시) 장애인 경제적 자립에 대한 문제 해결을 목적으로 하는 경우

- '장애인에 대한 취업 역량 강화를 실시한다면 취업이 쉬워질 것이다'라는 관점이라면
  - 취업 역량강화를 위한 교육과정을 잘 구성하는 것에 초점
- '장애인의 사회의 부정적인 인식과 태도가 해결된다면 취업이 쉬워질 것이다'라는 관점이라면
  - 사회와 기업이 장애인에 대한 이해와 수용을 높아지도록 하는 사업에 초점

사랑의열매 사회복지공동모금회

3 사업계획서 작성법

Ⅰ.사업명 | Ⅱ.사업내용및추진전략 | Ⅲ. 예산편성 | Ⅳ.문제의식 | Ⅴ. 목표및평가 | Ⅵ.사업종료후지향점

2. 기존 유사사업과의 차별성

기존 유사사업에 대한 파악

- 문제 상황에 대한 분석(신청 기관에서 관심을 갖기 전에는 어떤 상태였는지)
- 해당 문제를 해결하기 위해 시도된 유사사업 분석(국내·해외 모두 포함)
- 유사사업이 있었다면 접근방법 분석

3. 신청기관의 장점

객관적인 자료에 기반한 수행기관의 장점

- 왜 이 사업을 신청기관에서 수행해야 하는지에 대한 설득
- 막연한 아이디어가 아닌 치밀한 조사, 관련 수행경험에 근거되었음을 제시
- 인적자원 등을 포함한 기관의 내, 외부자원 등 수행기관의 장점에 대해 설득력 있게 기술

Tip

- 유사사업의 장점, 시행착오, 상황의 상이성등을 분석하고 새로운 관점, 기관여건을 반영하여 기획
- 담당인력의 경력과 전문성은 사업 수행능력 판단의 근거가 됨(프로젝트 기획자와 실행자의 불일치)

사랑의열매 사회복지공동모금회

3 사업계획서 작성법

Ⅰ.사업명 | Ⅱ.사업내용및추진전략 | Ⅲ. 예산편성 | Ⅳ.문제의식 | Ⅴ. 목표및평가 | Ⅵ.사업종료후지향점

1. 산출목표

성과목표 달성에 필요한 수단적 성격의 목표

- 사업내용의 활동(Activities)에 기재한 사업 내용을 실제로 수행한 것
- 활동(Activities)결과, 수행기관이 마음대로 하기는 어렵지만 실제 성과목표를 달성하는데 반드시 필요한 목표치

모니터링 방법

- 산출 목표 달성여부에 대한 확인방법, 달성을 위한 관리 방법

Tip

- 과대설정 금지 : 과도하게 설정하기 보다는 사업의 규모와 성격에 맞는 수준 설정
- 측정가능성 : 성과목표, 산출목표 달성 여부에 대해서는 확인할 수 있어야 함

사랑의열매 사회복지공동모금회

3 사업계획서 작성법

2. 성과목표

최종적으로 달성하고자 하는 목표

- **누구를 어떤 개입을 통해 어디까지 변화를 이끌어 낼 것인지에 대해 함축**
- **핵심참여자를 대상으로 하는 변화에 대해 기재**

측정가능성

- **성과목표는 일반적으로 측정가능 해야 함**
- **양적 측정이 어려운 경우 질적인 변화에 대한 성과 목표 설정 가능**
- **단, 양적 또는 질적으로 반드시 평가가 가능해야 하며 양적 측정이 가능한 경우는 반드시 양적 평가 계획 하도록 함**

분류	초점	예시	비고
개인차원	내적기능 향상	-자아존중감 향상 -우울 감소 등	척도 사용
	태도	-성역할 태도변화 -어머니의 양육태도 등	척도 사용
	행동	-아동의 공격행동 변화 -노인의 운동행동 변화 등	척도 사용
사회차원	지역사회	-네트워크 강화 -지역사회빈곤율 감소 등	과정평가 척도사용 / 네트워크분석

사랑의열매 사회복지공동모금회

3 사업계획서 작성법

2. 성과목표

- 단기,중기,장기 단계별 성과목표를 적절히 수립해야 함

구분	설명	예시
단기성과	. 활동(프로그램) 참여를 통한 지식, 태도, 기술의 변화	1. 기술의 습득 2. 학습에 대한 흥미, 능력향상 3. 문제 상황의 인식, 확인
중기성과	. 단기성과(지식, 태도, 기술의 변화)로 나타나는 행동의 변화	1. 직업 획득 2. 시험 합격, 상급학교 진학 3. 문제행동의 감소
장기성과	. 조건이나 상황에 대한 궁극적 변화	1. 경제적 안정 2. 자립 3. 문제행동 중지

사랑의열매 사회복지공동모금회

3 사업계획서 작성법

I.사업명 | II.사업내용및추진전략 | III. 예산편성 | IV.문제의식 | V. 목표및평가 | VI.사업종료후지향점

3. 평가방법

- 사업수행을 통해 성과목표 달성이 되었는지, 그 의미는 무엇인지에 대한 평가
- 평가 방법

〈양적(정량) 방법〉

수치 세기(numeric counts), 표준화된 척도, 기능수준 척도(Level of Functioning Scales)등을 통해 참여자의 변화를 확인

〈질적(정성) 방법〉

심층면접, 참여적 관찰, 비참여적관찰, 영상매체기록 등을 통한 대상자의 변화를 체크할 수 있음

예시

성과목표	평가 도구 및 방법	측정 시기
부모의 양육 부담 감소	. 성과지표 : 양육스트레스 15% 감소 . 평가도구 : 양육스트레스 척도지 . 평가방법 : 프로그램 참여 부모의 사전 사후 설문 조사	사전(2월), 사후(12월)
가족 기능 강화	. 평가주체 : 본 기관 담당자 . 평가방법 : 참여자 20가정 대상으로 구조화된 질문지 통해 인터뷰 실시	사업종료 후(12월)

사랑의열매 사회복지공동모금회

3 사업계획서 작성법

I.사업명 | II.사업내용및추진전략 | III. 예산편성 | IV.문제의식 | V. 목표및평가 | VI.사업종료후지향점

기대효과

- 사업의 수행 결과에 따른 효과 :
  참여자에게 제공할 수 있는 긍정적인 기회 또는 변화

활용계획

- 성공적인 사업 수행 이후에 얻게 되는 지식, 경험을 토대로 실천할 향후 계획
- 사업 수행의 결과물을 향후 어떻게 활용할 것인지에 대한 기재

사랑의열매 사회복지공동모금회

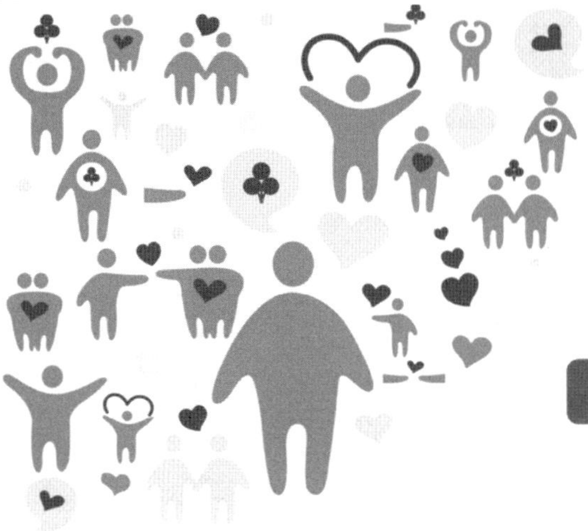

4 2022년 주요 변경사항

사랑의열매
사회복지공동모금회

4 주요 변경사항

- 신청사업 범위 확대
  - 기획사업으로 분류되어 오던 자유공모사업을 신청사업으로 변경

구분	2021년 배분기준	2022년 배분기준	
사업 구분	▪ 신청사업	▪ 신청사업	▪ 복지현안지원사업, 소규모복지기관지원사업 등 자유공모사업

사랑의열매

4 주요 변경사항

구 분	2021년 배분기준	2022년 배분기준(안)	
단순 인건비	▪ 단순인건비 76,220원 (중식비 7,500원 포함) 주휴수당 68,720원 * 2021년 최저임금에 따라 변경 예정	▪ 2021년 인건비 기준에 따라 편성 인건비 77,260원 (1일 8시간 기준, 중식비 7,500원 포함) 주휴수당 69,760원 * 2022년 최저임금에 따라 변경 예정	
자원봉사자 활동비	▪ 30,000원 이하 - 자원봉사자에게 지급되는 교통비, 식사비 등의 활동비(1회 기준)	▪ 30,000원 이하 - 자원봉사자에게 지급되는 교통비, 식사비 등의 활동비 (1회 기준, 예산 한도 내 실비지급)	
수어 통역비	〈신설〉	▪ 1인 1시간 기준 : 100,000원 ※ 개인으로 활동하는 수어통역사 기준이며, 수어통역 관련 단체(업체)를 통할 경우 해당 단체(업체)의 단가를 적용함	
온라인 강의 강사비 지급기준	〈신설〉	녹화형 강의	▪ 오프라인 강의 강사료 ▪ 강사출연비 : 시간당 10만원 이내 ※ 최종 편집된 영상의 강의시간을 기준으로 함
		실시간 라이브 강의	▪ 오프라인 강의 강사료 ※ 최종 편집된 영상의 강의시간을 기준으로 함

사랑의열매

감사합니다.

사랑의열매
사회복지공동모금회

9. 간접실습의 개념 규정

□ 간접실습의 개념[9)]

○ 사회복지현장실습에서 간접실습은 기관실습의 일환으로서 감염병 등 특수한 상황에서 초래될 수 있는 위험으로부터 학생과 사회복지기관을 보호하기 위하여 교육기관이 주체가 되어 특강 · 모의활동, 온라인수업, 사회복지관련 동영상 시청, 과제 수행 등의 방법으로 실시하는 실습을 말함.[10)]

- 간접실습에서 가장 중요한 것은 이것이 현행 사회복지사업법 시행규칙에서 말하는 기관실습에 해당한다는 점임. 다만 그 실시 주체가 교육기관인 것임.
- 간접실습의 운영주체가 교육기관이 된다는 것은 교육기관이 최종책임을 진다는 것을 의미하며 간접실습의 운영과정에서는 방역 등 안전조치가 취해진다는 조건 하에 교육기관 외부인사(사회복지기관의 실습슈퍼바이저 등)를 초빙하여 특강 등으로 간접실습을 진행하는 것도 허용됨.
- 간접실습의 운영을 위해서는 지역별로 대학과 기관 간 소통구조를 만들어 실습에 관한 정보를 서로 교환하고 실습계획을 서로 협의하는 것이 가장 바람직할 것임.

○ 실습세미나와의 구분: 간접실습은 기관실습의 일환이며 실습세미나는 기관실습에서 경험한 혹은 발생한 다양한 상황에 대한 피드백을 중심으로 감염병 상황과 무관하게 학교에서 운영하는 수업을 말함.

❍ 복지부 공문상의 간접실습 (보건복지부, 2020.05.20.)[11)]

간접실습의 예시	특강 · 모의수업, 온라인 수업발표 · 피드백, 수업동영상 참관 및 과제 등 (교육부 학교현장실습 운영안내, 2020.03.24.)
간접실습의 운영방식	직접실습 시간을 제외한 40시간 또는 80시간 이상을 교육기관 내 간접실습으로 운영 가능

❍ 교육부 공문상의 간접실습 (교육부, 2020.03.24.)[12)]

간접실습의 예시	특강 · 모의수업, 온라인 수업발표 · 피드백, 수업동영상 참관 및 과제 등으로 운영 가능
간접실습의 운영방식	교원양성기관 내에서 특강 · 모의수업, 온라인 수업 · 참관 등 간접 방식으로 대체 등

---

9) 사회복지현장실습 간접실습 운영안내(한국사회복지교육협의회, 2020). pp.1~2.
10) 당초 보건복지부 공문에 있는 용어 중 모의수업이나 수업동영상 참관 등 사회복지현장실습과 맞지 않는 용어는 모의활동, 사회복지관련 동영상 시청 등으로 수정하였음.
11) 보건복지부 복지정책과, 2020.05.20., 「코로나 19 유행에 따른 사회복지현장실습 이수기준 완화 안내」.
12) 교육부, 2020.03.24., 「코로나 19 확산 방지를 위한 학교현장실습 운영 관련 안내」.

□ **간접실습의 시간 운영**

○ 현행 복지부 공문에는 간접실습의 시간 운영과 관련하여 명확한 언급이 없음. 간접실습의 시간 운영은 간접실습의 실시 시기와 간접실습의 일일시간 운영으로 구분하여 생각해볼 수 있음.

○ 간접실습의 실시 시기

- 통상적으로 간접실습은 직접실습이 종료된 이후 학기에 개설되는 실습교과목의 수업 때 실시되는 것이 원칙임.
- 이 경우 간접실습은 직접실습과 함께 기관실습의 일환이므로 실습교과목이 개설되는 학기와 동일한 학기 또는 실습교과목이 개설되는 학기 이전 방학에 실시되어야 하며 실습교과목 개설 학기 종료 이후에는 실시될 수 없음(이는 직접실습도 마찬가지임).

○ 간접실습의 일일시간 운영

- 간접실습은 기관실습의 일환이므로 그 운영 역시 기관실습의 전형적인 모습인 직접실습 준해야 함.
- 따라서 간접실습은 그것이 비대면방식이든 어떤 방식이든 하루 8시간을 초과하여 시행되어서는 안 되며, 야간시간이나 공휴일 등에도 실시하지 않는 것이 원칙임.

10. 사회복지사자격증 발급신청 안내

*** 사회복지사자격증 발급신청 안내는**

한국사회복지사협회 자격관리센터 홈페이지(https://lic.welfare.net/lic/main.do)의 '자격증 신청방법'에 자세히 안내되어 있음.

1. 신청방법

본인이 속한 지역이나 직장의 지방협회(접수처)로 자격증 신청서류를 우편접수(등기발송)하고, 지방협회(접수처)의 지정 계좌번호로 자격증 발급비 7만원 입금해야 함(지방협회에 전화하여 신청서류 접수 및 입금 여부를 반드시 확인하는 것이 필요).

* 지방협회(신청서류 접수처)의 홈페이지에서 지정 계좌번호와 전화번호 참조할 것.

* 주의: 한국사회복지사협회 자격관리센터는 지방협회에서 접수된 신청서류를 전달받아서, 사회복지사자격증 심사 · 발급 · 발송만 담당하기 때문에 신청서류 접수처가 아님.

2. 자격증 발급비의 내역

사회복지사업법 제11조 제4항 및 동법시행규칙 제4조 제4항에 의거 사회복지사자격증 발급수수료는 1만원이지만, 사단법인 한국사회복지사협회 정관 제5조 회원규정에 의거 사회복지사는 신규 회원으로 가입해야 하기 때문에 회원증 발급비 1만원, 당해 연도 연회비 5만원을 합하여 총 7만원을 반드시 지방협회(접수처)의 지정 계좌번호로 입금해야 함.

3. 자격증 신청 시 제출서류

1) 사회복지사 자격증 발급신청서 1부
   * 한국사회복지사협회 홈페이지(www.welfare.net) 〉 자격관리센터 〉 열린광장 〉 공지사항 첨부파일 다운로드
2) 천연색 상반신 정면사진(여권사진, 3.5×4.5센티미터) 3매
   * 6개월 이내에 촬영한 탈모상반신 사진으로 1매는 발급신청서에 부착, 2매는 신청서류 우편발송 시 동봉
3) 사회복지현장실습확인서 1부
   * 반드시 원본으로 제출해야 함.
4) 졸업증명서 1부(학과, 전공 무관)
   * '졸업예정증명서'는 4년제 대학교만 인정 가능(전문대학 졸업예정증명서는 인정불가)
   * 90일 이내 발급한 서류만 가능
5) 성적증명서 1부
   * 대학에서 전 교과목을 이수한 경우: 대학 성적증명서(학과, 전공 무관) 1부
   * 일부 교과목을 학점은행제로 이수한 경우: 국가평생교육진흥원 성적증명서와 대학 성적증명서(학과, 전공 무관) 각각 1부
   * 국가평생교육진흥원 "학점등록인정서"는 불가
   * 90일 이내 발급한 서류만 가능

참고문헌

강병로(2008). **사회복지 욕구조사와 프로그램 평가**. 서울: 나눔의 집.

김영호 · 오정옥 · 이은경(2004). **사회복지현장실습의 이해**. 파주: 양서원.

김혜란 외(2006). **사회복지실천기술론**(개정2판). 서울: 나남.

류형택 외(2014). **사회복지현장실습**. 서울: 동문사.

문인숙 역(1980). **사회사업지도감독론**. 서울: 이화여대출판부.

사회복지공동모금회(2022). 사회복지공동모금회 2022년 배분사업안내.

서울시사회복지관협회(2005). 지역사회복지관 사회복지현장실습이해.

서진환(2001). **사회복지실습의 길잡이**. 서울: 학지사.

신민선 · 변호순 · 박지영 · 김남식 · 강석주 · 엄미아 · 임봉호 · 조영선(2019). **사회복지현장실습**(개정판). 파주: 양서원.

신민선 · 김남식 · 김옥례 · 변호순 · 엄미아 · 임봉호 · 조영선(2020). **사회복지현장실습**. 경기: 양서원

양옥경 · 최소연 · 이기연(2007). **사회복지현장실습 슈퍼비전**. 한국사회복지사협회.

양옥경 외(2010). **사회복지지도감독론**. 경기: 양서원.

양옥경 · 최소연 · 이기연 · 현진희(2017). **사회복지현장실습 수퍼비전**(개정판). 미발간.

오미옥 · 이수경(2012). **사회복지현장실습의 이론과 실제**. 경기: 공동체.

우수명(2004). **사회복지 프로그램 개발과 평가**. 서울: 인간과 복지.

유진희 · 노길희 · 박진영 · 신원정(2020). **사회복지현장실습**. 경기: 양서원.

윤철수 · 김정진(2010). **예비사회복지사를 위한 현장실습 길라잡이**. 서울: 학지사.

윤철수 · 김연수(2016). 사회복지 사례관리 표준 실천지침에 대한 제안. 2016 한국사례관리학회 춘계학술대회.

이경아 · 서홍란(2011). **사회복지현장실습**. 서울: 공동체.

이봉주 · 김기덕(2016). **사회복지 프로그램 개발과 평가**. 서울: 학지사.

이정미 · 이해경(2016). **사회복지현장실습 이론과 실제**. 파주: 정민사.

임정문 · 이지복 · 정명환 · 박선태 · 윤혜신(2020). **사회복지현장실습**. 서울: 동문사.

임정문 · 현영렬 · 김재경 · 박선태 · 나직균(2021). **최신 사회복지의 이해**. 서울: 동문사.

정무성(2005). **사회복지 프로그램 개발론**. 경기: 학현사.

정효신 · 정상문 · 이재풍(2020). **사회복지현장실습**. 고양: 지식공동체.

조휘일 역(2000). **사회복지 실천과 슈퍼비전**. 서울: 학지사.

태화종합사회복지관(2003). **사회복지실습지도 이론과 실제**. 경기: 양서원.

황성철 · 정무성 · 강철희 · 최재성(2010). **사회복지행정론**. 경기: 학현사.

한국사회복지사협회(2005). 사회복지현장실습 교육지침서.

한국사회복지사협회(2010). 사회복지현장실습안내서.

한국사회복지사협회(2010). 사회복지현장실습지도자교육.

한국사회복지사협회(2010). 사회복지현장실습 실태조사 및 지침서.

한국사회복지사협회(2013). 표준실습매뉴얼-종합사회복지관.
한국사회복지사협회(2013). 표준실습매뉴얼-노인이용시설.
한국사회복지사협회(2014). 표준실습매뉴얼-생활시설.
한국사회복지사협회(2014). 표준실습매뉴얼-장애인복지관.
한국사회복지사협회(2017). 사회복지현장실습 매뉴얼.
한국사회복지사협회(2016). 표준실습교육매뉴얼-아동복지시설.
한국사회복지사협회(2018). 2018년 사회복지사 자격관리 지침.
한국사회복지교육협의회(2020). 사회복지학 교과목 지침서.

Biestek, F. P. (1957). *The casework relationship*. Loyola University Press.
Kadushin, A. (1992). *Supervision in Social Work* (3rd ed). New York: Comumbia University Press.
Middleman, R. R., & Rhodes, G. B. (1985). *Competent supervision*. Prentice-Hall.
Reamer, F. G. (2000). The social work ethics audit: A risk-management strategy. *Social Work, 45*(4), 355-366.

[참고사이트]

법제처(http://www.moleg.go.kr)
사회복지공동모금회(https://www.chest.or.kr)
한국사회복지사협회 자격관리센터(https://lic.welfare.net/lic/main.do)
한국사례관리학회(http://www.kacm.net)

찾아보기

가치 ········ 153
개별사회사업 ········ 156
개별사회사업 관계형성 7대 원칙 ········ 157
개별슈퍼비전 ········ 58
개별화 ········ 54, 158
개인정보수집이용제공 동의서 ········ 103
개인중심의 개입 ········ 156
개입 ········ 180
개입계획 ········ 180
개입기술 ········ 15
결석 ········ 88
공식화 ········ 54
과업모델 ········ 58
과정기록 ········ 11, 172
과정중심 단계 ········ 57
관계 ········ 157
관여기술 ········ 155
관찰기술 ········ 155
교육 ········ 50
교육기관 ········ 14, 19, 31
교육기관과 실습생 체크리스트 ········ 27
교육적 역할 ········ 67
근무태도 ········ 38
기관 이해도 ········ 136
기관분석보고서 ········ 11, 116, 117
기관실습 ········ 17
기관실습 전 체크리스트 ········ 26
기록 ········ 171
기록의 활용 ········ 170
기술 ········ 154
기술 습득 ········ 15

노력 ········ 78
논리모델 ········ 56

대면접촉 ········ 60
대상자 ········ 70
대상자의 자기결정권 ········ 154

라포 ········ 49

맥락과정중심 단계 ········ 57
맥락화 ········ 55
면접기술 ········ 15
목적 ········ 192
목표 ········ 192
문제분석 ········ 190
문제중심기록 ········ 172
문직의 사회화 ········ 51

발달모델 ········ 56
보건복지부장관 ········ 26
복장과 용모 ········ 39
비밀보장 ········ 159, 161, 164
비심판적 태도 ········ 159

사례관리 ········ 175
사례기록 ········ 11
사생활보호와 비밀보장의 원칙 ········ 164
사전 슈퍼비전 ········ 59
사정 ········ 180
사정기술 ········ 15
사회복지 사례관리 ········ 174
사회복지 사례관리 표준 실천지침 ········ 176

사회복지 사례관리자 ······ 178
사회복지사 윤리강령 ··· 30, 63, 160, 295
사회복지사업법 ······ 32
사회복지사업법 시행규칙 ······ 17
사회복지사의 실습지도에 대한 윤리기준 ··· 34
사회복지사의 안전 ······ 90
사회복지서비스 네트워크 ······ 182
사회복지윤리 ······ 160
사회복지전문직 ······ 52
사회복지직 ······ 17
사회복지현장실습 ······ 12, 14
사회복지현장실습 교과목 ······ 11, 85
사회복지현장실습 신청의뢰서 ······ 97
사회복지현장실습 진행절차 ······ 35
사회복지현장실습확인서 ······ 82
사후지도 ······ 181
삶의 질의 원칙 ······ 164
상담자 · 교육자 ······ 178
상호교류중심화 ······ 54
생명보호의 원칙 ······ 163
서면접촉 ······ 60
선수과목 ······ 21
선수과목 이수 ······ 23
성실성 ······ 88
성장중심화 ······ 55
성적 ······ 91
성희롱 ······ 165
세부목표 ······ 192
수용 ······ 158
숙련자 ······ 57
슈퍼비전 ······ 29, 43, 49
슈퍼비전 모델 ······ 56
슈퍼비전의 목표 ······ 50
실습 ······ 135
실습 선행과정 ······ 22
실습과제 ······ 42
실습기관 ······ 11, 13
실습기관 방문 ······ 86
실습기관 선정 ······ 25
실습기관 선정과정 ······ 25
실습기관의 자격 ······ 32
실습기록의 목적 ······ 173
실습목표 ······ 133
실습보고서 ······ 23, 86
실습보고회 ······ 80
실습생 ······ 13, 29, 54, 75
실습생 모집 ······ 37
실습생 종결평가 보고회 ······ 82
실습생 프로파일 ······ 95
실습생의 자세 ······ 30
실습세미나 ······ 17, 32, 85
실습순회지도 ······ 23
실습슈퍼비전 ······ 43
실습시간 ······ 24
실습신청서 ······ 95, 98
실습오리엔테이션 ······ 22, 23
실습의뢰에 대한 회신 ······ 102
실습일정 ······ 133
실습일지 ······ 109
실습종결 ······ 37
실습종결단계 ······ 71
실습종결평가 발표자료 ······ 144
실습종결평가서 ······ 131, 132
실습중간평가서 ······ 124
실습지도 ······ 12, 37
실습지도계획서 ······ 104
실습지도교수 ······ 31, 87
실습지도기록서 ······ 81
실습지도자 ······ 72, 75
실습지도자 체크리스트 ······ 27
실습지도자의 역할 ······ 33
실습지도자의 자격 ······ 33

실습초기단계 72
실습평가서 82, 83
실습학점 이수 결격사유 24
실습희망기관 24, 42, 101

아웃리치 181
업무수행상 실수 90
예산 185
예산수립 193
오리엔테이션 43
옹호 53
옹호자 179
요약기록 172
욕구중심화 55
원조기술 154
윤리 감사도구 63
윤리적 딜레마 87, 159, 163
의도적인 감정표현 158
의사소통기술 155
이야기체 기록 172

자기결정 159
자기결정권 161
자기중심 단계 56
자율성과 자유의 원칙 163
전문적 태도 135
전문직 14, 16
전화예절 40
점검 및 재사정 180
정규화 54
조정자 179
종결평가 80
준비성 186
중간단계 실습교육 68
중간평가 91
중간평가서 11

즉각 슈퍼비전 59
지각 88
지식 154
지역사회중심의 개입 156
지지 53
지지적 역할 67
지체 슈퍼비전 60
진실성과 완전공개의 원칙 164
진실을 말할 의무 161
집단슈퍼비전 59
집단중심의 개입 156

초기접수 180
최소 손실의 원칙 164
최종평가서 11
출근 38

클라이언트 74
클라이언트의 역량강화 175
클라이언트중심 단계 57
클라이언트체계 11, 13

타기관방문보고서 70
통제된 정서적 관여 158
퇴근 38
팀워크 84
팀워크 기술 15

평가 52
평가 및 종결기술 15
평가주체 91
평등과 불평등의 원칙 163
표지 190
품질 79
프로그램 183
프로포절 작성법 187

프로포절의 작성원칙 ··· 189
필수교과목 ··· 12

학기말평가 ··· 91
한국사회복지사협회 ··· 30
합리성 ··· 186
행정 ··· 53
행정적 역할 ··· 67
현장 슈퍼비전 ··· 59
현장실습 ··· 23
현장실습일지 ··· 11
현장실습협약서 ··· 107
협상기술 ··· 15
형평성 ··· 79
회의예절 ··· 40
효과성 ··· 78
효율성 ··· 78
휘슬블로윙 ··· 162

저자소개

박 용 오

[현재]
서정대학교 사회복지상담과 학과장
사단법인 사회복지법제학회 부회장
경기사회복지공동모금회 배분위원회 위원장

[경력]
연세대학교 사회사업학과 및 행정대학원 졸업
연세대학교 가양4종합사회복지관 부관장
한국사회복지사협회 사무총장
사회복지사 1급 국가시험 출제위원
한국사회복지협의회 나눔사업본부장
한국사회서비스관리원(준정부기관) 원장

▌사회복지현장실습▐

1판 1쇄 발행 2022년 2월 28일
1판 2쇄 발행 2022년 7월 28일

저　　자 | 박용오
발 행 인 | 박철용
발 행 처 | 양서원
주　　소 | 경기도 파주시 직지길 522 파주출판도시
전　　화 | 031-955-8000(代)
팩　　스 | 031-955-8005
홈페이지 | www.yswpub.co.kr
이 메 일 | yswgroup@naver.com
출판등록 | 1987년 11월 24일 제406-2003-037호

ISBN 978-89-994-1200-4

정가 18,000원